Cours de français contemporain
Niveau approfondi

MARIE-MARTHE GERVAIS
Senior Lecturer in French and Linguistics at Portsmouth Polytechnic

CAROL SANDERS
Reader in French and Head of Department of Modern European Languages at Australian National University (on leave from the University of Sussex)

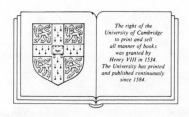

The right of the University of Cambridge to print and sell all manner of books was granted by Henry VIII in 1534. The University has printed and published continuously since 1584.

CAMBRIDGE UNIVERSITY PRESS
Cambridge
London New York New Rochelle
Melbourne Sydney

Pour Emma, Damien et Tristan

Published by the Press Syndicate of the University of Cambridge
The Pitt Building, Trumpington Street, Cambridge CB2 1RP
32 East 57th Street, New York, NY 10022, USA
10 Stamford Road, Oakleigh, Melbourne 3166, Australia

First published 1986

Printed in Great Britain at the University Press, Cambridge

British Library cataloguing in publication data

Gervais, Marie-Marthe

Cours de français contemporain, niveau approfondi.
1. French language – Grammar – 1950–
I. Title II. Sanders, Carol
448.2′4 PC2112

Library of Congress cataloguing-in-publication data

Gervais, Marie-Marthe

Cours de français contemporain.

Bibliography: p.
Includes index.
1. French language – Text-books for foreign speakers.
2. French language – Grammar – 1950–
I. Sanders, Carol. II. Title.
PC2128.G4 1986 448.2′421 85–22402

ISBN 0 521 27189 4

Remerciements

Les autrices tiennent à remercier toutes celles et tous ceux qui les ont aidées à publier ce livre et en particulier leurs étudiants/tes, collègues, l'équipe des presses universitaires de Cambridge, la fondation Nuffield, ainsi que Peter et David.

OO Ce symbole renvoie à l'enregistrement sur la cassette

KY

Table des matières

Avant-propos

Pour qui ce cours?

Ce cours de français contemporain est principalement destiné aux étudiants/tes qui sont en première année de licence de français. Il peut également être utilisé par celles et ceux qui possèdent déjà de bonnes bases en français, qui s'intéressent à la langue française, et qui recherchent un matériau linguistique diversifié et un choix de textes enrichissants. Le niveau visé dans un certain nombre d'unités va au-delà de la première année de licence et s'adresse à des apprenants/tes plus avancés/ées ou à des francophiles désireux de se «remettre au français» et en particulier de se recycler en français «contemporain».

Pourquoi ce cours?

L'idée directrice derrière ce livre est de dépasser le thème et la version hebdomadaires, en présentant des activités langagières diverses et nouvelles. Le but recherché est de familiariser l'apprenant/e à certaines stratégies d'apprentissage au niveau supérieur: comment aborder des textes ardus, comment utiliser les mots-outils, comment construire son vocabulaire, comment apprécier le niveau de langue d'une phrase.

Ce cours a pour objectif de présenter différentes démarches d'apprentissage du français langue étrangère (acquisition du vocabulaire, compréhensions orales/écrites, exercices de création et d'analyse), et il n'est donc pas exclu qu'il puisse servir de complément à d'autres types d'activités linguistiques (cours de traduction, exercices structuraux, cours de conversation etc.).

Le «quoi» de ce cours?

Au travers d'un échantillon d'énoncés variés et d'exercices divers, ce livre reflète les intérêts de son public cible, tout en présentant les multiples fonctions du langage. L'accent a été mis sur les niveaux de langue, les variations stylistiques et régionales, les tendances nouvelles du français, sur le lien entre le fond et la forme, ainsi que sur les connotations, les nuances de sens et subtilités de l'expression. C'est dans une perspective sociolinguistique que ce cours se situe. Nous avons sélectionné des documents authentiques empruntés à des écrits journalistiques et littéraires en particulier. Les unités sont, dans la mesure du possible, groupées par ordre de difficulté croissante, pour renforcer la cohésion de l'ensemble.

Le «comment» de ce cours?

Cet ouvrage peut être utilisé en conjonction avec un complément de textes dans un domaine précis, en fonction des études poursuivies par les apprenants/tes (exemple: ainsi une étudiante qui s'intéresse à la société française souhaitera-t-elle peut-être approfondir l'unité: «Au cœur de la

France», tandis qu'un étudiant de lettres modernes sans doute préférera-t-il s'appesantir sur l'entretien avec F. Truffaut). Quoi qu'il en soit, cet ouvrage est conçu non pas comme une fin en soi, mais au contraire comme un point de départ vers des lectures plus extensives, comme une incitation à une écoute plus assidue de la radio française, et comme une ouverture sur la France.

Une approche souple est recommandée, ce cours ne saurait constituer un outil de bachotage ni un guide pratique du français à proprement parler; il est fortement conseillé de s'en servir en complément avec un livre de grammaire et un dictionnaire français monolingue récent (voir l'Appendice II).

Le livre comporte quatre sections:

I Etudes de registres

Une attention particulière a été accordée aux niveaux de langue. Les différents registres du français contemporain sont présentés au travers de textes allant du français familier au français soutenu, et au moyen d'exercices de transposition.

II Etudes de textes

Cette section comprend dix textes traitant de sujets d'actualité, suivis de préquestions visant à vérifier la compréhension des grandes lignes du texte, et de questions permettant d'entrer plus dans le détail. A cela viennent s'ajouter des exercices lexicaux, un entraînement grammatical et diverses formes d'exploitation linguistique orales et écrites: canevas de jeux de rôle, débats, reportages, etc. Les extraits choisis relèvent tous de la langue écrite.

III Pratique de l'oral

Cette section est répartie en dix unités, allant de la simple compréhension orale jusqu'à la production orale qui comprend: la lecture simultanée/anticipée, le résumé, les réponses aux questions et les activités de production libre et dirigée. Cette section repose sur l'utilisation d'une cassette qui pourra être écoutée soit individuellement, soit collectivement, soit au laboratoire de langues, après y avoir ménagé des plages de silence.

IV Tendances actuelles de la langue

Des exercices lexicaux supplémentaires viennent apporter un complément aux autres sections. Certains de ces exercices sont tirés d'analyses d'erreurs (fautes fréquemment commises par nos étudiants/tes) et d'autres sont orientés vers le français de demain (néologismes, franglais, féminisation des titres, etc.).

L'alphabet phonétique du français (voir l'Appendice I) enregistré sur la cassette vous aidera à comprendre la transcription phonétique employée dans ce cours et dans tous les bons dictionnaires de français.

Que chacun/e utilise ce manuel à son gré!

Les autrices

SECTION I *Etudes de registres : de la langue parlée à la langue littéraire*

Introduction : quelques explications

Une bonne connaissance d'une large gamme de registres en français est indispensable pour manier la langue, tant sur le plan social que professionnel, aussi bien que pour aborder la lecture de textes littéraires (du vingtième siècle par exemple).

Le danger est de se contenter d'apprendre des mots de vocabulaire dits familiers, du genre *truc, mec, vachement, super-chouette*, etc. que vous utilisez parfois dans vos copies sans tenir compte du contexte. Nous avons essayé de présenter pour les divers registres d'autres caractéristiques que les simples marques lexicales, en particulier les variations syntaxiques, morphologiques, phonétiques et stylistiques.

Le but de cette section est d'attirer votre attention sur le fait que même la langue usuelle n'est pas homogène et qu'il faut savoir opérer certains critères de choix selon le sujet dont on parle, selon la personne à laquelle on s'adresse, selon le contexte de situation, etc. . . . bref, que *ça* par exemple ne saurait convenir dans une dissertation, de même que *puis-je* détonne dans une conversation entre camarades.

C'est dans ce dessein que nous avons élargi l'éventail composé de trois niveaux (étudiés dans le *Cours de français contemporain : niveau d'apprentissage*), pour faire mention de six niveaux complémentaires, tout en nous concentrant sur les quatre niveaux centraux. (Les raisons de ce choix sont exposées dans la première unité.)

Il est essentiel d'insister sur le fait que cette structuration est schématique et, qu'en réalité, nous avons affaire à un continuum. Chaque locuteur/trice emploie une combinaison différente de registres, à des fins différentes. Ce qui prime est la prise de conscience de l'étendue possible de variations stylistiques et l'emploi d'un énoncé en fonction du contexte donné.

Unité 1
«T' as pas cent balles?»

Préliminaires

Regardez cette bande dessinée et racontez ce que vous y voyez.

ALLEZ! parle.
?
que dit-elle?
t'as pas cent balles...
FAUCHÉS!

Est-ce que vous avez trouvé amusante, voire surprenante, la réponse du chimpanzé? Pour quelle raison? Oui, c'est parce que le chimpanzé emploie des expressions familières, et que l'on ne s'y attendait pas – surtout en présence de ses «maîtres» scientifiques. Mais pour tout le monde, la question se pose de savoir quel niveau de langue utiliser.

Voici les équivalents en français courant des expressions employées par le chimpanzé:

Familier	**Courant**
t'as pas cent balles?	tu n'as pas cent francs?
	est-ce que tu as cent francs?
je suis fauché	je n'ai pas d'argent

Une classification à quatre niveaux

Familier et très familier

Jusqu'ici nous avons mentionné deux registres: le français courant et le français familier. Mais nous devons nuancer notre propos: certaines expressions sont plus familières que d'autres, et il est important (surtout pour les étrangers) de les distinguer.

Par exemple, en parlant entre amis, vous utiliserez peut-être *il me casse les pieds* (fam.), mais il vaut mieux ne pas utiliser *il m'emmerde* (très fam.) – du moins, sans en connaître les connotations.

Soutenu

Il vous arrivera aussi d'avoir besoin d'un registre «plus soutenu» que le français courant: quand vous écrivez une dissertation en français par exemple.

Nous vous proposons donc une grille de quatre registres, ou niveaux de langue.

Soutenu	Langue soignée, élevée; correspond à l'écrit au français dans lequel on rédige une dissertation, par exemple, et, à l'oral, au langage du discours officiel.
Courant	Le niveau «ordinaire», la norme reconnue par les locuteurs natifs, le français standard.
Familier	S'utilise entre amis ou parents, à la fois pour la communication orale et écrite, mais surtout en langue parlée.
Très familier	A employer avec modération; certaines expressions (celles que nous vous donnerons) reviennent souvent dans la langue quotidienne, surtout entre jeunes, mais d'autres sont teintées de connotations vulgaires ou grossières. Dans certains dictionnaires (par exemple le *Petit Robert*), le niveau «très familier» est dénommé «populaire»; d'autres réservent «populaire» à un niveau encore plus relâché.

Il faut souligner que nous avons affaire ici à une classification commode, mais pas absolue, car il y a un certain chevauchement entre les quatre niveaux. On peut aussi prolonger cette grille à chaque extrémité. Au-delà du français soutenu, il y a ce qu'on peut appeler le niveau *littéraire* ou *relevé*. Au-delà du français très familier, il y a toute une gamme qui va du langage *populaire* (du «peuple») au langage vulgaire. *L'argot*, au sens propre du terme, désigne la langue d'un milieu précis (les militaires, les malfaiteurs, les écoliers).

Vocabulaire du français familier

Parce qu'il est tellement important de connaître les registres des mots, nous vous conseillons de vérifier les mots que vous ne connaissez pas dans le dictionnaire. Ici les choses se compliquent, car les dictionnaires ne sont pas toujours d'accord.

(a) A l'aide d'un dictionnaire monolingue, trouvez le registre des mots suivants, et donnez des équivalents en français courant.

EXEMPLE:

un type (fam.) → un homme (courant)

Faites de même pour:

un mec	un truc	un/e gosse
un machin	un boulot	vachement
un bouquin	claqué	bouffer

(b) Comparez les indications données dans deux dictionnaires (par exemple le *Dictionnaire du français contemporain* et le *Petit Robert*) pour les expressions suivantes:

en avoir marre	avoir du fric	avoir du pot
avoir la trouille	être moche	prendre un pot

Syntaxe du français familier

La syntaxe du français familier comporte plusieurs traits distinctifs, tels que:

Négation: chute de *ne:*	t'as pas cent balles?
Interrogation: on emploie souvent la forme affirmative, avec, à l'oral une intonation montante:	t'as pas cent balles? tu viens? quelle heure il est?
Reprise des noms ou pronoms: (voir aussi I, 6)	j'sais pas *moi* tu connais *ça, toi*, les chimpanzés qui parlent?

Prononciation/orthographe

Les changements d'ordre syntaxique peuvent en entraîner d'autres. La chute de *ne*, par exemple, laisse en contact deux voyelles, dont une finit par disparaître.

EXEMPLE:

tu n'as pas cent balles?
tu as pas cent balles?
t'as pas cent balles?

Applications

(a)

dis donc elle est sensas cette voiture
BOF!
chouette cette fille non?
BOF!
AH! dis donc formidable ce chapeau!
BOF!
extra, cette choppe débordante de mousse!
PALE
BOF!

Pour chaque image, réécrivez le commentaire en français courant, après avoir vérifié le sens et le registre des mots que vous ne connaissez pas.
Attention: dans l'image 3, vous avez affaire à trois niveaux.

Très familier:	Elle est sensas cette voiture
Familier:	Elle est sensationnelle cette voiture
Courant:	Voilà une voiture qui fait sensation!
	Tu (ne) trouves pas qu'elle est vraiment belle?
	Vraiment belle, tu (ne) trouves pas?

(b) Lisez les deux dialogues ci-dessous.
A la cité universitaire, Claude retrouve sa copine Janine:

- Salut, Janine. Tu bosses?
- Oh, pas trop: j'en ai marre de ce bouquin.
- Alors, on va prendre un pot?
- Ben, je suis fauchée, j'ai pas encore reçu ma bourse.
- Pas de problème. Je te prête 100 balles jusqu'à la semaine prochaine.

Dans un hôtel à côté, deux personnes d'un certain âge, et qui se connaissent à peine, participent au même congrès. Monsieur Legrand va frapper à la porte de Madame Petitjean:

- Bonsoir, Madame Petitjean. Est-ce que vous êtes en train de travailler?
- Non, pas vraiment, je n'ai plus tellement envie de lire ce livre.
- Alors, voulez-vous que nous allions boire quelque chose au café?
- Je regrette, mais je n'ai pas d'argent sur moi. Je n'ai pas encore reçu le chèque que j'attendais.
- Mais, je vous en prie, chère Madame, je vous invite . . . allons-y!

(c) Maintenant réécrivez en français courant le paragraphe suivant:

> Madame Dupont reste chez elle toute la journée pour s'occuper de ses enfants, mais ça la barbe! Son mari part tôt le matin pour aller au boulot. Le soir il rentre crevé. Il ne lui donne jamais un coup de main, et il a horreur des gosses. Geneviève Dupont s'embête à donner les biberons, à torcher ses mioches et à regarder la télé. Quelquefois elle a envie de ficher le camp: «C'est pas marrant, la vie ici», dit-elle. Madame Dupont en a sa claque!

Le français familier dans la littérature

Vous ne pouvez pas lire – ou du moins, apprécier – les grands auteurs français du vingtième siècle sans avoir une bonne connaissance des différences de registre. Certains écrivains utilisent des registres divers dans la narration, à des fins stylistiques; d'autres se contentent d'employer des tournures familières pour rendre le dialogue «vraisemblable». Vous allez lire un extrait de *L'Age de raison* de Jean-Paul Sartre, où Lola, chanteuse dans une boîte de nuit, parle avec son amant. Voici d'abord une liste de mots appartenant au registre familier.

familier/très familier	**courant**
tu t'emmerdes (très fam.)	tu t'ennuies
berges (fam.)	ans
rater sa vie (fam.)	échouer
ces cons (très fam.)	ces idiots
tu t'amènes (fam.)	tu arrives
rigolo (fam.)	amusant, étrange, bizarre

Lola demanda timidement:

– Tu . . . tu ne t'emmerdes pas avec moi?

– Je ne m'emmerde jamais.

Lola soupira et Boris pensa avec satisfaction «C'est marrant ce qu'elle a l'air vieux, elle ne dit pas son âge mais elle va sûrement chercher dans les quarante berges.» Il aimait bien que les gens qui tenaient à lui eussent l'air âgé, il trouvait ça rassurant. En plus de ça, ça leur donnait une sorte de fragilité un peu terrible, qui n'apparaissait pas au premier abord parce qu'ils avaient tous la peau tannée comme du cuir. Il eut envie d'embrasser le visage bouleversé de Lola, il pensa qu'elle était crevée, qu'elle avait raté sa vie et qu'elle était seule, encore plus seule peut-être depuis qu'elle l'aimait: «Je ne peux rien pour elle», pensa-t-il avec résignation. Il la trouvait, en cet instant, formidablement sympathique . . .

– J'en ai marre, dit Lola. Ça me dégoûte de chanter pour ces cons. Des types qui sont venus là parce qu'ils avaient une invitation à rendre à un ménage. Si tu les voyais s'amener tout en sourires; ils s'inclinent, ils tiennent la chaise de la bonne femme pendant qu'elle s'assied. Alors naturellement, tu les déranges, quand tu t'amènes ils te regardent de haut en bas. Boris, dit brusquement Lola, je chante pour vivre.

– Ben oui.

– Si j'avais pensé que je finirais comme ça, je n'aurais jamais commencé.

– De n'importe quelle façon, quand tu chantais au music-hall, tu vivais aussi de ton chant.

– Ça n'était pas pareil.

Il y eut un silence, puis Lola se hâta d'ajouter:

– Dis, le petit type qui chante après moi, le nouveau, je lui ai parlé ce soir. Il est courtois mais il n'est pas plus Russe que moi.

« Elle croit qu'elle m'ennuie, » pensa Boris. Il se promit de lui dire une bonne fois qu'elle ne l'ennuyait jamais. Pas aujourd'hui, plus tard.

– Il a peut-être appris le russe?

– Mais toi, dit Lola, tu devrais pouvoir me dire s'il a un bon accent.

– Mes parents ont quitté la Russie en 17, j'avais trois mois.

– C'est rigolo que tu ne saches pas le russe, conclut Lola d'un air songeur.

Jean-Paul Sartre, *L'Age de raison*

Questions sur le texte

1. Quel temps de verbe l'auteur emploie-t-il pour la plupart?
2. A part le vocabulaire que nous avons noté, y a-t-il d'autres traits qui relèvent de la langue parlée?
3. Les traits du langage familier figurent-ils seulement dans le dialogue? Pour quelles raisons?

Unité 2
«Ne quittez pas je vous prie»

Un premier coup d'œil!

Décrivez en détail ce qui se passe dans chaque image de la bande dessinée ci-dessous et en face.

EXEMPLE (image 1):

> Une secrétaire, assise devant son bureau, répond au téléphone. A l'autre bout du fil, un monsieur demande des renseignements concernant une facture qu'il a envoyée.

1.
le règlement de votre facture ouiiiiii....
pouvez-vous me rappeler votre nom, monsieur ?
2.
Dugommeau ouiiiiiii...
ne quittez pas je vous prie...
3.
4.
5.
de quel travail s'agit-il monsieur ?...
trois illustrations pour l'annonce des ceintures Lemercier ?
Ne quittez pas monsieur...
6.
7.
8.
quel montant la facture ?
150 Francs... ouiiiiii...
un instant

10.
11.
12.
SPRAY DRY
de quand date votre facture s'il vous plaît? ... fin octobre ... ouiiii ... conservez je vous prie
13.
14.
15.
alors moi je lui ai dit Ecoute donc, si tu veux pas payer la moitié du loyer, t'as qu'à te tirer parce que moi chuis pas ta mère, alors il me dit ouais bon, je paie déjà la bouffe alors tu peux payer le loyer c'est normal alors je lui dis...
16.
17.
Monsieur Blanchard j'ai un monsieur au bout du fil pour une histoire de facture...
18
Vous voyez bien que je suis en réunion Marlène!
19.
votre chèque est parti hier vous allez le recevoir d'un moment à l'autre monsieur...
... je vous en prie au revoir monsieur...
BRETECHER

A vous de continuer. Voici du vocabulaire qui peut vous être utile:

Image 3: poser le récepteur, se faire les ongles
Image 4: secouer, agiter, attendre que, sécher, le vernis à ongles
Image 5: avec soin, en évitant de . . .
Image 6: fouiller dans son sac à main
Image 7: se regarder dans la glace, se maquiller, le maquillage, le mascara, les cils

Image 8: un plombage, une couronne
Image 9: le montant, sentir mauvais, la transpiration, mouillé
Image 11: tirer, le col, le pull(over), le déodorant
Image 15: aller aux toilettes/aux WC
Image 19: faire un geste
Image 20: inventer, de façon très polie

Quand vous voulez téléphoner

Dans le texte il y a trois expressions qui veulent dire «attendez s'il vous plaît».

ne quittez pas, je vous prie
un instant
conservez, je vous prie

On aurait pu dire aussi:

ne coupez pas
veuillez patienter un instant
conservez la ligne, je vous prie
ne raccrochez pas

Nous allons maintenant passer en revue d'autres expressions qui sont utiles quand vous téléphonez en France:

Vous voulez téléphoner ou passer un coup de fil (fam.) à quelqu'un. Vous entrez dans une *cabine téléphonique*, vous introduisez des pièces de monnaie dans la fente, vous attendez *la tonalité*, vous *composez votre numéro*. Si vous téléphonez à une entreprise, par exemple, c'est probablement *la standardiste* qui vous passera *le poste* que vous demandez. S'il s'agit d'une *communication interurbaine* ou d'une communication pour l'étranger, il n'est plus nécessaire de passer par l'*opératrice du central*. Si vous ne connaissez pas un numéro, vous pouvez le chercher dans l'*annuaire*, ou le demander aux *Renseignements*.

Conversations possibles

Vous: Allô? La Société X?
La secrétaire: Oui . . .
Vous: Pourrais-je parler à Monsieur Dupont, s'il vous plaît?
La secrétaire: Un instant, s'il vous plaît. Je vais vous le passer/C'est de la part de qui?/Qui est à l'appareil?
Vous: Madame X.
La secrétaire: Ah bon, je vais aller le chercher – ne quittez pas/restez en ligne, je vous prie.
(Monsieur Dupont, on vous demande au téléphone . . .)
Il n'est pas là, Madame. (Voulez-vous laisser un message ou préférez-vous qu'il vous rappelle?)

ou:
M. Dupont: C'est moi-même.

L'opératrice vous dira peut-être:

Je vous entends très mal
C'est occupé
Vous avez dû vous tromper de numéro
Ça ne répond pas
Votre correspondant n'est pas sur la liste des abonnés, il est sur la liste rouge, je ne peux pas vous donner son numéro
Raccrochez

(Voir aussi la page 176.)

A noter aussi: le vocabulaire du commerce

le règlement d'une facture
le montant d'une facture
être en réunion

Questions de registre

A propos de l'élision du /ə/

Puisque je te le dis	courant
Puisque je te l' dis Puisque je t'le dis	familier

Par assimilation *j'suis* devient *chsuis*.

Les tournures interrogatives

L'inversion du sujet relève du langage soutenu, l'adverbe interrogatif *est-ce que* appartient à la langue courante, et la phrase affirmative prononcée sur un ton montant est une forme familière.

Où demeurez-vous?	soutenu
Où est-ce que vous habitez?	courant
Vous habitez où?	familier

Au-delà du niveau familier on peut ajouter:

Où que vous habitez?	très familier/incorrect
Où c'est-ti que vous habitez?	populaire

L'inversion avec la première personne appartient plutôt au niveau soutenu, surtout avec certains verbes:

Puis-je me permettre de vous signaler . . .   soutenu

Oui, Monsieur, non Monsieur

Notez bien qu'il est poli d'ajouter Monsieur, Madame, Mademoiselle, quand on s'adresse à quelqu'un. L'emploi fréquent de cette appellation peut être la marque d'un registre soutenu – ou (dans la bande dessinée des pages 8–9) une façon de rassurer ou de flatter.

Exercices écrits

(a) Maintenant, dans l'extrait suivant, relevez les traits du style parlé : les élisions, la syntaxe, le vocabulaire.

> «... alors moi, je lui ai dit : Ecoute donc, si tu veux pas payer la moitié du loyer, t'as qu'à te tirer, parce que moi, chuis pas ta mère, alors il me dit ouais heu, je paie déjà la bouffe alors tu peux payer le loyer c'est normal alors je lui dis ...»

(image 16 à la page 9)

(b) Ensuite, rapportez dans un style courant, et en discours indirect, les propos de Marlène : «Alors, Marlène a dit à son ami que ...»

Exercices oraux

(à faire en groupe, ou à enregistrer)

(a) En utilisant ce vocabulaire, imaginez la conversation entre Monsieur Dugommeau et Marlène (en commençant par M. Dugommeau, qui se décide à téléphoner, cherche le numéro, passe par la standardiste, etc.).

(b) Dans le bureau de Marlène, le téléphone sonne à nouveau. Au bout du fil, son ami qui veut lui parler (pour faire la paix ? pour se disputer encore avec elle ?). Imaginez la conversation.

Unité 3
Déjeuner du matin

Le poème

On demandera à deux membres du groupe de sortir de la salle, de lire le poème qui se trouve à la page 14, et de le mimer devant leurs camarades. (Les autres ne regarderont pas le poème!) Quand on aura fini le mime, ce sera aux spectateurs de décrire la scène (description de chaque geste, rôle des deux personnages, que se passe-t-il entre eux? etc.).

La deuxième version de la scène

○○ Ecoutez l'enregistrement et répondez aux questions suivantes:

1. Qui sont les interlocuteurs de ce dialogue?
2. Est-ce que les interlocuteurs se connaissent bien? Comment le savez-vous?
3. Quelles sont les choses qui ont agacé Sylvie?
4. Qu'est-ce qui ne va pas entre Sylvie et Georges?
5. En écoutant le dialogue, avez-vous remarqué des mots ou des expressions qui relèvent du langage familier?

La troisième version

○○ Ecoutez la troisième version, ensuite résumez oralement ce qui se passe dans cette scène.

Exercices

Maintenant lisez les deux dialogues (à la page 15) de façon plus détaillée afin de pouvoir faire les exercices ci-dessous.

(a) Cherchez, dans le deuxième dialogue, des phrases qui ont le même sens (ou presque) que les phrases suivantes:

1. qu'est-ce qu'il y a?
2. je commence à en avoir marre
3. ça me tape sur les nerfs
4. le comble de tout

(b) Comparez la syntaxe de ces deux phrases:

j'attendais une explication, un «bonjour», n'importe quoi enfin ...
j'avais tellement besoin qu'il me dise n'importe quoi ...

(c) Faites une liste des mots et des expressions qui donnent au deuxième dialogue son ton un peu moins solennel.

(d) Transposez les phrases suivantes dans un style plus familier, comme si c'était Aline qui parlait avec Sylvie.

1. Expliquez-moi les problèmes qu'il y a entre votre mari et vous-même.
2. Depuis combien de temps cet état de choses existe-t-il?
3. Tous les mariages sont récupérables.
4. Je comprends votre désarroi devant le silence de votre mari, mais pourquoi ne l'avez-vous pas rompu vous-même?
5. Cela aurait été un signe que vous étiez prête à renouer le dialogue.

Exploitation

A l'oral

1. D'après le poème de Prévert, imaginez une saynète comprenant un dialogue dont les deux personnages expliquent ce qu'ils ressentent, ce qu'ils pensent.
2. Imaginez la conversation entre Sylvie et Aline.
3. Terminez l'entretien avec le conseiller conjugal (en gardant son ton sentencieux et paternaliste).
4. Imaginez la scène au retour de Georges, le soir.

A l'écrit

5. Inventez une page du journal de Georges.
6. Imaginez le rapport rédigé par le conseiller à la suite de son entretien avec Sylvie.

Déjeuner du Matin

Il a mis le café
Dans la tasse
Il a mis le lait
Dans la tasse de café
Il a mis le sucre
Dans le café au lait
Avec la petite cuiller
Il a tourné
Il a bu le café au lait
Et il a reposé la tasse
Sans me parler
Il a allumé
Une cigarette
Il a fait des ronds
Avec la fumée
Il a mis les cendres
Dans le cendrier
Sans me parler
Sans me regarder
Il s'est levé

Il a mis
Son chapeau sur sa tête
Il a mis
Son manteau de pluie
Parce qu'il pleuvait
Et il est parti
Sous la pluie
Sans une parole
Sans me regarder
Et moi j'ai pris
Ma tête dans ma main
Et j'ai pleuré.

Jacques Prévert

○○ Une deuxième version de cette scène

– 629–75–97 Allô?
– Bonjour, Aline. C'est moi, Sylvie . . .
– Sylvie – mais qu'est-ce qu'il y a?
– C'est que ça marche toujours mal entre Georges et moi, et je commence à en avoir marre. La semaine dernière – je te l'avais dit, je crois? – il est rentré tard tous les jours. Eh bien, ça recommence . . . Hier je l'ai attendu jusqu'à minuit, avant d'aller me coucher. Il a dû rentrer vers une heure. Ce matin, à la cuisine, j'attendais une explication, un «bonjour», n'importe quoi enfin . . . Mais rien du tout. Il s'est assis à la table, il s'est versé du café, il a pris du sucre et du lait – Tout ça sans me dire un mot. Il savait que je le regardais, que j'attendais qu'il me dise quelque chose, mais il l'a fait exprès pour m'énerver. Un silence comme ça, ça me tape sur les nerfs . . . Et puis, le comble de tout, c'est qu'il a allumé une cigarette, et il sait que ça me rend malade, surtout si tôt le matin. Enfin, Monsieur a pris son temps, – il a terminé sa cigarette, et il s'est habillé pour sortir – il pleuvait beaucoup vers huit heures – je ne sais pas si tu as remarqué? – Tu sais, il est parti en claquant la porte, sans m'embrasser, sans me regarder, et moi, je te jure, j'ai pleuré ... je n'en pouvais plus . . .
– Ecoute, ma pauvre Sylvie, pourquoi ne viens-tu pas manger à midi? on pourra discuter . . .
– Tiens, tu es gentille. J'ai un rendez-vous en ville à onze heures et je passerai chez toi vers midi.
– A tout à l'heure, et bon courage!
– Merci, à tout à l'heure.

○○ Une troisième version de la scène

On frappe à la porte.

CONSEILLER Entrez! Bonjour, Madame. Asseyez-vous, Madame – Madame –?

SYLVIE Madame Rigeaud.

CONSEILLER Très bien. Et qu'est-ce qui vous amène, Mme Rigeaud?

SYLVIE Euh, c'est mon mari ... C'est-à-dire, c'est mon mariage ...

CONSEILLER Oui, oui, je comprends. Mais expliquez-moi – expliquez-moi les problèmes qu'il y a entre votre mari et vous-même.

SYLVIE Eh bien, mon mari n'est jamais à la maison. J'ai l'impression que nous n'avons plus rien en commun. C'est à peine si on se parle ...

CONSEILLER Et et depuis combien de temps cet état de choses existe-t-il?

SYLVIE Depuis quelques mois ... Il y a toujours eu des accrochages, mais ça a l'air d'aller de pire en pire.

CONSEILLER Et est-ce qu'un incident en particulier vous a décidé à venir nous consulter ce matin?

SYLVIE C'est que ce matin, au petit déjeuner, il s'est comporté comme si je n'existais pas. En général, nous prenons notre café ensemble, avant que mon mari ne s'en aille au bureau. Mais ce matin il n'a pas attendu que je le serve, il a versé lui-même son café. Il ne m'a même pas demandé de lui passer le lait et le sucre. J'avais tellement besoin qu'il me dise n'importe quoi. Ce silence glacial, je ne peux pas le supporter. Et ce qu'il y a de pire, c'est qu'il s'est mis à fumer, et il sait très bien que la fumée me donne mal au cœur. Je commençais vraiment à me mettre en colère. Il savait que je regardais chaque geste ... il a éteint le mégot comme si c'était moi qu'il voulait écraser ... Ensuite, il a mis son manteau, il a pris son chapeau. Il ne m'a même pas embrassée, avant de sortir, il ne m'a pas parlé, il ne m'a pas regardée. Cela ne peut pas durer ... je ne peux pas continuer ...

CONSEILLER Mais calmez-vous, Madame Rigeaud. Je vois en effet que vos relations avec votre mari laissent beaucoup à désirer. Mais il ne faut pas se décourager. Tous les mariages sont récupérables ... Quant à votre petit déjeuner ce matin, je comprends très bien votre désarroi devant le silence de votre mari, mais, dites-moi, pourquoi ne l'avez-vous pas rompu vous-même ce silence? Mettez-vous à la place de votre mari. Sans doute considérait-il votre regard comme un regard accusateur, et, puisqu'il ne se sentait pas à même de se défendre, de se justifier, il s'est caché derrière un mur de silence ... Un mot de votre part, cela aurait été un signe que vous lui pardonniez, que vous étiez prête à réentamer le dialogue. – Je vous conseille, ce soir de ...

Unité 4
Vive la vélorution!

Le jeu des registres dans la persuasion politique

Introduction

La réussite du tract (à la page 18) que vous allez lire repose en large mesure sur son langage. Dans leur emploi du français familier les Amis de la Terre présentent leur manifestation comme un événement bien sympathique, mais qui lance tout de même un défi à l'ordre établi. Les slogans eux-mêmes sont pour la plupart basés sur des jeux de mots en français parlé.

Questions

Regardez bien le tract des Amis de la Terre, pour répondre oralement aux questions suivantes:

1. Ce tract vous invite à participer à un événement précis: donnez-en tous les détails (type d'activité, itinéraire, lieu de rendez-vous, date, heure, etc.).
2. Quels sont les méfaits de la voiture que ce tract énumère?
3. Quelles sont ici les revendications des Amis de la Terre?

Le registre des mots

Donnez l'équivalent courant de chacun des mots suivants:

en avoir ras-le-bol	la petite reine
une bagnole	chic!
une manif	gonflé
histoire de	

Jeux de mots et français parlé

A l'aide d'un dictionnaire, cherchez à expliquer les expressions suivantes (et faites attention aux jeux de mots; exemple: *selle ≠ sel ≠ celle*).

une vélorution	le vélo quel pied
mettez du selle dans votre vie	I vélove you
selle que j'aime	pour avoir pignons sur rue
La Minus du vélo	les as de la pédale

Exploitation orale

(a) Vous allez à plusieurs voir votre maire pour de/la convaincre de la

CHIC, UN TRACT DES
AMIS DE LA TERRE
16, rue de l'UNIVERSITE 75007 PARIS
Pour avoir pignons sur rue
UNE SEULE SOLUTION
LA VELORUTION
RAS LE BOL DES BAGNOLES
LES BAGNOLES NOUS TUENT
NOUS ASPHYXIENT
PLOMB AMIANTE monoxyde de carbone
INTERDIT AUX VELOS
PRENNENT TOUTE LA PLACE
DEPUIS 5 ANS LES MEFAITS DE LA BAGNOLE SONT DENONCÉS AVEC FORCE
morts metal energie sols fumées espace bruit coût
SURTOUT DANS LES VILLES
ET 78% DES FRANÇAIS SONT FAVORABLES A DES VILLES SANS AUTOS
SOFRES OCT. 75
MAIS QU'ONT FAIT LES «POUVOIRS PUBLICS» POUR LE VELO DEPUIS 5 ANS?
RIEN
SAUF UNE PISTE CYCLABLE AUTOUR DE LONGCHAMP...
VITESSE DEPASSÉ LE TEMPS DE VIVRE!
manifs à vélo: se méfier des contrefaçons
A PARIS NOUS RECLAMONS
histoire de faire réfléchir les candidats aux municipales
UN RESEAU DE PISTES CYCLABLES RELIANT LES GARES, COLLEGES, LYCEES FACS, ESPACES VERTS
DES RUES LIBRES PIÉTONNES ET CYCLISTES
DES ATELIERS DE REPARATION PAR QUARTIERS
DES VELOS MUNICIPAUX
DES PARKINGS A VELOS
LA PRIORITE AUX CYCLISTES DANS LES VILLES
LE TRANSPORT GRATUIT DES VELOS PAR LA SNCF
LE CONTRÔLE DES USAGERS SUR L'INDUSTRIE DU VELO
LA PRODUCTION D'UN VELO URBAIN SIMPLE, SÛR, EFFICACE ET SOLIDE
SANS COMPTER TOUT LE RESTE (programme de René Dumont aux présidentielles)
I VELOVE YOU
5 juin
manif a velo
ETOILE
FOCH
CHAMPS-ELYSEES
CONCORDE
ROYALE
MADELEINE
CAPUCINES
ITALIENS
MONTMARTRE
POISSONNIERE
BONNE-NOUVELLE
ST-DENIS
ST-MARTIN
REPUBLIQUE
TEMPLE
FILLES-DU-CALVAIRE
BEAUMARCHAIS
BASTILLE
HENRI-IV
CELESTINS
HOTEL-DE-VILLE
ARCOLE
LAGRANGE
MONGE
Port-Royal
Montparnasse
Raspail
Vaugirard
Tournon
St Germain
St Pères
Carrousel
St Honoré
RENDEZ-VOUS place de la Concorde 14 h 30
apportez votre manger et votre boire
et votre musique et vos slogans et vos beaux atours
pique-nique au bois
NOUS SOUHAITONS QU'ELLE SE DEROULE SANS PROVOCATIONS NI INCIDENTS
METTEZ DU SELLE DANS VOTRE VIE
C'EST NOTRE 3e manif a velo. JUSQU'A PRESENT NOUS N'AVONS REÇU QUE DES COUPS DE MATRAQUE...
Si, CETTE FOIS, NOUS N'OBTENONS RIEN, NOUS DECLARONS LA GUERILLA VELORUTIONNAIRE POUR QUE LA PETITE REINE PRENNE LE POUVOIR
attention les vélos...
La Minus de velo (selle que j'aime) nous déclare
le velo quel pied
Gonflé j'adhère je cotise je milite
à Paris combien d'as de la pedale rêvant d'être a velo, mais n'osant pas?
nouveau pour maigrir le vélo neuf de vos cellules
Imprimerie ALMONDE 2, impasse Lebouis 75014 PARIS
Supplément au Courrier de la baleine, Com. par. 52 329

nécessité de multiplier les pistes cyclables dans votre ville. Préparez par petits groupes ce que vous allez lui dire.

(b) Préparez le discours d'un candidat du Parti écologiste qu'on a invité au pique-nique au bois.

(c) Vous passez à la radio pour faire une publicité pour la manifestation (1 minute). Décidez quels renseignements vous allez donner, et enregistrez-les.

(d) On vous demande d'inventer un nouveau moyen de transport aussi économique et aussi peu polluant que possible, en utilisant du matériel facile à se procurer (boîtes en carton, gadgets électroménagers, énergies douces, etc.). Par petits groupes vous avez 4 minutes pour décrire votre engin : le premier prix ira au plus inventif (ou à la plus inventive !) d'entre vous.

(e) Débat : Les Amis de la Terre ont-ils raison de vouloir des villes sans autos ?

Jeu des registres et publicité

Voici une autre manière de promouvoir le vélo, mais qui a toujours recours au jeu de mots en français familier. Regardez bien la publicité, identifiez le jeu de mots, et vérifiez les termes que vous ne connaissez pas.

Le plus féminin des remonte-pentes.
10%
10 vitesses à portée de la main.
À vélo, il n'y a aucune raison pour qu'une femme soit dépassée par un homme. Résultat : Motobécane a fait une bicyclette légère et rapide. 2 plateaux, 5 pignons, 10 vitesses sur le guidon, une ligne élancée, une allure sportive. Et voilà. Le prix ? 1.609 francs. Ce n'est pas cher. (Prix maximum conseillé au 19.4.82).
Le cale-pied pas casse-pieds.
Le cale-pied, c'est une invention d'homme, ça aide à aller vite. Le mini cale-pied, c'est une invention de femme. Ça aide aussi à appuyer plus efficacement sur les pédales, mais c'est plus élégant et surtout plus pratique. Aux arrêts, aux feux rouges, c'est plus facile de mettre pied à terre.
CYCLES MOTOBECANE
Le modernisme sur 2 roues.

Analyse des modes publicitaires

Pour compléter ces textes sur la vélorution, voici un article qui illustre la façon dont on se sert du vélo pour vendre d'autres produits. Parcourez rapidement le texte, pour en extraire l'essentiel, et pour répondre aux questions.

Le vélo à toutes les sauces

Relancé par les «verts», vanté par les médecins, le vélo est la proie des publicitaires. De l'automobile à l'immobilier en passant par la cigarette, la banque et l'agence matrimoniale, il en voit de toutes les couleurs.

Ecologistes, bouchez-vous les yeux et les oreilles! Le vélo, dont vous faites un symbole, sert aujourd'hui à tout, même à promouvoir l'usage de l'auto. Que le Tour de France se révèle un match Renault-Peugeot autant qu'un match entre géants de la petite reine n'a rien de surprenant: les constructeurs d'autos ne fabriquent-ils pas des deux-roues? Mais quand sur TF1 une «pub» loue les mérites de la Métro, laquelle «se faufile comme un vélo», il est temps d'être tout ouïe.

Cajolé par l'auto, le vélo triomphe sur toute la ligne dans l'immobilier. On le voit partout, depuis l'enfant le cartable sur l'épaule devant la villa «clés en main» jusqu'au jeune homme à vélo, la raquette de tennis sous le bras. «Vivez à l'air pur», à 12 kilomètres de Lyon (avec quatre enfants juchés sur une même bécane), insiste Bron Immobilier.

Pour le reste, grâce au vélo, vous vendrez n'importe quoi. On est à peine surpris de voir Prairial (lotion capillaire) sur Antenne 2 et Molysel, dentifrice, s'emparer du vélo. Sa pratique ne présente pas de contre-indications, à en croire Théa, serviette très mince et très absorbante.

Et puis, c'est appétissant le vélo. Un peu de Viandox ou de Perrier pour vous décrasser, avant de vous rendre chez Georges, un restaurateur parisien – à moins que vous n'ayez acheté vos provisions chez Félix Potin – zeste de margarine Planta, un petit pot sorti de la yaourtière Seb, un fromage Samos 99, suivi d'un Babybel, et d'une crème au chocolat Dany, assortie d'un verre de lait en poudre Gloria, et vous grignoterez un Nuts. Comme boisson vous avez le choix entre Kanterbrau, Vittel, et la chicorée Leroux.

Economique, pratique, agréable, symbole de l'air pur, de l'habitat où il fait bon vivre, excellent pour la santé, utilisable à tout moment, inodore et insonore, moderne et rétro, huppé mais populaire, à la mode, rassurant, dynamique, neuf, romantique, féminin, champêtre, produit mondial utilisable par toutes les couches sociales, les publicitaires sont aux petits soins pour lui, et cela dure depuis huit ans. En R.F.A., on l'utilisa même pour la campagne des législatives: une affiche géante des chrétiens-démocrates montrait quatre piétons et un couple à vélo dans la rue. Et, peu après la «révolution des œillets» et la fin de la dictature, les publicités en faveur du tourisme vers Lisbonne présentaient des jeunes juchés sur un tandem avec cette accroche: «Portugal, tout prend un goût de liberté». Après tout, révolution et vélorution, ne s'écrivent-ils pas avec les mêmes lettres?

Michel Delore, *Le Monde Dimanche*

Compréhension

1. Enumérez les produits que l'on essaie de vendre en utilisant le symbole de la bicyclette. Avec l'aide de tout le groupe essayez d'expliquer la nature de tous ces produits.

2. Quels sont les partis politiques qui ont essayé de se vendre de la même façon? Dans quels pays?
3. Pour quelles raisons les écologistes doivent-ils se méfier?

Exercices lexicaux

1. Relevez dans le texte, dans la «pub», et dans l'article tous les mots qui veulent dire «vélo».
2. Transposez les expressions suivantes en français courant:

une pub	être tout ouïe
rétro	être aux petits soins pour quelqu'un
en voir de toutes les couleurs	une accroche

3. Trouvez un mot, ou une périphrase, qui exprime le contraire de chacun des mots suivants:

économique	champêtre
pratique	populaire (2 sens)
inodore	rassurant
insonore	décrasser
appétissant	vanté

Exploitation écrite des trois textes

(a) En vous inspirant de la pub et du dernier paragraphe de l'article («Economique . . . sociales»), et en utilisant autant d'adjectifs que possible, rédigez une «pub» pour un des produits ci-dessous:

une brosse à dents	l'eau de Vittel
un matelas «Dorma»	l'eau de Javel
un aspirateur	une calculatrice de poche
un magnétoscope	une crème antirides
un micro-processeur	de la poudre à laver
un lave-vaisselle	un four à micro-ondes

(b) La manifestation à vélo a eu lieu. Ecrivez un article de journal (style journal sérieux comme *Le Monde*) où vous décrivez le déroulement de la manifestation et les revendications des manifestants (150 mots).

Unité 5
«Dites-moi tu»

Introduction

Le tutoiement est considéré comme la forme familière qui est associée à l'intimité ou à la non-formalité. Par contre, le vouvoiement est perçu comme la forme polie, servant à indiquer la neutralité, la distance ou la formalité. Bien que le tutoiement soit beaucoup plus fréquent qu'autrefois, dans la majorité des cas, il est plus correct d'employer *vous*. En règle générale, il est conseillé d'attendre que votre interlocuteur/trice vous tutoie.

Le tutoiement

On se tutoie, en général, entre membres d'une même famille, entre amis/amies, camarades, élèves, étudiants/tes. Il faut néanmoins nuancer cette affirmation. Certes, la majorité des enfants tutoient leurs parents, mais certains vouvoient leurs grands-parents et même leurs parents. Le vouvoiement est aussi de mise entre époux parmi les aristocrates.

Exemple enregistré sur la bande (voir Section III, Unité 3):

Anne et
vous↓↑*tu*
sa grand-mère

On se tutoie entre frères et sœurs, cousins et cousines, oncles/tantes et neveux/nièces, mais on ne tutoie pas nécessairement son beau-frère, sa belle-sœur, son beau-père ou sa belle-mère. En fait, il est courant de vouvoyer les membres de sa belle-famille.

Exemple:

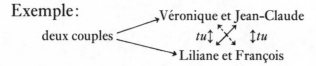

deux couples → Véronique et Jean-Claude
tu↕ ⤡⤢ ↕*tu*
deux couples → Liliane et François

Liliane et Jean-Claude sont frère et sœur: ils se tutoient. Les deux belles-sœurs et les deux beaux-frères se tutoient aussi, mais Véronique et François se vouvoient.

Des amis peuvent ne pas se tutoyer même s'ils se connaissent depuis fort longtemps. Les personnes âgées emploient même l'appellation Madame Dupont, Monsieur Dupont pour s'adresser à des amis de longue date.

Au lycée ou au collège, le tutoiement est courant, mais dans certains établissements (pensionnats de jeunes filles, séminaires), le vouvoiement reste quelquefois obligatoire. En faculté, on se tutoie, mais ce tutoiement n'est pas toujours automatique, de prime abord (voir Section III, Unité 3).

Au travail, entre collègues par exemple, le tutoiement n'est pas nécessairement la norme. Le fait d'appeler quelqu'un par son prénom ne doit pas laisser présupposer le tutoiement.

Exemples:

1. Deux professeurs de faculté discutent à la terrasse d'un café:
   « Françoise, ne croyez-vous pas que cette étudiante aura du mal à réussir? »
   « Non, Jean, je ne pense pas que vous ayez raison de douter de sa compétence. »
2. Une vendeuse et sa patronne:
   « Madame, voulez-vous que je fasse cette retouche? »
   « Oui, Simone, faites-la tout de suite. »
3. Une prof (familier) à une élève:
   « Isabelle, avez-vous fait votre devoir? »
   « Non, Madame, je n'ai pas eu le temps. »

Le *tu* peut également correspondre à un emploi marqué, quand on transgresse les normes sociolinguistiques. Cet usage marqué exprime:

la condescendance	EXEMPLE: un officier qui tutoie un simple soldat
le mépris	EXEMPLE: un contremaître qui admoneste un travailleur immigré
l'insulte	EXEMPLE: des automobilistes qui s'injurient ou des gens qui se bagarrent dans les rues

Le vouvoiement

C'est une forme que l'on emploie pour s'adresser à des inconnus, à des gens que l'on connaît peu, ou même à certains membres de sa famille. Le vouvoiement a de nos jours remplacé le tutoiement qui était utilisé autrefois pour s'adresser à des subalternes. Le *vous* est encore employé, comme marque de respect, dans un rapport hiérarchique: inférieur → supérieur. Le *vous* se rencontre, en outre, comme usage marqué, c'est-à-dire dans un contexte où l'on s'attendrait normalement à trouver un *tu*. (Par exemple pour changer brusquement de ton, ou pour indiquer la colère.)

Conclusion

Un certain nombre de variables entrent en ligne de compte dans le choix des formes d'allocution: *tu* et *vous*. Il faut citer en particulier: l'âge des locuteurs/trices, leur sexe, leur statut socio-professionnel, leur affiliation à un groupe bien défini, comme l'armée, un parti politique ou un syndicat. (Ainsi l'emploi de *tu* en milieu étudiant est implicitement un signe d'appartenance.) A ces divers facteurs vient s'ajouter le contexte qui peut entraîner un usage marqué (exemple: deux vieux amis qui participent à une réunion officielle).

Lecture

Lisez maintenant le texte qui suit et répondez ensuite oralement aux questions ci-dessous.

«Dites-moi tu»

On peut tutoyer son prof et Dieu. Alors «tu», «vous»: complicité, différence? «Déshabillez-moi», chantait Juliette Gréco ...

On le croyait mort. Mort avec la France de l'après-guerre pour qui un sou était un sou, avec les petits métiers qui battaient le pavé des villes ou se croisaient sur les routes de campagne.

Le «tu», pronom personnel pour la grammaire et signe de reconnaissance du peuple de la rue, sombrait dans l'embourgeoisement frigo-télé-voiture de la croisade de l'opulence. Le «tu» qu'on se lançait le matin au zinc du bistrot d'Emile, qu'on s'embrassait le samedi soir après le turbin, qu'on se refilait entre camelots et marchands des quatre-saisons avait disparu. Le pays était mûr pour la neutralité fourre-tout du «you» anglais.

Et voilà qu'il nous revient, ce drôle de pronom qui dit tout ce que «vous» ne dit pas.

Frontières et Martiens

Les étudiants enfiévrés l'ont brandi comme des baïonnettes un printemps de révolte. «Tu es avec moi ou je ne vous connais pas», écrivait une main inconnue sur les murs de la Sorbonne. Et puis, pavés et slogans rangés, le «tu» est resté, avec sa simplicité têtue. Des adolescents vieillis, en velours sport de cadre bien adapté, sortent des «tu» à tout bout de couloir, comme un signe de clan. Les jeans, les cheveux longs, la mode écolo ont fait le reste: «tu», c'est le camarade, la nature, le copain. Frénétiquement, chaleureusement, on se dit «tu». Il est jeune ou toujours jeune, moderne, sympa, dans le vent, pas mégalo, le «tu» d'aujourd'hui. Pourtant, il n'est pas innocent.

Même si la mode a amorti son pouvoir subversif, le «tu» connaît encore des frontières ... Dans telle agence de publicité, à Paris, tout le monde se tutoie à cœur et à couteau ouverts. «Désolé, coco, tu n'es jamais à l'heure, je ne vais pas pouvoir te garder avec nous ...»

Les secrétaires font des heures supplémentaires avec la troublante sensation de faire «partie de la bande». Mais il n'y a que deux Martiens qu'on vouvoie dans cette entreprise: la femme de ménage, qui traîne son aspirateur chaque matin dans les bureaux, et le grand patron. La grammaire est loin: notre société en col roulé n'a pas perdu le sens des hiérarchies.

Partout où le «tu» a remplacé le «vous» respectueux, s'installe un nouvel équilibre des forces. Autrefois, on tutoyait les intimes ou les gens que l'on considérait comme radicalement subalternes. Le maître, le père, le colonel, le curé représentaient des autorités indiscutables marquées par le «vous» pluriel, qui dépasse la personne. En principe, «je vouvoie mes élèves, confie Pierrette Flutiaux, professeur au lycée Chaptal à Paris, mais il m'arrive souvent d'avoir un «tu» qui m'échappe. Je ne suis jamais gênée que des élèves me tutoient.» Cette réflexion eût été absurde il y a vingt ans. Si artificiel qu'il puisse être, le «tu» marque une incertitude dans les rapports humains, des fissures dans les cloisons qui séparaient autrefois hermétiquement les classes et les rôles sociaux.

Le «tu», avec ses arrière-pensées égalitaires et ses allures subversives, s'est infiltré partout. Aucune règle particulière ne le concerne dans l'Administration ou dans l'Education nationale: pas la moindre circulaire. Sauf dans l'Armée, où, le 5 août 1975, à la cote 33 du Règlement de discipline générale des armées, on a rajouté: «Le tutoiement est formellement interdit en service.»

Le colonel de Percin explique qu'il s'agit là «d'un souci d'éviter le paternalisme des officiers qui tutoyaient systématiquement les appelés». Mais il ajoute en connaisseur: «Le sergent qui se laisse tutoyer, il est cuit.»

Ce n'est pas toujours confortable d'être interpellé en tant qu'homme. Le «t'as pas cent balles?» des guitaristes du métro est autrement plus dérangeant que «la charité s'il vous plaît» des mendiants anonymes. Pas facile de faire celui qui n'a rien entendu.

Le tutoiement copain, gentil, «on ne se cache rien», peut être terriblement pesant. Cette main tendue en deux lettres peut griffer ou violer ... Françoise Dolto, psychanalyste, l'a bien remarqué. «Quand un enfant entre dans mon bureau, s'il a plus de 6 ans, la première question que je me pose est celle du «tu» ou du «vous».» Elle se rappelle le cas d'un adolescent qu'on lui avait amené en désespoir de cause. Abandonné par ses parents, il était passé d'éducateurs en assistantes sociales, tous copains, tous avec leur «tu». «Quand il est arrivé, je lui ai dit: «Monsieur, vous ...» Son visage est devenu radieux et, en sortant, il a dit très fort: «Elle, au moins, elle me respecte!»

Si le «tu» a fait sauter des verrous, il reste très ambigu. Il garde, en particulier à l'égard des très jeunes gens, la nuance paternaliste d'autrefois. Rien d'amical non plus dans le tutoiement du policier qui «contrôle» un immigré ou un jeune, ni dans les insultes qu'échangent les automobilistes en fureur.

«Qu'est-ce qu'il fait, ton papa? Il est travailleur?» s'enquérait, il y a quelques années, à Courchevel, le président de la République chaussé de skis en se penchant vers un enfant d'une colonie de vacances. Pas très égalitaire ce «tu». Surtout si l'on sait que Valéry Giscard d'Estaing vouvoie tout le monde chez lui, femme, enfants et chiens.

Nos dirigeants pratiquent d'ailleurs beaucoup le «vous Régence»: Raymond Barre et son épouse se vouvoient, Jacques Chirac et Madame aussi. Au RPR, on accepte même la mode «vieille France», on vouvoie les dames. Yves Guéna tutoie ainsi ses fils, mais vouvoie cérémonieusement ses filles. A gauche, les mœurs sont plus simples: au PC, le «tu» camarade est de rigueur. Au PS, tout le monde se tutoie, sauf François Mitterrand, qui ne tutoie que sa femme et ses enfants. Même Claude Estier, son vieux compagnon, n'a droit qu'au «vous». On raconte souvent cette anecdote d'un soir de meeting en province, lorsqu'un militant jeta à Mitterrand un: «Allez, on se dit tu» enthousiaste. «Comme vous voudrez», lui répondit le premier secrétaire d'un ton glacé, en remettant son chapeau.

Pour le plus grand bien de la langue française, la nuance existe. Le «vous» qui n'ose pas encore se transforme en «tu» d'amour aux moments de passion. Mais un «vous» guindé ferme la porte quand tout est fini: «tu es folle ...», dit son amant à Emma Bovary, «Vous alliez folle et confiante ...» lui écrit-il dans sa lettre de rupture.

Et, curieusement, aujourd'hui, comme dans un grand mouvement de balance, l'inflation tutoyante relance aussi le «dis-moi vous». Il y a une vingtaine d'années, quelques copains se retrouvaient autour d'une idée géniale: inventer des vacances comme on les rêve en plein hiver. Les gens vivraient tout nus, avec des fleurs autour du cou, des perles pour payer leur café et des «tu» à la bouche. Le mythe des villages dorés et du «bon soleil» imposait le tutoiement. C'était le Club Méditerranée de Gérard Blitz, André Regad, et bientôt Gilbert Trigano. Très vite, la consigne fut donnée aux «gentils organisateurs» (GO) de tutoyer «les gentils membres» (GM).

L'année dernière, une réunion de travail a posé le problème du tutoiement des «G.M.». «Nous avons tranché, conclut Trigano. Notre règle, maintenant, c'est de ne plus commencer par dire «tu» automatiquement.» Si tous ses employés tutoient Trigano et réciproquement, les fondateurs du Club, eux, se vouvoient avec délices: «C'est notre façon de nous isoler, de marquer une complicité, une différence.»

«Comment font-ils au lit?»

Quand Maryse et Pierre se sont rencontrés à la fac, il y a deux ans, ils se sont dit «tu» tout de suite. Un peu plus tard, ils ont commencé d'échanger des mots majuscules, «amour-toujours».

Leur histoire était banale, en somme: un petit couple parmi d'autres. Mais voilà qu'un jour Pierre et Maryse se sont mis à se vouvoyer, ostensiblement, un peu comme on brandit un drapeau. Les autres, d'abord, se sont moqués d'eux. «Tous les amis nous tutoient, raconte Pierre, même ceux que nous connaissons à peine. Mais nous sommes les seuls à nous partager un vous.» Affectation, peut-être. Mais cela dure, le dialogue de Pierre et Maryse, à la deuxième personne du pluriel.

On ricane dans leur dos: «Comment font-ils au lit, avec leur «vous»?» Question grasse. Le «déshabillez-moi ...» de la chanson de Juliette Gréco est bien plus sensuel que le «déshabille-moi».

Liliane Sichler, *L'Express*

Registre des mots

(a) Vérifiez le registre et le sens des mot suivants:

le zinc	le fourre-tout
le turbin	coco
se refiler	il est cuit

(b) Quelles remarques pouvez-vous faire sur la syntaxe des expressions et phrases suivantes:

un velours sport	le tutoiement copain
des robes de plage grand chic	

(Voir Section IV, Exercice 8.)

(c) Trouvez la forme complète des mots ci-dessous:

mégalo	prof
écolo	sympa
frigo	fac

(Voir Section IV, Exercices 6–7.)

Questions

1. Relevez les exemples où l'emploi de *tu* et de *vous* n'est pas réciproque et expliquez-en les raisons.
2. Expliquez le sens de «la neutralité fourre-tout du *you* anglais».
3. Pourquoi l'auteur écrit-elle que le *tu* n'est pas innocent?
4. Quelles sont les raisons pour lesquelles on vouvoie seulement la femme de ménage et le grand patron?
5. Que faut-il entendre par «le nouvel équilibre des forces»?
6. Que veut dire la phrase «le *tu*, avec ses arrière-pensées égalitaires et ses allures subversives»?
7. Pourquoi le *tu* reste-t-il «très ambigu»?
8. Pourquoi, à votre avis, le *tu* de Valéry Giscard d'Estaing est-il qualifié de «pas très égalitaire»?
9. Que signifie l'expression le «vous Régence»?
10. En quoi l'emploi du *tu* ou du *vous* par des membres des partis politiques cités, reflète-t-il leur idéologie?
11. Cherchez dans le texte, des exemples d'emplois «marqués» (inhabituels dans le contexte) de *tu* et de *vous* et montrez en quoi ils le sont.

Exercices écrits

(a) Préparez le script de trois mini-dialogues de quatre lignes chacun pour illustrer les situations suivantes (il faut que l'âge, le sexe, etc. des interlocuteurs/trices, ainsi que le lien qui existe entre eux/elles soient clairement énoncés).

deux membres de la même famille qui se vouvoient
deux personnes qui ne se sont pas vues depuis longtemps, mais qui se tutoient
un exemple de non-réciprocité (une personne dit *tu*, l'autre *vous*)
emploi marqué du pronom (soit *tu* soit *vous*)

(b) Ecrivez un paragraphe dans le style de l'article «Dites-moi tu» pour expliquer à un public français la «neutralité du *you*». (Est-ce la preuve d'une société plus égalitaire? A-t-on d'autres façons d'indiquer la formalité, l'intimité, etc.? Est-ce que cela a toujours été ainsi?)

(c) Voici l'exemple d'un poème (tiré de *Calligrammes* d'Apollinaire) où le poète s'adresse au lecteur en utilisant *tu*. En vous inspirant de cet exemple, inventez un calligramme (en vous adressant au lecteur si possible).

L E
A T
A
C V
R A
DOU
LOU
REUSE
QUE TU
PORTES
ET QUI T'
ORNE O CI
VILISÉ
OTE- TU VEUX
LA BIEN
SI RESPI
RER

Pour finir, quelques lignes d'un autre poète surréaliste, Paul Eluard.

«Le premier jour tu m'embrasses
Le lendemain tu me tutoies
Et pour toujours je crois en Toi»

Unité 6
Confessions d'une lycéenne

Premier texte

Le père d'Anne: trente-neuf ans, chimiste, «de gauche». Lorsqu'il rentre du labo le soir, il en a toujours marre de quelque chose: «Ce soir, la place d'Italie ç'a été pire que jamais. Jamais, jamais je n'ai vu ça. Une demi-heure entière sans bouger. J'étais coincé entre un gros camion et la Mercedes d'un bourgeois à la con. En plus, il m'a cassé un feu rouge. J'en ai plein le dos du boulot, ras le bol de la chimie, ras les fesses de Paris, de la famille. Il faut se tailler, se tailler ...»

Anne, elle, en a ras le bol d'entendre son père dire qu'il en a ras le bol: «Tu répètes tous les soirs que tu te fais suer, que tu veux te tailler. Eh bien, vas-y, qu'est-ce que tu attends, prends la route. Tu gueules et puis après tu regardes la télé, tu lis «le Monde» ou «le Nouvel Obs». T'es un frimeur.»

«Parce que tu crois que c'est simple, toi,» répond le père. «Quand on se marie et qu'on se fait des enfants, c'est fini, on est coincé. C'est pour ça que toi il faut que tu réussisses ton bac. Ils disent: «Il ne te reste plus que deux ans, ça serait trop bête que tu ne l'aies pas» ou «un petit coup de collier pendant trois mois et puis ça y est, t'es sortie d'affaire.» Anne est environnée de deux mondes. Ceux qui «veulent son bien»: les parents, les professeurs, la directrice, l'épicière, les flics. Même s'ils ne s'aiment pas entre eux, tous disent la même chose. On dirait qu'ils se sont donné le mot. Et puis ils ajoutent toujours: «Tu as de la chance, si tu étais fille d'ouvrier, à dix-huit ans, tu serais entrée à l'usine.»

Anne pense qu'elle a de la chance parce qu'elle a un deuxième monde: celui des copines, des copains. Ici on ne lui offre rien, on ne donne pas, on prend, ici ce sont les autres qui ont besoin d'elle. Ici il n'y a pas de chantage à l'amour («Si tu veux vraiment me faire plaisir, le trimestre prochain, tu me montreras un meilleur bulletin») ni de chantage tout court («Si tu «passes», tu l'auras, ta chaîne hi-fi»). Ici, on n'essaie pas de la comprendre («Bien sûr, tu as raison, ton professeur de maths est un con, mais encore un petit effort et tu le quitteras, ce lycée»).

Ici, parmi les copains, se passent les choses vraiment importantes: par exemple, Marion, dont le père ne veut plus qu'elle sorte avec Bernard. Marion a décidé de ne plus rentrer chez elle. Son père l'a su, il lui a dit: «Je t'enverrai les flics.»

Que peut-on faire? Anne en parle avec ses copines:

– C'est pas possible d'être si «réac».

– Mais il n'est pas «réac», le père de Marion, il collait les affiches du PSU.

– Tu parles, PSU ou pas, il est plus «réac» qu'un flic!

– J'en ai parlé à mes parents, ils disent que le père de Marion est un salaud mais qu'ils ne peuvent pas prendre la responsabilité de la prendre à la maison, ils disent que c'est trop grave.

– Les miens, même pas la peine de leur demander, ils vont m'envoyer bouler.

– Chez moi, ça peut marcher: mes parents n'entendent rien la nuit, Marion pourrait arriver vers onze heures du soir et partir de bon matin.

– Et qu'est-ce qu'elle va faire jusqu'à onze heures, elle n'a même pas de fric pour aller dans les troquets.

– Elle n'a qu'à rester avec Bernard.

– Mais Bernard doit rentrer chez lui avant huit heures.

– De toute façon, le père de Marion il la coincera au lycée.

– T'es folle! Il ne faut pas qu'elle aille en classe.

– Alors, elle va redoubler, elle va peut-être même se faire renvoyer.»

Arrivées là, toutes les filles se

taisent. Marion peut-elle prendre le risque de redoubler, de se faire renvoyer? On n'a pas de réponse. A table, en voiture, Anne a mille fois entendu son père parler avec sa mère, professeur d'anglais, de l'enseignement.

«L'école est une institution répressive», dit son père.

– Je ne sers pas à enseigner l'anglais aux enfants, répond la mère, ils apprennent mieux en écoutant la musique pop, moi je sers à inculquer la discipline sociale au bénéfice du capitalisme.

– C'est pire que ça, ajoute le père, tu es un garde-chiourme, si les gosses n'allaient pas à l'école ils seraient en chômage, et là ils seraient une vraie menace pour le capitalisme!»

Puis la mère d'Anne lance à son mari un regard insistant qui veut dire: «N'oublie pas qu'Anne est sur la banquette arrière et qu'elle ne travaille pas très bien à l'école.» Le mari a compris, Anne aussi a compris. Elle sait que, maintenant, on va commencer à parler pour elle. Mais le père a compris qu'Anne a compris: «Je n'ai rien à cacher à Anne, dit-il. Elle est assez grande pour comprendre.» Il appuie sur l'accélérateur et dit à sa femme: «Allume-moi une cigarette. Non, pas une cigarette, un petit cigare, ça me fait moins fumer.»

Il aspire un bon coup: «L'école, dans ce régime, tu vois, Anne, elle est comme on le dit, ta mère et moi. Dans un autre régime, ce sera différent, peut-être même qu'il n'y aura pas d'école. Mais en attendant, hein, en attendant, qu'est-ce qui va se passer? Ce n'est pas toi qui dois payer les pots cassés. (Il aspire une grosse bouffée de tabac.) Dans dix ans, rien n'aura changé! Tu auras vingt-cinq ans et, si tu n'as pas eu ton bac, tu seras vendeuse à Monoprix. Tu as envie d'être vendeuse à Monoprix? Non? Bon alors, il faut que tu l'aies, ton bac. Qu'est-ce que tu en penses, mais dis-moi ce que tu en penses, au lieu de rester comme ça à ne rien dire!»

Guy Sitbon, *Le Nouvel Observateur*
l. 70 Le PSU: le parti socialiste unifié

Vocabulaire du français familier

(a) Vérifiez le registre des expressions et mots suivants et donnez-en les équivalents en français courant:

à la con	un frimeur
en avoir plein le dos	coincé
ras les fesses	un troquet
se tailler	un salaud
se faire suer	envoyer bouler
gueuler	il la coincera au lycée
	garde-chiourme

(b) Donnez les équivalents en français familier de:

j'en ai assez (× 4)	une amie
un gendarme	de l'argent
un ami	des enfants (× 2)

Syntaxe du français familier

En français parlé on observe souvent une répétition d'un pronom sujet ou complément d'objet.

EXEMPLES:

Sabine, sa petite amie, *elle* lui a dit la vérité.
Tu *le* vois *ton copain*.

Expliquez pourquoi les phrases qui suivent appartiennent au registre familier.

(a) *Moi je* . . .: la reprise des pronoms

«tu crois que c'est simple, toi»
«toi il faut que tu réussisses ton bac»
«tu le quitteras, ce lycée
«le père de Marion, il la coincera au lycée»
«il faut que tu l'aies, ton bac»
«moi je sers à inculquer la discipline sociale»

(b) Trouvez un exemple de phrase négative où le *ne* est absent.

(c) Notez bien ces trois phrases:

Peut-être même qu'il n'y aura pas d'école	familier
Il n'y aura peut-être pas d'école	courant
Peut-être n'y aura-t-il pas d'école	soutenu

Exercices lexicaux

(a) Les abréviations sont fréquentes dans la langue scolaire (bac, dissert, maths, interro, compo, etc.). Identifiez les matières suivantes: philo, géo, sciences-po, langues o, socio, sciences-éco, bio, math-sup, math-spé, hist-g, LV1, LV2, etc.
(Voir Section IV, Exercices 6–7.)

(b) Richesse du français familier: dans le texte il y a plusieurs expressions qui veulent dire «j'en ai assez». Il est fréquent en français familier qu'il y ait un choix de plusieurs expressions, comme dans les exemples ci-dessous. Pour chaque liste donnez *un* équivalent en français courant (vous pouvez en même temps vérifier le registre de chaque mot et les nuances de sens):

bosser, bûcher, piocher, boulonner, trimer
gamin, morpion, rejeton, moutard, moufflet
marrant, crevant, désopilant, bidonnant, tordant
crevé, claqué, éreinté, vanné, esquinté

Exercice oral

Que pensez-vous de l'attitude d'Anne et de celle de ses parents?

Tu veux être vendeuse à Monoprix ...? Textes à comparer

Lecture

(a) Le texte ci-dessous est tiré d'un ouvrage de sociologie. Quels sont les détails (de vocabulaire et de syntaxe) qui vous indiquent qu'il s'agit d'un texte de ce genre?

(b) En employant un style courant, essayez de le résumer en deux ou trois phrases.

La finalité productiviste de l'école se voit accompagnée d'un double qui la nie: enfants qui quittent l'école dès la fin de la scolarité obligatoire (sans compétences spécifiques) ou qui s'orientent vers des enseignements généraux; jeunes qui se présentent sur le marché de l'emploi sans attestation d'une compétence spécifique (ou sans en faire usage) mais en mettant en avant une potentialité, une adaptabilité, un niveau ou un complexe de connaissances diverses. Comment ne pas voir qu'il y a là, à l'œuvre, une autre logique, non plus socio-économique, mais sociétale, c'est-à-dire non plus étroitement économique mais à l'inverse insérée dans un procès social d'ensemble.

J.-M. Berthelot, *Le Piège scolaire*

(c) Parcourez la bande dessinée des pages 32–33 et dites si ce qui y est décrit correspond à la vie d'étudiant/e.

Travail écrit

Dans le style du premier texte, imaginez la réponse d'Anne à son père (100 mots).

FAC: chaque minute perdue est un zéro de

VOUS N'ENTREZ PAS À LA FAC POUR GLANDER. AFIN DE NE PAS TRAHIR LES ESPOIRS DE VOS PARENTS, DE LA FRANCE DE DEMAIN ET DES DOSSIERS DE L'ETUDIANT QUI COMPTENT BIEN VOUS VENDRE LA SUITE DE LEUR PRODUCTION, SUIVEZ LES CONSEILS DE QUELQU'UN QUI A ACCUMULÉ UNE LONGUE EXPERIENCE DU TRAVAIL UNIVERSITAIRE À LA CAFETERIA DE LA FAC DE DROIT D'ASSAS, D'OCTOBRE À NOVEMBRE 1968.
CAFÉ
RÔN-
FLL...
APOCALYPSE NOW
D'ABORD, LE REVEIL: FAITES TOUT CE QUI EST EN VOTRE POUVOIR POUR VOUS RETROUVER EN BAS DE VOTRE LIT À LA MINUTE ET À LA SECONDE DECIDÉE LA VEILLE.
UN EMPLOI DU TEMPS SE MINUTE COMME UNE OPERATION SUR KOLWESI:
IL Y A UN TAS DE PETITS GESTES QUOTIDIENS QUE VOUS POUVEZ EFFECTUER SIMULTANEMENT SANS LACHER POUR AUTANT VOS DECLINAISONS RUSSES.
DODO
DE MÊME, EN METTANT À PROFIT LE TEMPS MORT DE L'ASCENCEUR POUR VOUS HABILLER, VOUS GAGNEZ DOUZE SECONDES PAR JOUR, SOIT 45 PRÉCIEUSES MINUTES DE REVISIONS EN FIN D'ANNÉE.
ARRIVÉ(E) DANS L'AMPHITHÉATRE, MEFIANCE: SACHEZ QU'IL Y A QUELQUES ZONES À EVITER EN PRIORITÉ.
PORTE
ZONE COURANT D'AIR FROID DEPRESSION 1292 MILLIBARS
ZONE POSTILLONS
1- MAUVAISE ACOUSTIQUE
2- 'EMPRUNTEUR' DE GOMMES, CRAYONS, TICKETS DE RESTO-U...
3- ZONES-FENETRE : DISTRACTION
4- FUITES TOITURE
5- TYPE CHANGEANT DE CHAUSSETTES À CHAQUE ELECTION PRESIDENTIELLE
6- ZONE D'EXÉGESE POLITIQUE
7- PROPRIETAIRE DE CHIEN, AVEC PUCES.
8- ALSACIEN AVEC MUNSTER ET RENVOIS DE CHOUCROUTE
9- FILLE EXTRAORDINAIRE
10- TYPE VRAIMENT TROP MIGNON
11- ZONE BATAILLE NAVALE
12- MANUFACTURE DE COCKTAILS MOLOTOV
13- CHUTE DE GRAVATS
---- PERIMETRE DANGEREUX EN FAC DE CHIMIE.
VOUS AVEZ TROUVÉ VOTRE PLACE? BIEN.
VOUS ALLEZ RESTER ASSIS PENDANT DES MOIS. ADOPTEZ DÈS LE DEPART UNE POSITION CORRECTE, QUI MENAGERA VOTRE COLONNE VERTEBRALE
BON
MAUVAIS
CIRRHOSE
LORDOSE
SCOLIOSE
TROMBOSE

moins sur votre futur bulletin de salaire
SUPER-SAP
LA MODE PAS CHÈRE!
Disques
TOUTE LA B.D. À PRIX COÛTANT
BAR
FLIPPERS BILLARDS BABY-FOOT
LE CHEMIN DU RETOUR VERS VOTRE CHAMBRE (DONT VOUS AUREZ PRIS SOIN DE MURER LA FENETRE POUR EVITER TOUTE DISTRACTION), EST HERISSÉ DE LIEUX DE PERDITION: UN REGARD SUR UNE VITRINE, UNE HÉSITATION DANS LE PAS, ET VOUS ETES FOUTU. AVANCEZ, AVANCEZ TOUJOURS! PENSEZ À GUILLAUMET DANS LES ANDES.
D'AILLEURS C'EST FOU LA MASSE DE FUTILITÉS DONT ON PEUT SE PASSER SANS POUR AUTANT MOURIR TOUT DE SUITE:
..LA POLITIQUE,
LE CINÉ,
PARISCOP
LA MUSIQUE..
INUTILES
..FAITES-VOUS FAIRE DE BREFS RÉSUMÉS POUR NE PAS AVOIR L'AIR TROP CON LORSQUE VOUS SEREZ CADRE AVEC VOS BEAUX DIPLÔMES TOUT NEUFS.
..BREF TON FILM, C'EST L'HISTOIRE D'UN MEC QUI VEUT ALLER SUR JUPITER ET QUI SE PLANTE. CE STANLEY KUBRICK AVAIT VRAIMENT BESOIN DE TROIS HEURES POUR RACONTER ÇA?
L'AMITIÉ, LE SEXE, L'AMOUR:
C'EST LE
PRINTEMPS,
CRÉTIN!
INUTILES
GRATTE, GRATTE, GRATTE, GRATTE.
..FAITES-VOUS FAIRE DE BREFS RÉSUMÉS POUR NE PAS AVOIR L'AIR TROP CON LORSQUE VOUS SEREZ CADRE AVEC VOS BEAUX DIPLOMES TOUT NEUFS.
..ALORS LISE ME PREND LA MAIN, CARRÉMENT. JE ME TORTILLE VERS ELLE POUR L'EMBRASSER, JE ME RETROUVE LE NEZ DANS SES CHEVEUX. ELLE ME DIT: "SI ON SE METTAIT DANS LE MÊME DUVET?"
TOUTES DES CHIENNES.
FORTS DE CES CONSEILS, VOUS ALLEZ TIRER DE VOTRE CERVEAU LE MAXIMUM DE SES RESPONSABILITÉS: CEUX QUI PRETENDENT QU'IL EST IMPOSSIBLE DE PREPARER DOUZE DOCTORATS À LA FOIS, SONT DES FEIGNANTS
MY TAYLOR IS RICH.
PSYCHO
PSYCHO
RUSSE
RUSSE
COURS DE PHILO EN BRAILLE
MANUEL D'HISTOIRE
TRAVAIL PERSONNEL ARTS PLASTIQUES
T.P. DE CHIMIE EN COURS.
..QUANT À VOUS, APRES À PEINE QUINZE ANS DE TRAVAIL ACHARNÉ, VOUS GOÛTEREZ LES DELICES D'UN POSTE DE HAUT RANG. LÀ VOUS POURREZ VOUS REPOSER.
PARCEQUE BON, QUAND-MÊME, IL FAUT UNE JUSTICE.
MADAME LA DIRECTRICE DE CABINET, C'EST LE MINISTRE JAPONAIS DE L'INDUSTRIE QUI APPELLE DE NEW-YORK SUR LA DEUX.
DITES-LUI DE RESTER EN LIGNE JUSQU'À CE SOIR, MON PETIT: JE SUIS EN CONFÉRENCE.
LA PATROUILLE DES CASTORS
G. Mathieu

Unité 7
Le «style parlé» dans le roman contemporain

Introduction

Dans la première unité nous avons étudié un extrait de *L'âge de raison*, publié en 1945. Cependant, bien avant cette date d'autres romanciers ont tenté de rendre fidèlement le vrai langage parlé. Les deux plus connus sont L.-F. Céline, dont le premier roman, *Voyage au bout de la nuit*, parut en 1932, et R. Queneau (*Le Chiendent*, 1933). Le livre le plus célèbre de ce dernier romancier est, bien sûr, *Zazie dans le métro* (1959). Vous verrez que le début du roman, reproduit ci-dessous, contient un grand nombre de traits du langage parlé que nous avons déjà examinés – et bien d'autres encore!

Doukipudonktan, se demanda Gabriel excédé. Pas possible, ils se nettoient jamais. Dans le journal, on dit qu'il y a pas onze pour cent des appartements à Paris qui ont des salles de bains, ça m'étonne pas, mais on peut se laver sans. Tous ceux-là qui m'entourent, ils doivent pas faire de grands efforts. D'un autre côté, c'est tout de même pas un choix parmi les plus crasseux de Paris. Y a pas de raison. C'est le hasard qui les a réunis. On peut pas supposer que les gens qu'attendent à la gare d'Austerlitz sentent plus mauvais que ceux qu'attendent à la gare de Lyon. Non vraiment, y a pas de raison. Tout de même quelle odeur.

Gabriel extirpa de sa manche une pochette de soie couleur mauve et s'en tamponna le tarin.

– Qu'est-ce qui pue comme ça? dit une bonne femme à haute voix.

Elle pensait pas à elle en disant ça, elle était pas égoïste, elle voulait parler du parfum qui émanait de ce meussieu.

– Ça, ptite mère, répondit Gabriel qui avait de la vitesse dans la repartie, c'est Barbouze, un parfum de chez Fior.

– Ça devrait pas être permis d'empester le monde comme ça, continua la rombière sûre de son bon droit.

– Si je comprends bien, ptite mère, tu crois que ton parfum naturel fait la pige à celui des rosiers. Eh bien, tu te trompes ptite mère, tu te trompes.

– T'entends ça? dit la bonne femme à un ptit type à côté d'elle, probablement celui qu'avait le droit de la grimper légalement. T'entends comme il me manque de respect, ce gros cochon?

Le ptit type examina le gabarit de Gabriel et se dit c'est un malabar, mais les malabars c'est toujours bon, ça profite jamais de leur force, ça serait lâche de leur part. Tout faraud, il cria:

– Tu pues, eh gorille.

Gabriel soupira. Encore faire appel à la violence. Ça le dégoûtait cette contrainte. Depuis l'hominisation première, ça n'avait jamais arrêté. Mais enfin fallait ce qu'il fallait. C'était pas de sa faute à lui, Gabriel, si c'était toujours les faibles qui emmerdaient le monde. Il allait tout de même laisser une chance au moucheron.

– Répète un peu voir, qu'il dit Gabriel.

Un peu étonné que le costaud répliquât, le ptit type prit le temps de fignoler la réponse que voici:

Répéter un peu quoi?

Pas mécontent de sa formule, le ptit type. Seulement, l'armoire à glace insistait: elle se pencha pour proférer cette pentasyllabe monophasée:

– Skeutadittaleur . . .

Le ptit type se mit à craindre. C'était le temps pour lui, c'était le moment de se forger quelque bouclier verbal. Le premier qu'il trouva fut un alexandrin:

– D'abord, je vous permets pas de me tutoyer.

– Foireux, répliqua Gabriel avec simplicité.

Et il leva le bras comme s'il voulait donner la beigne à son interlocuteur. Sans insister, celui-ci s'en alla de lui-même au sol, parmi les jambes des gens. Il avait une grosse envie de pleurer. Heureusement vlà ltrain qu'entre en gare, ce que change le paysage. Le foule parfumée dirige ses multiples regards vers les arrivants qui commencent à défiler, les hommes d'affaires en tête au pas accéléré avec leur porte-documents au bout du bras pour tout bagage et leur air de savoir voyager mieux que les autres.

Gabriel regarde dans le lointain; elles, elles doivent être à la traîne, les femmes c'est toujours à la traîne; mais non, une mouflette surgit qui l'interpelle:

– Chsuis Zazie, jparie que tu es mon tonton Gabriel.

– C'est bien moi, répond Gabriel en anoblissant son ton. Oui, je suis ton tonton.

La gosse se marre. Gabriel, souriant poliment, la prend dans ses bras, il la transporte au niveau de ses lèvres, il l'embrasse, il la redescend . . .

– En route, qu'il dit.

Et il fonce, projetant à droite et à gauche tout ce qui se trouve sur sa trajectoire. Zazie galope derrière.

– Tonton, qu'elle crie, on prend le métro?

– Non.

– Comment ça, non?

Elle s'est arrêtée. Gabriel stoppe également, se retourne, pose la valoche et se met à espliquer:

– Bin oui: non. Aujourd'hui, pas moyen. Y a grève.

– Y a grève?

– Bin oui: y a grève. Le métro, ce moyen de transport éminemment parisien, s'est endormi sous terre, car les employés aux pinces perforantes ont cessé tout travail.

– Ah! les salauds, s'écrie Zazie, ah! les vaches. Me faire ça à moi.

– Y a pas qu'à toi qu'ils font ça, dit Gabriel parfaitement objectif.

– Jm'en fous. N'empêche que c'est à moi que ça arrive, moi qu'étais si heureuse, si contente et tout de m'aller voiturer dans lmétro. Sacrebleu, merde alors.

– Faut te faire une raison, dit Gabriel dont les propos se nuançaient parfois d'un thomisme légèrement kantien.

Et, passant sur le plan de la cosubjectivité, il ajouta:

– Et puis faut se grouiller: Charles attend.

– Oh! celle-là je la connais, s'esclama Zazie furieuse, je l'ai lue dans les Mémoires du général Vermot.

– Mais non, dit Gabriel, mais non, Charles, c'est un pote et il a un tac. Je nous le sommes réservé à cause de la grève précisément, son tac. T'as compris? En route.

Il ressaisit la valoche d'une main et de l'autre il entraîna Zazie.

R. Queneau, *Zazie dans le métro*

Exercices

(a) Après avoir lu une fois l'extrait, trouvez des exemples de:

1. L'élision du /ə/.
2. Une autre élision vocalique.
3. Une phrase sans verbe.
4. La chute de *ne*.
5. Une question indiquée simplement par le ton et non par un changement de construction.
6. La reprise du nom ou du pronom par un autre pronom (exemple: Maryvonne, elle . . ., *ou* moi, je . . .).

(b) Quel est l'équivalent en français courant des mots suivants:

le tarin	les vaches
une mouflette	se grouiller
se marrer	un pote
emmerder	une valoche
les salauds	

A remarquer

Les liaisons

Plus on descend sur l'échelle des registres, moins les liaisons sont nombreuses. Néanmoins les fausses liaisons ne sont plus limitées au seul français très familier.

EXEMPLE:

Par analogie sur *elle serait‿allée* (liaison facultative), on peut entendre *elle sera* [t] *allée au marché*. Cette insertion fautive d'un [t] s'appelle un cuir.

La réduction des pronoms personnels

je parie → jparie
tu es → t'es
il n'y a pas → y a pas

Dans le texte vous aurez remarqué que Zazie dit «jparie» mais «chsuis» (chute de /ə/ et assimilation avec le *s*).

Le degré de réduction des pronoms dépend en partie du registre; prenons l'exemple de *je*:

Je le lui ai dit	courant
Je lui ai dit J' lui ai dit	familier
J'ui ai dit J' y ai dit	très familier

La chute des consonnes

EXEMPLE:

«espliquer» au lieu de /ɛksplike/ = expliquer.
Trouvez un autre exemple dans le même genre.

L'accentuation

A part l'accent d'intensité («meussieu»), en français les syllabes d'une phrase tendent à être accentuées de façon égale. Pour cette raison, et à cause des liaisons et des élisions, il est souvent difficile, à l'oral, de séparer les mots. La principale unité de sens serait donc la phrase. C'est pour représenter ce fait que Queneau écrivit ces célèbres phrases agglutinées (à lire à haute voix):

DOUKIPUDONKTAN

SKEUTADITTALEUR

A vous d'essayer de les déchiffrer avant de regarder les réponses (à la page 38).

Les verbes de la narration

Quel est le temps de la narration au début? – et plus tard?

« «En route», qu'il dit» – le «que» est très fréquent dans la narration en français familier. Pouvez-vous en relever un autre exemple?

La préposition en fin de phrase

Notez bien : on peut se laver sans
tu viens avec
} très familier

Le vocabulaire argotique

Le vocabulaire argotique est caractérisé par certaines terminaisons, comme -oche -ingue. Pour *valoche* on pourrait dire *valdingue*. Pendant la deuxième guerre mondiale, on disait : les Allemands → les Alboches → les Boches.

Avez-vous rencontré d'autres expressions dérivées ainsi (fastoche, pardingue?)

D'où qu'ils puent donc tant?
Ce que t'as dit tout à l'heure

Français familier et humour romanesque

L'emploi du «français parlé» peut avoir des effets divers, selon l'auteur. Avec ces «phrases agglutinées», Queneau oblige le lecteur à réfléchir, à regarder le texte de près. Plus avant dans le roman, l'auteur utilisera ce procédé à des fins satiriques, mais dans l'extrait que vous avez lu, l'effet est surtout comique.

Essayez d'expliquer l'humour des morceaux suivants :

> «Mais non, dit Gabriel, mais non, Charles, c'est un pote et il a un tac. Je nous le sommes réservé à cause de la grève précisément, son tac.»
>
> «Faut te faire une raison», dit Gabriel dont les propos se nuançaient parfois d'un thomisme légèrement kantien.
>
> Et, passant sur le plan de la cosubjectivité, il ajouta : «Et puis faut se grouiller : Charles attend.»

Textes à comparer : romans et français familier

Depuis les premiers romans de Céline et de Queneau, on a souvent essayé d'écrire en français parlé. Voici d'abord un extrait d'un roman d'Alphonse Boudard, *Le Corbillard de Jules*, 1980 (suite aux *Combattants du petit bonheur*, Prix Renaudot, 1977). L'histoire se déroule dans la France occupée vers la fin de la deuxième guerre mondiale. Le narrateur, soldat au front, se trouve dans un camion avec deux soldats. Ils commencent par parler politique, mais les choses se terminent autrement...

Lecture

A vous de lire le texte et de le discuter.

– Paraît qu'il était réac, le commandant Kerloch?

Elle me tâte ... voir un peu ma façon de penser. Les militants, militantes, ils vous envisagent que dans l'optique de leur parti. On en est ou on n'en est pas. Si on n'en est pas, on est un ennemi en puissance, un suspect de toute façon. Je préfère jouer au con, celui qui n'est pas bien au courant.

– En tout cas, il est mort tué par les Boches.

Ma judicieuse réplique. Ça la rachète de toutes ses mauvaises tendances. Maryvonne, elle me fait «oui, oui» de la tête. Elle embraye aussi sec sur ce qui la travaille en ce moment ... le sort du prolétariat grec. Je ne suis pas tellement au courant qu'en Grèce les partisans, après le départ des Fritz, se battent maintenant contre l'armée anglaise.

– En un mois 13 000 morts, je ne sais pas si tu te rends compte!

– Churchill ne veut pas rester à la traîne d'Hitler ... ajoute Janine.

Elle partage l'indignation de sa pote. En France, elle m'explique que ça pourrait devenir pareil! Les Amerloques et de Gaulle contre les travailleurs, l'armée du peuple ... la nôtre, je pige ... celle du colonel Fabien ... des francs-tireurs et partisans.

– Faut être vigilant, camarade! Se méfier de la 5ᵉ Colonne ... Au ministère de la Guerre, toutes les culottes de peau de Vichy sont revenues.

Ça ne m'étonne pas. Je les écoute tout en bondissant, sautant sur le cul dans ce camion du train d'enfer. Maryvonne, elle trouve qu'on n'a pas assez épuré ... que les collabos courent toujours, relèvent la tête ... nous narguent, les ordures! Les trafiquants du marché noir, les lascars dans le genre du papa de Jules, elle te les cloquerait au mur vite fait! Pelotons crépitez! ... Jouez mitraillettes! ... Donnez-nous notre coup de grâce de chaque jour! ... Avec Janine, toutes les deux, elles ont fait un sacré boulot ... le vide autour d'elles! ...

On est presque dans l'obscurité à présent, dans ce couloir, parmi les gravats, les ordures, les boîtes de conserves, les douilles de balles qui jonchent le sol. Je suis tout près de la môme Janine. Tant pis, je risque un geste ... je lui prends le bras. Je lui glisse, l'air de rien ... qu'on serait mieux en train de danser le paso doble ... que j'espère bien qu'on aura l'occase de se revoir. Je profite que la grosse Maryvonne est sur le pas de la porte, qu'elle va un peu se rendre compte de la situation.

Janine, elle pouffe, elle ne me prend pas au sérieux. Je me fais plus pressant ... je me risque autour de sa taille, de son ceinturon à cartouchières. Elle a un geste pour se dégager et, à ce moment, la sergente se retourne pour nous dire quelque chose. Oh! ça lui reste dans le gosier. Elle a surpris, la vache, mon geste ... inutile de lui faire un dessin!

– Dis donc, toi, tu te crois où? T'es pas bien! ... Qu'est-ce qui se passe, Janine?

Janine voudrait éviter l'incident. Elle minimise ... une plaisanterie

... le camarade est un petit rigolo. Il s'est cru encore à l'école quand il attendait les filles à la sortie pour leur tirer les nattes!

– Mais c'est pas possible, merde! On est encerclés par les Boches et ce connard ne pense qu'à te peloter!

Elle s'est interposée, toute sa viande, sa carrure mastoc, son uniforme et puis surtout son calibre. Elle me le brandit sous le tarin. Intérêt à me faire tout mignard, à m'écraser. Elle me lance un regard chargé de haine. Tout à coup, toc! ... l'éclair! Oh, à retardement, j'entrave! Je suis sur ses plates-bandes à la sergente! La Janine, c'est sa protégée, sa partenaire et pas que dans les attaques ferroviaires!

J'aurais dû comprendre ça tout de suite. Je manque encore d'éducation pour circuler dans l'existence, la société des hommes et des femmes. J'ai mis les panards où il ne fallait pas! Le risque ... elle peut m'en tirer une dans la tronche, cette salope, me flinguer pour si peu! Je sens que c'est pas ça qui lui cloquerait de tenaillants remords jusqu'à la fin de ses jours. Elle m'ajouterait sans vergogne à sa liste de traîtres, de réacs hitléro-trotskistes. Plaf! dans ma gueule un trou béant.

Bien ma chance, je suis tombé sur un couple d'émancipées gonzesses, de gouines rouges un quart de siècle avant Mai 68! ... A part Fabien ou Staline, aucun lascar ne peut s'y risquer. Isolée, Janine succomberait peut-être ... visible que c'est la sergente le Jules. Elles auraient pu m'affranchir, se rouler une galoche devant moi dans le Dodge, je me serais pas berluré, fourvoyé jusque dans ce couloir. Pour une fois un tir, une rafale me fait plaisir ... au-dessus de la porte d'entrée ... Ran! ... ça coupe court à l'incident ... le Colt sous ma gorge. Elle trouve le moyen de me glisser encore une menace ... que je ne m'avise pas de toucher à Janine, sinon j'aurai affaire avec elle. Elle me traite encore de petit con ... Heureux, moi non plus que je ne sois pas enfouraillé ... mon côté macho, phallo je ne sais quoi ... ma vanité de jeune mâle, j'étais foutu de lui riposter à cette virago, lui défourailler dans le bide. A présent, y a intérêt à dégager du couloir. Les Ricains ne passent plus en courant dans la rue. On est peut-être les derniers ... d'ici que les Chleus débouchent ...

Alphonse Boudard, *Le Corbillard de Jules*

l. 19 Colonel Fabien: résistant français responsable du premier attentat qui coûta la vie à un officier allemand à Paris dans les couloirs de la station de Métro qui porte maintenant son nom
l. 77 les Ricains (très fam.): les Américains
l. 79 les Chleus (très fam.): les Allemands

Exercice

Maintenant, réécrivez dans un style soutenu le premier paragraphe («Paraît ... au courant»).

San Antonio

Auteur à succès, puisqu'il a vendu plus de 100 millions d'exemplaires de ses livres, Frédéric Dard est surtout connu sous le pseudonyme de San Antonio. Il écrit essentiellement des romans policiers dont les plus connus sont *L'Histoire de France, Les Vacances de Bérurier, Béru-Béru, La Sexualité.*

Son œuvre se caractérise par ses trouvailles langagières, par son argot, son humour, sa fantaisie, ses allusions, ses jeux de mots ... bref une fête langagière qui surprend quelquefois les étudiants/tes étrangers/ères et les francophones non initiés! On a dit de lui qu'il était «le plus connu des écrivains français, le plus lu dans toutes les couches de la société». Voici un extrait de *Si ma tante en avait*. Pour vous aider à le comprendre, vous pouvez consulter l'un des ouvrages suivants: *Dictionnaire du français non conventionnel*, J. Cellard et A. Rey; *Dictionnaire de l'argot moderne*, Géo Sandry et Marcel Carrière; *Harrap's English–French Dictionary of Slang and Colloquialisms*, Marks and Johnson.

Je regarde tomber la pluie.

Plus exactement, je regarde son ruissellement le long des façades de granit. De toute beauté. Chiant mais noble. Le granit, franchement, c'est payant pour le noir et blanc. Evidemment, si tu préfères tourner en couleurs, vaut mieux filmer une corrida.

La flotte dégouline le long des pavés inégaux. Au café de la Marine, y'a un marin qu'est sorti pisser contre la borne à anneau qui servait dans les jadis à attacher les bourrins. Une vieille fille à mitaines qui radine en droite ligne de la messe de 8 heures 15, le pébroque en avant, la jupaille enroulée autour des fourchettes à fondue qui lui servent de jambes, crie au mataf qu'il est répugnant. J'entends pas, mais je devine car je sais lire sur les lèvres des vierges. Le pisseur se volte-face pour montrer son big zob transocéanique à la gonzesse. Il est chibré comme est encorné un cachalot, cézigue. La vioque se voile la face de son pépin et s'empresse de calter dans les bourrasques atlantiques. Le beffroi de l'église carillonne on ne sait quoi, ni pour qui. Marins perdus z'en mer, comme chantait papa, quand j'étais chiare et que je le croyais immortel, mon dabe. Et puis il est mort et des tas de marins se sont perdus z'en mer depuis, parce que la vie, t'as beau avoir du poil au cul, jolie madame, elle fonctionne comme ça et pas autrement.

Derrière moi, l'officier de police Le Guennec enregistre la déposition d'un petit loubard qui a chouravé l'album du King Elvis chez le disquaire de la Grand-Place.

Franchement, y'a pas de quoi se filer des plumes d'autruche dans l'oigne pour gambiller le french concon. La vie te m'a une de ces gueules, ce matin!

«Et pourquoi qu't'as volé ces disques, hé, tordu? s'inquiète Le Guennec, c'serait été du Mozart, encore. Mais Elvouiss Pricelet, j'arrive pas à piger. Ça consiste en quoi dans ta pauv' tête?»

San Antonio, *Si ma tante en avait*

Unité 8
Bises ou sentiments distingués : les styles épistolaires

Introduction

Les lettres personnelles sont différentes des lettres commerciales qui sont elles-mêmes différentes des lettres officielles. Nous examinons ici toute une gamme de lettres et, comme il est important que vous sachiez employer la bonne formule, nous vous donnons à la fin de cette unité de très amples indications sur les convenances épistolaires qui vous serviront de référence. En lisant les exemples ci-dessous, relevez tout le vocabulaire qui peut vous être utile.

1 Français familier

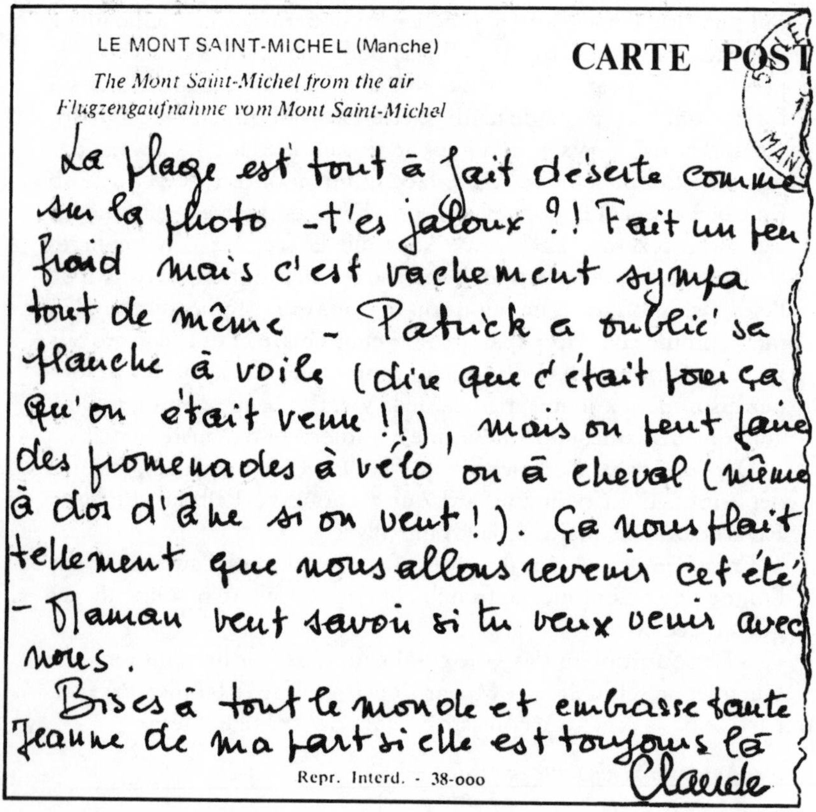

LE MONT SAINT-MICHEL (Manche)
The Mont Saint-Michel from the air
Flugzengaufnahme vom Mont Saint-Michel

CARTE POST

La plage est tout à fait déserte comme sur la photo - t'es jaloux ?! Fait un peu froid mais c'est vachement sympa tout de même - Patrick a oublié sa planche à voile (dire que c'était pour ça qu'on était venu !!), mais on peut faire des promenades à vélo ou à cheval (même à dos d'âne si on veut !). Ça nous plaît tellement que nous allons revenir cet été - Maman veut savoir si tu veux venir avec nous.

Bises à tout le monde et embrasse tante Jeanne de ma part si elle est toujours là

Claude

Repr. Interd. - 38-000

II Français courant

le 20 juin 1986

Chère Madame, cher Monsieur,

Cela fait déjà un certain temps que je voulais vous écrire mais mes études m'accaparent énormément.

Bernard et moi avons fait un échange il y a cinq ans et j'ai toujours conservé un excellent souvenir du chaleureux accueil que vous m'avez réservé.

Je serais heureux d'avoir de vos nouvelles ainsi que de celles de Bernard. Fait-il sa médecine comme il en avait l'intention? Moi, je fais des études de langues étrangères appliquées (français, allemand, gestion, économie, droit) à l'université de Porchester et j'envisage de me rendre en France dans le courant de l'été pour améliorer mon français.

Peut-être aurai-je le plaisir de vous revoir à cette occasion? Je compte sillonner la Normandie à vélo. Si vous êtes chez vous en juillet je serais ravi de passer vous dire bonjour.

En espérant que ma lettre vous trouvera en parfaite santé, je vous prie d'agréer, chère Madame et cher Monsieur, mon respectueux souvenir.

John

III Français soutenu

AMBASSADE DE FRANCE
LONDRES

SERVICE CULTUREL | 22 WILTON CRESCENT, SW1X 8SB
TEL. 01-235 8080

SC/82/3559/AEU le 12 octobre 1986
JPL/MP

Mademoiselle,

Comme suite à votre lettre du 6 octobre, j'ai l'honneur de vous informer que la conjoncture actuelle est peu propre à l'embauche de travailleurs temporaires.

Néanmoins, je vous suggèrerais, dès votre arrivée en France, de vous adresser au bureau de la main d'œuvre le plus proche de votre domicile où vous pourrez vous procurer la brochure "Working in Europe".

Veuillez agréer, Mademoiselle, l'assurance de mes hommages respectueux.

Jean-Pierre LAMY
Chef du Service des Affaires Extra-Universitaires

Discussion et réemploi

(a) Pour chaque exemple, qui est l'expéditeur/trice de la lettre, et qui en est le/la destinataire? Quelle relation y a-t-il entre eux? Quels sont les traits stylistiques qui vous permettent de le savoir?

(b) Vous avez les parents de Bernard au téléphone: expliquez-leur le contenu de la lettre. Vous devez donc passer de la langue écrite à la langue parlée.

(c) Vous téléphonez à l'Ambassade de France pour vous renseigner sur les possibilités de travail vacataire: imaginez la conversation.

Questions de registre

il/ce/cela/ça

1. La construction *il est difficile de faire quelque chose* est plus soutenue que *c'est* . . ., en début de phrase.

familier/courant	soutenu
C'est difficile de se mettre d'accord	Il est difficile de se mettre d'accord
Ça va être difficile de se mettre d'accord	Il sera difficile de se mettre d'accord
Ça semble difficile de se mettre d'accord	Cela semble difficile de se mettre d'accord

2. On trouve rarement *ça* à l'écrit (l'exception étant le petit mot qu'on envoie à quelqu'un qu'on connaît bien); *cela* s'emploie toujours dans les lettres officielles et dans les dissertations, résumés, etc.

	familier	courant	soutenu
oral	ça	ça/cela	cela/ce
écrit	ça	cela	cela/ce

3. L'emploi de *c'est* . . . pour souligner une partie de la phrase est fréquent dans la langue «parlée».

EXEMPLE:

Ça nous plaît; c'était pour ça que . . . (familier)
Cela fait déjà un certain temps que . . . (courant)

Les impératifs atténués

Je vous prie d'agréer . . .
Nous vous prions de trouver ci-joint un dépliant
Nous vous demandons de bien vouloir nous retourner le bordereau de réservation
Je vous suggère de vous adresser . . .
Veuillez agréer . . .
Vous voudrez bien rédiger votre chèque à l'ordre de M. Dupont

Exercice d'application

Radoucissez le ton officiel et un peu brusque des instructions suivantes en utilisant une périphrase.

EXEMPLE:

Formule à remplir → Nous vous demandons de bien vouloir remplir cette formule.

1. Envoyez tout de suite la nouvelle adresse.
2. Faire suivre s'il vous plaît.
3. Rayez la mention inutile.
4. A renvoyer par retour du courrier.
5. Montant à payer avant le 31 juillet dernier délai.

Exercices écrits

A faire à l'aide des exemples donnés (I–V), et des convenances épistolaires (à la page 48).

Travail de groupe
Inventez une lettre-modèle qui pose les questions auxquelles on répond dans l'exemple III.

Travail individuel
Vous allez partir en France comme assistant/e. Vous avez reçu une nomination du Ministère de l'Education Nationale et vous avez écrit à l'école suivant le modèle qui vous est donné, pour dire que vous arriverez début octobre. Mais à la fin août quelque chose de très grave se passe qui vous empêche de partir tout de suite (vous devez vous faire opérer d'urgence; vos parents sont malades; vous avez un examen à repasser). A vous d'imaginer la situation, et d'écrire une lettre très courtoise qui demande l'autorisation d'arriver avec du retard. Les exemples suivants pourront vous aider.

IV Français soutenu

MINISTÈRE DE L'ÉDUCATION NATIONALE

Direction de la Coopération & des Relations Internationales

Mademoiselle,/Monsieur,

Je vous prie de bien vouloir trouver ci-joint un extrait de l'arrêté ministériel vous affectant en qualité d'assistant/e de langue vivante dans un établissement français d'enseignement.

Votre entrée en fonction est fixée au 1er octobre. Cependant, vous pouvez dès maintenant vous mettre en rapport avec le Chef de cet établissement, afin d'obtenir les renseignements pratiques qui faciliteront votre installation et votre adaptation. Ces précisions concerneront notamment les tâches qui vous seront confiées, les possibilités de logement, les moyens de communication, le ou les noms des professeurs avec lesquels vous serez appelé/e à collaborer, ainsi que le nom et l'adresse (dans le pays d'origine) de l'assistant/e nommé/e pour l'année en cours.

Je souhaite que votre séjour en France soit aussi agréable que fructueux et vous remercie d'avance pour votre contribution à l'enseignement de votre langue.

Je vous prie d'agréer, Mademoiselle, Monsieur, l'expression de mes sentiments distingués.

Pour le Ministre et par délégation
Jean-Marie LAURENT

v Français soutenu

Monsieur le Proviseur (lycée de garçons)/ Monsieur le Directeur (autres établissements masculins)/Madame la Directrice (tout établissement féminin)

Je viens de recevoir ma nomination au Lycée/ Collège/École Normale de Petits-Fonds en qualité d'Assistant/e d'anglais.

Conformément aux instructions reçues avec mon avis de nomination, je m'y présenterai le 1er octobre pour commencer mon service.

Puis-je me permettre de vous demander de bien vouloir m'informer des dispositions prévues dans votre établissement pour le logement et les repas de l'Assistant/e d'anglais? Tous les renseignements que vous voudriez bien m'envoyer à ce sujet me seraient particulièrement précieux et je vous en serais vivement reconnaissant/e.

En vous remerciant très sincèrement de bien vouloir me faire parvenir ces renseignements avant le début des vacances, je vous prie d'agréer, Monsieur le Directeur, l'assurance de mes sentiments très respectueux.

Les convenances épistolaires

L'en-tête

1. Lorsque vous écrivez à un/e inconnu/e, vous écrivez: Mademoiselle,/Madame,/Monsieur, en entier, sans jamais abréger en Mlle, Mme, M.

2. Si la personne à qui vous écrivez a un titre, ne l'omettez pas. Exemples:

Madame la Directrice
Monsieur l'Ambassadeur
Madame l'Attachée culturelle
Monsieur le Doyen
Docteur
Maître
Madame l'Inspectrice
Monsieur le Proviseur

3. Quand vous écrivez à quelqu'un que vous connaissez bien, vous employez l'adjectif *cher*.

EXEMPLES:

Cher Monsieur
Madame et chère cliente
Monsieur et cher collègue
Chère Mademoiselle

N'écrivez pas:* Mon cher Monsieur
* (Ma) Chère Madame Durand

4. Il y a des formules plus amicales qui impliquent la familiarité ou la cordialité.

EXEMPLES:

Mon cher Hervé
Mon cher Dupont
Ma chère Blandine
Cher ami
Chère amie
Bien chers amis
Très chers amis

Et d'autres qui impliquent l'intimité.

EXEMPLES:

Mon trésor
Mon chéri
Mon petit lapin
Mon chou

Comment commencer votre lettre

1. S'il s'agit d'une lettre commerciale ou officielle.

EXEMPLES:

Nous avons bien reçu votre courrier ....
En réponse à votre lettre du 9 courant ....
Comme suite à notre conversation téléphonique ....
(Comme) Suite à votre lettre ....
J'ai l'honneur d'accuser réception de votre lettre du ....

2. S'il s'agit de répondre à un/e ami/e.

EXEMPLES:

Je te remercie de ta lettre du ....
J'ai bien reçu votre lettre du ....
Ta lettre m'est bien arrivée ....

3. S'il s'agit de demander quelque chose dans une lettre importante.

EXEMPLES:

Je vous serais très reconnaissant/e de bien vouloir ....
Je sollicite votre bienveillance pour me fournir des renseignements ...
Je vous serais (très) obligé/e de me faire savoir ....

La salutation finale

La salutation finale doit toujours reprendre la formule utilisée dans l'en-tête.

1. Vous écrivez à quelqu'un que vous ne connaissez pas.

EXEMPLES:

Veuillez agréer, Monsieur, l'expression de mes sentiments distingués.
Veuillez agréer, Monsieur, l'expression de ma considération distinguée.
Veuillez agréer, Madame la Directrice, l'expression de mes sentiments respectueux.
Veuillez agréer, Madame la Directrice, l'expression de mon profond respect.
Veuillez agréer, Madame la Directrice, l'expression de mon respectueux dévouement.
Veuillez agréer, Monsieur, mes salutations (les plus) distinguées.
Recevez, Monsieur, mes sincères salutations (à un hôtelier par exemple).

2. Vous écrivez à quelqu'un que vous connaissez.

EXEMPLES:

Recevez, Monsieur et cher collègue, l'assurance de mes sentiments distingués.
Recevez, chère Madame, l'assurance de ma considération (la plus) distinguée.
Veuillez agréer, chère Mademoiselle, l'assurance de mes sentiments les meilleurs.

3. Vous écrivez à des amis.

EXEMPLES:

Toutes nos meilleures amitiés.
(Bien) amicalement (et merci encore).
Merci mille fois. Amitiés.
Amical souvenir.
Bien cordialement à toi.
Bien sincèrement à toi.
Bien à toi.
En toute affection.
Cordialement.
A bientôt.
Présente mon bon souvenir à tes parents. Amitiés.

4. Vous écrivez à des connaissances.

EXEMPLES:

Veuillez croire à mes sentiments les meilleurs.
Veuillez croire à mes sentiments amicaux.
Veuillez croire à mes sentiments cordiaux.
Veuillez croire à mes sentiments dévoués.
Veuillez croire à toute ma sympathie.

5. Vous écrivez à des parents.

EXEMPLES:

Très affectueusement.
Nous vous embrassons de tout cœur.
Je vous embrasse (très) affectueusement.

6. Vous écrivez à de bons amis ou à des copains.

EXEMPLES:

Bons baisers de nous quatre.
Je te fais la bise.
Grosses bises de nous tous.
On t'envoie une grosse bise.
Nous vous embrassons bien fort.

7. Vous terminez une lettre commerciale.

EXEMPLES:

Nous vous prions d'agréer, Madame, nos sincères salutations.
Nous vous prions d'agréer, Monsieur et cher client, nos salutations distinguées.
Avec nos remerciements anticipés, nous vous prions d'agréer, Mademoiselle, l'expression de nos sentiments distingués.

Unité 9
Le français familier : arme à plusieurs tranchants ?

Introduction

Il arrive que le choix de registre soit déterminé moins par des variables sociolinguistiques que par des raisons stylistiques. Un registre – ou un mélange de registres – peut être employé pour créer des effets d'ironie ou de surprise (parmi tant d'autres), pour réfuter un argument, ou pour le mettre en valeur.

Extrait I

Dans le premier extrait, le français familier est d'abord utilisé par Jean Lartéguy dans un livre qu'il a écrit sur la «libération de la femme», puis il est retourné contre lui dans une réponse faite par Benoîte Groult. (Jean Lartéguy est un ancien militaire et un auteur de romans sur la guerre d'Indo-Chine ; Benoîte Groult est écrivaine. Voir Section IV, Exercice I.)

Questions

Commencez par lire le premier argument de Jean Lartéguy (1er paragraphe). Dans ce premier paragraphe :

1. Quels sont les mots familiers ou très familiers ?
2. Le mot *boulonner* a des connotations masculines : pourquoi ? *Affûtiaux* a des associations sportives et militaires : lesquelles ? Quelle est la connotation de *museau* ?
3. Quelle est la connotation de *vison* ?
4. Quel est l'effet recherché par Lartéguy dans son choix de vocabulaire ?

Maintenant lisez la réponse de Benoîte Groult (2e paragraphe).

1. Quels sont les mots qui donnent à cette réponse un ton plus sérieux ?
2. Quel est l'effet obtenu par l'emploi d'un registre plus soutenu ?
3. Quels sont les rares mots qui appartiennent à un registre plus familier, et quel effet produisent-ils ?

Lisez les deux premiers paragraphes du texte de Benoîte Groult. Vérifiez le sens et le registre des mots que vous ne connaissez pas.

1. Trouvez un mot employé par Lartéguy que Groult remplace d'abord par un autre, et qu'elle reprend ensuite entre guillemets.

2. En ce faisant, Groult fait implicitement une comparaison entre son langage et celui de Lartéguy : selon vous, qui réussit le mieux ?
3. Le ton adopté par Groult devient encore plus sobre quand elle décrit un point précis : lequel ?
4. Vers la fin de ce quatrième paragraphe, quel mot introduit une note sarcastique ?

Maintenant reprenez l'extrait dès le début, et lisez-le en entier.

Pour le plaisir des bonnes femmes

Que penser d'un monsieur qui écrit :

> «*Nous, les bonshommes, on boulonne toute l'année ou presque pour le plaisir des bonnes femmes . . . pour qu'elles se paient des affûtiaux et se passent sur le museau de la graisse de vison suractivée . . .*» [Jean Lartéguy]

Je dédie cette phrase aux mères de plusieurs enfants et aux six millions de femmes qui travaillent et qui exercent en rentrant chez elles un second métier, parées d'affûtiaux tels que tablier et gants de caoutchouc, et sans toujours avoir le temps – ou les moyens – de se graisser le museau à l'huile de vison.

> «*La libération de la femme ? Alors qu'en Occident la femme n'a jamais été aussi libre, qu'elle a des droits égaux aux hommes (sic), tout en conservant les privilèges qu'elle avait acquis quand elle n'avait pas de droits officiels. Et qu'elle peut se servir de la pilule quand bon lui semble, choisir d'avoir des enfants ou de n'en point avoir . . . et même de se faire avorter si elle est démerde (resic). Elle trouvera toujours des copines pour lui refiler la bonne adresse, et un pigeon pour solder la note.*» [Jean Lartéguy]

Je dédie ces phrases aux centaines de milliers de femmes qui, chaque année et depuis si longtemps, ne trouvent pas «la bonne adresse» ni le pigeon pour solder la note, et qui se débrouillent toutes seules. Mais je voudrais attirer l'attention sur les derniers mots de cette citation qui constituent un aveu atroce et révélateur : l'auteur semble trouver normal que les vrais pères se dérobent, qu'ils soient «démerde» en somme pour parler son langage, et que seuls des pigeons soient assez bêtes pour se mêler de cette affaire où même un sous-officier de la Coloniale admet aujourd'hui que l'homme a sa part de responsabilité. Pour avoir écrit ces seuls mots, Lartéguy mériterait d'être livré aux extrémistes du S.C.U.M., ce mouvement féministe américain qu'il prend à partie dans son livre et dont l'exacte traduction française serait : «Société pour la couper aux hommes”.

On pourrait penser que les femmes qui travaillent pour s'acheter leurs affûtiaux et soulager l'homme qui boulonne trouveraient grâce aux yeux de l'auteur. C'est oublier qu'il ne s'embarrasse pas de logique :

> «*Ce qui les intéresse (les femmes), c'est d'entrer en compétition avec les hommes sur leur terrain à eux, qui, en général, n'est pas le leur, et où elles vont accumuler les dégâts. Ce qu'elles veulent faire c'est de la recherche avec blouse blanche de chez Dior ou de l'astronautique pour passer à la télé et avoir leur photo dans les magazines féminins.*» [Jean Lartéguy]

Benoîte Groult, *Elle*

Exercices écrits

(a) En imitant le style de Benoîte Groult, écrivez une réponse à la dernière citation de J. Lartéguy («Ce qui . . . magazines féminins.») en un paragraphe (50 mots).

(b) Dans le style de Jean Lartéguy, imaginez un autre argument qu'il aurait pu inventer (40 mots).

Extrait 11

L'auteur emploie ici le vocabulaire et la syntaxe du français familier pour démasquer un racisme qui, depuis l'ère coloniale jusqu'à nos jours, n'a fait que changer de visage. Ironie suprême: le colonisé à qui on défendait de parler «patois» (en l'occurrence, l'arabe) manipule à merveille les ressources stylistiques du français!

Première lecture

Lisez rapidement le texte une première fois. Cette fois-ci on ne vous aidera pas autant que dans l'extrait précédent: toutefois on vous fournira quelques points de repère pour une deuxième lecture plus détaillée.

Nou pire li gouloua

Les enfants Spiteri, les Vella, les Jiacono, entre eux, parlaient maltais. Normal, ils étaient maltais. Les Taormina, les Bonici, en italien. Les Mzali, les Sitbon, en arabe. Pour les petits Martinez et le fils de Mme Gonzales, c'était l'espagnol. Il n'y avait que les deux enfants du gendarme et Nanou Fichet pour ne parler que français. Mme Ferrari, notre institutrice, serrait sa grosse poitrine dans un corsage en soie noire, fermé de mille petits boutons haricots. Sa jupe lui arrivait à mi-mollet puis remontait au-dessus du genou quand elle s'asseyait derrière la pile de cahiers.

Autant qu'on sache, Mme Ferrari n'avait aucun problème d'hétérogénéité culturelle ou d'écart civilisationnel. Il est vrai qu'elle avait une grosse règle. Dès le 1er octobre, elle prévenait. «Le premier que j'attrape à parler patois fera la connaissance de Jacquot.»

Le patois: nos langues maternelles. Jacquot: la baguette. Jacquot était appliqué à plat pour les fautes bénignes. Le matin, en rang par deux dans la cour, quand Mme Ferrari arrivait, toutes chairs épanouies, on devait brailler en chœur et en cadence: «Bonjour Madame.» Avec notre accent ça donnait: «Banne djour Mdam'.» Très calme, Mme Ferrari corrigeait: «Pas banne djour, petits imbéciles. Bonjour, Bonjour.» Elle pointait du doigt. «Toi, toi et toi, vous allez faire la connaissance de Jacquot.»

Le désespoir de Mme Ferrari, c'était la maison où on désapprenait soigneusement tous les soirs les mots plantés par Jacquot. Pourtant, en peu d'années, Mme Ferrari a réussi à nous faire oublier le patois. L'administration lui avait confié un cocktail de races et de nationalités à l'école primaire de Monastir (Tunisie), au temps de la colonisation. Elle a agité, tapé, retapé, gonflé ses gros seins et converti ses trente petits bâtards de la Tunisie colonisée en une classe de bons petits Français.

Il y a l'explication par Jacquot. Zéro. Moi qui garde encore au bout des doigts la brûlure de la trique, je peux vous le dire. Ce n'est pas parce qu'on finit par aimer celui qui les donne. Il y a l'explication par l'argent: apprendre le français pour être riche. Pas terrible, l'argent n'a pas de langue.

J'ai une prédilection pour l'explication par les Gaulois. «Nos pères les Gaulois habitaient dans des huttes et s'habillaient de peaux de bête.» Avec l'accent: «Nou pire li Gouloua ... » Et pas d'histoire, l'histoire avec Mme Ferrari, ça s'apprend par cœur. Par cœur. On se doutait un peu que c'étaient les pères des enfants du gendarme qui étaient gaulois, un peu plus que les nôtres. C'était pas notre problème, il fallait retenir le résumé mot à mot.

Après, on a appris Vercingétorix. Quel mec ce type! Et Clovis alors, il n'était pas formidable? Saint Louis avait sur les autres l'avantage de s'être déplacé spécial à Tunis pour y mourir de la peste (après avoir bousillé quelques milliers de nos vrais ancêtres, mais c'est une autre histoire). Et puis, après les cathédrales, Jeanne d'Arc, Louis XIV, Napoléon. Les Gaulois sont des héros parfaits, tous, jusqu'au général de Gaulle, qui se lève enfin et daigne délivrer Paris comme si tout le livre n'avait été qu'une longue préparation au défilé des Champs-Elysées.

Nous retenions de l'enseignement de Mme Ferrari, elle n'avait même pas à le proférer ouvertement, que la France c'est bon et naturel. Comme l'eau. Le reste de l'univers, c'est plus ou moins le poison. A moins qu'il ne s'imprègne de la France, qui, de son souffle, purifie tout ce qu'elle embrasse.

Nous apprenions aussi l'histoire de la Tunisie, notre pays. Quelle cacophonie! Une succession d'invasions sans queue ni tête. Des Phéniciens qui débarquent puis s'en vont un millénaire plus tard on se demande bien pourquoi. Les Romains déferlent et sont chassés par les Byzantins, à moins que ce ne soit les Espagnols, les Arabes, les Turcs, les Vandales. Comment se sentir le moindre point commun avec ces peuplades qui ne s'appelaient rien de moins que des Barbares? Peu avant l'arrivée des Français, on datait le courrier de «Tunis de Barbarie». Ces gens-là, je préférerais ne pas les connaître, surtout s'ils se faisaient passer pour mes ancêtres.

D'année en année, insensiblement, Mme Ferrari, sans l'aide de Jacquot, naturalisait ma substance et faisait de moi un authentique descendant des Gaulois.

Aujourd'hui qu'il y a prescription, je peux en faire l'aveu: je n'étais pas dupe. Je savais bien qu'on parlait pour de rire. Mes grands-parents, habillés à l'arabe, incapables de sortir un mot de français, ne pouvaient pas être de la même race que la Mamie de Nanou Fichet. Justement. Il fallait changer tout ça et d'abord changer d'ancêtres. Les miens ne me convenaient pas. Existaient-ils seulement?

Alors, lorsque Mme Ferrari m'a proposé de devenir un descendant des Gaulois, j'ai accepté sans marchander. Je suis arrivé à Paris comme quelqu'un qui rentrait chez-lui. Puis voilà que les Français, le gouvernement comme les communistes, me traitent d'étranger. Ils m'ont fait fils de Gaulois, et j'y ai cru. Maintenant, parce que je n'ai pas de passeport français, ils me déclarent immigré. Et Louis XVI? Et François 1er? Et tous nos ancêtres communs? C'est fini? Avez-vous oublié? Vous avez fait mille guerres et vous m'avez envoyé spécialement Mme Ferrari pour me rendre Français. Et maintenant que ça y est, vous avez gagné, je le suis devenu – à ma manière –, moi, mes enfants, mes parents, vous nous traitez d'immigrés en nous foutant de la drogue dans la poche. Mais ils sont fous ces Gaulois!

Guy Sitbon, *Le Nouvel Observateur*

Deuxième lecture:

Bien que le français familier soit employé dans tout l'article, il est plus évident dans certaines parties que dans d'autres, et son effet n'est pas toujours le même. Pour vous aider nous avons divisé le texte en quatre parties:

Paragraphes 1–3: Racontés sur un ton anecdotique, humoristique
Paragraphes 4–6: Réflexions de l'auteur sur ces anecdotes
Paragraphes 7–9: Ton burlesque, irrévérencieux; tentative de démasquer un mythe
Paragraphes 10–12: Ton plus durci – désillusion, amertume, et conclusion inévitable

D'ailleurs, pour arriver à ses fins, l'auteur insère quelquefois des éléments d'un style plus soutenu. Voici des questions qui vous aideront à reconnaître ce mélange de registres.

l. 140 Référence à la politique anti-immigrés du gouvernement de Giscard d'Estaing
l. 141 Référence à l'action contre les travailleurs immigrés menée par le PCF avant les élections de 1981

1. Par quels moyens l'auteur donne-t-il l'impression de langue parlée, de quelqu'un qui vous parle à haute voix, dans les paragraphes 5 et 6?
2. Quelle expression familière, dans ces paragraphes, se prête à un jeu de mots?
3. Quel est l'effet de l'accumulation de vocabulaire familier au début du 7e paragraphe?
4. Dans le 2e paragraphe, il y a une référence ironique à l'absence, chez Mme Ferrari, de «problème d'hétérogénéité culturelle et d'écart civilisationnel». A quelle époque et à quel domaine ces mots appartiennent-ils?
5. «Madame Ferrari arrivait toutes chairs épanouies» (paragraphe 3): *chair* est un mot qui a des connotations soit littéraires soit familières: trouvez-en des exemples.
6. Commentez le choix de mots à la fin du 8e paragraphe.
7. Dans le dernier paragraphe il y a un seul mot qui appartient à un registre très familier: lequel? Quels sont les autres procédés stylistiques employés dans ce paragraphe?
8. En général, quel est l'effet produit par la fin de cet article?

Exercice écrit

Imaginez que l'auteur expose les mêmes arguments dans un style plus soutenu. En évitant les tournures familières, paraphrasez le contenu des paragraphes 5, 6 et 7.

Unité 10
Le style littéraire à proprement parler

Textes à comparer

Extrait 1

Commencez par lire attentivement l'extrait ci-dessous pour en apprécier le style.

Il était en train de brouter une touffe de cresson dans un marigot lorsqu'il entendit de la musique. Irréelle, mais distincte, c'était une symphonie céleste, un chœur de voix cristallines qu'accompagnaient des accords de harpe et de viole de gambe. Robinson pensa qu'il s'agissait de la musique du ciel, et qu'il n'en avait plus pour longtemps à vivre, à moins qu'il ne fût déjà mort. Mais, en levant la tête, il vit pointer une voile blanche à l'est de l'horizon. Il ne fit qu'un saut jusqu'au chantier de l'*Evasion* où traînaient ses outils et où il eut la chance de retrouver presque aussitôt son briquet. Puis il se précipita vers l'eucalyptus creux. Il enflamma un fagot de branches sèches et le poussa dans la gueule béante qu'ouvrait le tronc au ras du sol. Un torrent de fumée âcre en sortit aussitôt, mais le vaste embrasement qu'il escomptait parut se faire attendre.

D'ailleurs à quoi bon? Le navire avait mis le cap sur l'île et cinglait droit vers la Baie du Salut. Nul doute qu'il ne mouille à proximité de la plage et qu'une chaloupe ne s'en détache aussitôt. Avec des ricanements de dément, Robinson courait en tous sens à la recherche d'un pantalon et d'une chemise qu'il finit par retrouver sous la coque de l'*Evasion*. Puis il se précipita vers la plage, tout en se griffant le visage pour tenter de le dégager de la crinière compacte qui le couvrait. Sous une bonne brise nord-est, le navire gîtait gracieusement, inclinant toute sa voilure vers les vagues crêtées d'écume. C'était un de ces galions espagnols de jadis, destinés à rapporter à la mère patrie les gemmes et les métaux précieux du Mexique. Et il semblait à Robinson que les œuvres vives que l'on voyait maintenant chaque fois que le flot se creusait au-dessous de la ligne de flottaison étaient en effet de couleur dorée. Il portait grand pavois et, à la pointe du grand mât, claquait une flamme bifide, jaune et noire. A mesure qu'il approchait, Robinson distinguait une foule brillante sur le pont, le château de proue et jusqu'aux tillacs. Il semblait qu'une fête somptueuse y déroulât ses fastes. La musique provenait d'un petit orchestre à cordes et d'un chœur d'enfants en robes blanches groupés sur le gaillard d'arrière. Des couples dansaient noblement autour d'une table chargée de vaisselle d'or et de cristal. Personne ne paraissait voir le naufragé, ni même le rivage qui se trouvait maintenant à moins d'une encablure, et que le navire longeait après avoir viré de bord. Robinson le suivait en courant sur la plage. Il hurlait, agitait les bras, s'arrêtait pour ramasser des galets qu'il lançait dans sa direction. Il tomba, se releva, tomba encore. Le galion arrivait maintenant au niveau des premières dunes. Robinson allait se trouver arrêté par les lagunes qui succédaient à la plage. Il se jeta à l'eau et nagea de toutes ses forces vers le navire dont il ne voyait plus que la masse fessue du château arrière drapée de brocart. A l'un des sabords pratiqués dans l'encorbellement, une jeune fille était accoudée. Robinson voyait son visage avec une netteté hallucinante. Très jeune, très tendre, vulnérable, creusé déjà semblait-il, il était cependant éclairé d'un sourire pâle, sceptique et abandonné. Robinson connaissait cette enfant. Il en était sûr. Mais qui, qui était-ce? Il ouvrit la bouche pour l'appeler. L'eau salée envahit sa gorge. Un crépuscule glauque l'entoura où il eut encore le temps de voir la face grimaçante d'une petite raie fuyant à reculons.

Une colonne de flammes le tira de sa torpeur. Comme il avait froid! Se pouvait-il que la mer l'eût rejeté pour la seconde fois sur le même rivage? Là-haut, sur la Falaise de l'Occident, l'eucalyptus flambait comme une torche dans la nuit.

Cet extrait que vous venez de lire est tiré d'un livre de Michel Tournier intitulé *Vendredi ou les limbes du Pacifique*, publié en 1967, et qui reçut le grand prix du roman de l'Académie française.

Questions

1. La lecture de ce passage vous a-t-elle paru difficile? Si c'est le cas, exposez-en les raisons.
2. Quels traits de style y avez-vous remarqués (inversion du sujet, place des adjectifs, etc.)?
3. Quelles remarques pouvez-vous faire à propos des descriptions (du galion, du visage de la jeune fille, de la musique etc.)?
4. Relevez tous les termes nautiques contenus dans ce texte et cherchez-en la signification.
5. Relevez les emplois du passé simple et du subjonctif imparfait et plus-que-parfait.
6. Etudiez l'alternance des temps: imparfait/passé simple.
7. Réécrivez les phrases suivantes en vous efforçant de ne pas employer de subjonctif:
   – Robinson pensa qu'il s'agissait .... déjà mort.

– Nul doute qu'il ne mouille .... détache aussitôt.
– Il semblait qu'une fête .... ses fastes.
– Se pouvait-il que la mer .... sur le même rivage?

8. Cherchez les traits distinctifs qui relèvent du registre littéraire (temps des verbes, termes recherchés, etc.).
9. Quelles remarques pouvez-vous faire sur le rythme des phrases (brèves/longues etc. ...)? Examinez les phrases qui commencent par «Un torrent de fumée...» et «Nul doute qu'il...»
10. Selon vous, qu'est-ce qui donne à cet extrait une atmosphère onirique (de rêves)?

Extrait II

Ce deuxième texte que nous vous proposons est extrait de *Vendredi ou la vie sauvage*, version de *Vendredi ou les limbes du Pacifique* écrite à l'intention des jeunes. Il va vous appartenir de comparer la narration des mêmes événements dans les deux textes.

Un jour qu'il broutait une touffe de cresson dans une mare, il crut entendre de la musique. C'était comme une symphonie du ciel, des voix d'anges accompagnées par des accords de harpe. Robinson pensa qu'il était mort et qu'il entendait la musique du paradis. Mais en levant les yeux, il vit pointer une voile blanche à l'est de l'horizon. Il se précipita jusqu'au chantier de l'*Evasion* où traînaient ses outils et où il retrouva son briquet. Puis il courut vers l'eucalyptus creux, enflamma un fagot de branches sèches, et le poussa dans la gueule qu'ouvrait le tronc au ras du sol. Un torrent de fumée âcre en sortit aussitôt, mais le feu parut tarder à prendre.

D'ailleurs à quoi bon? Le navire se dirigeait droit sur l'île. Bientôt il allait jeter l'ancre à proximité de la plage, et une chaloupe allait s'en détacher. Avec des rires de fou, Robinson courait en tous sens à la recherche d'un pantalon et d'une chemise qu'il finit par retrouver sous la coque de l'*Evasion*. Puis il courut vers la plage, tout en se griffant le visage pour démêler la barbe et les cheveux qui lui faisaient un masque de bête. Le navire était tout près maintenant, et Robinson le voyait distinctement incliner gracieusement toute sa voilure vers les vagues crêtées d'écume. C'était un de ces galions espagnols qui rapportaient autrefois, à travers l'Océan, l'or, l'argent et les gemmes du Mexique. A mesure qu'il approchait, Robinson distinguait une foule brillante sur le pont. Une fête paraissait se dérouler à bord. La musique provenait d'un petit orchestre et d'un chœur d'enfants en robes blanches groupés sur le gaillard d'arrière. Des couples dansaient noblement autour d'une table chargée de vaisselle d'or et de cristal. Personne ne paraissait voir le naufragé, ni même le rivage que le navire longeait maintenant après avoir viré de bord. Robinson le suivait en courant sur la plage. Il hurlait, agitait les bras, s'arrêtait pour ramasser des galets qu'il lançait dans sa direction. Il tomba, se releva, tomba encore. Le galion arrivait maintenant au bout de la plage où commençait une région de dunes de sable. Robinson se jeta à l'eau et nagea de toutes ses forces vers le navire dont il ne voyait plus que le château arrière drapé de brocart. A l'une des fenêtres pratiquées dans l'encorbellement, une jeune fille était accoudée et souriait tristement vers lui. Robinson connaissait cette enfant il en était sûr. Mais qui, qui était-ce? Il ouvrit la bouche pour l'appeler. L'eau salée envahit sa gorge. Ses yeux ne virent plus que de l'eau verte où fuyait une petite raie à reculons . . .

Une colonne de flammes le tira de son évanouissement. Comme il avait froid! Là-haut, sur la falaise, l'eucalyptus flambait comme une torche dans la nuit.

Michel Tournier, *Vendredi ou la vie sauvage*

Exercices

(a) Les informations fournies dans les deux textes sont-elles les mêmes? (Relisez le premier texte.)

(b) Comparez les descriptions dans les deux textes.

(c) Comment l'auteur a-t-il opéré la simplification requise pour rendre la lecture de ce passage plus abordable pour la jeunesse? Examinez:

1. la suppression de certains adjectifs (lesquels?); l'omission de certaines phrases (lesquelles?). Pourquoi l'auteur a-t-il procédé à cette contraction?
2. le temps des verbes et les modes; la longueur et la construction des phrases. Pourquoi l'auteur a-t-il changé:

   Nul doute que . . .

   Se pouvait-il que la mer l'eût rejeté . . .

   et comment a-t-il procédé pour modifier ces phrases?
3. le vocabulaire: quels mots ou expressions l'auteur a-t-il employés dans le second texte à la place de:

marigot	avec des ricanements de dément
céleste	la crinière compacte
il ne fit qu'un saut	au niveau des premières dunes
sabords	le vaste embrasement
mouiller	avait mis le cap sur l'île
de jadis	un crépuscule glauque
lorsque	

(d) Lequel de ces deux textes vous semble le plus dramatique, le plus évocateur?

(e) Relisez le premier texte. La lecture de ce texte vous semble-t-elle plus facile maintenant?

Exploitation orale

(a) Décrivez ce qu'aurait pu être votre existence si vous aviez fait naufrage et échoué sur une île déserte.

(b) «Ce qu'il y a d'épatant dans le personnage de Robinson Crusoé, c'est qu'il incarne la solitude (avant de rencontrer Vendredi), il l'incarne dans ce

qu'elle a de plus négatif, de plus affreux. A l'époque, c'était une malédiction d'échouer sur l'île; aujourd'hui, c'est toujours une malédiction – car nous sommes encore taraudés par la peur de la solitude – mais il y a en plus le côté positif, plage, palmiers, bains de soleil, Club Méditerranée et même bricolage . . . » (M. Tournier).
Discutez.

(c) Imaginez que vous deviez partir passer six mois sur une île déserte. Dressez la liste de tout ce que vous aimeriez y emporter et expliquez les raisons de vos choix.

Entraînement grammatical

Les temps du passé et la langue littéraire

il eût fallu pour que je parlasse avec des mots choisis que je pusse les entendre.

Le passé simple* et le passé antérieur ne se rencontrent guère dans la langue parlée où ils sont plus volontiers remplacés par le passé composé et le passé surcomposé. On a qualifié le passé simple de temps de la «fictivité» car, bien qu'employé ailleurs (dans certains articles de journaux, par exemple), c'est surtout dans le roman qu'on le rencontre. Ceci n'empêche pas certains romanciers d'utiliser le passé composé (c'est le cas de Camus), voire le présent, comme temps de narration. Par contre, les temps surcomposés se trouvent presque toujours dans la langue parlée.

langue soutenue/écrite	**langue familière/parlée**
Elle courut à perdre haleine.	Elle a couru, elle est à bout de souffle.
Dès que j'eus fini, il se retira.	Dès que j'ai eu fini, il est parti.
Quand il eut bu, il s'endormit.	Quand il a eu bu, il s'est endormi.

(* Voir aussi la page 102.)

Le subjonctif

Le subjonctif présent et passé s'emploient à tous les niveaux de langue, à l'écrit comme à l'oral.

EXEMPLE :

Je souhaite qu'il soit heureux.
Je regrette qu'elle ait échoué.

L'imparfait et le plus-que-parfait du subjonctif appartiennent essentiellement au langage littéraire ou académique, à ce qu'on nomme «la belle langue».
Ce tableau résume la concordance des temps du subjonctif:

	Proposition principale		Proposition subordonnée
Langue parlée ou courante	*Indicatif* Présent/futur/passé composé/imparfait		*Subjonctif* Présent/passé (EXEMPLE: je veux qu'elle vienne)
	Conditionnel Présent	⟶	Présent/imparfait (EXEMPLE: je voudrais qu'elle vienne)
Langue littéraire ou soignée	*Indicatif* Présent/futur/passé composé		*Subjonctif* Présent/passé (EXEMPLE: je regrette qu'elle y soit allée)
	Indicatif Passé simple/imparfait/plus-que-parfait		*Subjonctif* Imparfait/plus-que-parfait (EXEMPLE: je souhaitais qu'il pût venir)
	Conditionnel Passé	⟶	Plus-que-parfait (EXEMPLE: j'aurais souhaité qu'il eût pu venir)

Il s'ensuit que, tout en évitant le passé simple, on est quelquefois obligé d'employer l'imparfait du subjonctif dans la langue soutenue, c'est une «servitude grammaticale».

Empruntons des exemples à *L'Etranger* de Camus. Justifiez l'emploi de ces temps du subjonctif:

> «j'aurais préféré que maman ne *mourût* pas»
> «sa conviction était qu'aucun homme n'était assez coupable pour que Dieu ne lui *pardonnât* pas, mais qu'il fallait pour cela que l'homme par son repentir *devînt* comme un enfant dont l'âme est prête à tout accueillir»
> «Il semblait que le juge ne *s'intéressât* plus à moi et qu'il *eût classé* mon cas en quelque sorte.»

(Voir les pages 87–8.)

Exercice d'application

Voici des extraits d'un roman des années 20, *Le Diable au corps* de Raymond Radiguet (1923). Le narrateur y raconte son adolescence, son amitié pour René Grangier d'abord, son amour pour Marthe ensuite. Nous vous donnons le texte à parcourir . . . et nous vous laissons le soin de donner la forme de certains verbes!

«René allait déjà au lycée Henri-IV, et je serais dans sa classe, en troisième. Il ne devait pas apprendre le grec; il me fit cet extrême sacrifice de convaincre ses parents de le lui laisser apprendre. Ainsi, nous serions toujours ensemble. Comme il n'avait pas fait sa première année, c'était s'obliger à des répétitions particulières. Les parents de René n'y (comprendre) rien, qui, l'année précédente, devant ses supplications, avaient consenti à ce qu'il n' (étudier) pas le grec. Ils y (voir) l'effet de ma bonne influence, et, s'ils supportaient ses autres camarades, j'étais, du moins, le seul ami qu'ils (approuver). Madame Grangier paraissait l'aînée de son mari; son inélégance, sa taille courte (faire) qu'elle me (déplaire) au premier coup d'œil. Afin qu'elle (avoir) tous les motifs de me déplaire, sans que je (se reprocher) d'être injuste, je souhaitais qu'elle (employer) des façons de parler assez communes. Sur ce point, elle me (décevoir).

Marthe attendait que je (se disculper). Elle me (supplier) de lui pardonner ses reproches. Je le (faire), non sans façons. Elle (écrire) au propriétaire, le priant ironiquement d'admettre qu'en son absence j' (ouvrir) à une de ses amies. Je n'accordais plus beaucoup d'attention aux lettres que mon père faisait porter chez Marthe. C'est elle qui me suppliait de rentrer plus souvent à la maison, de me montrer plus raisonnable. Alors, je m'écriais: «Vas-tu, toi aussi, prendre parti contre moi?» Je serrais les dents, tapais du pied. Que je (se mettre) dans un état pareil, à la pensée que j'allais être éloigné d'elle pour quelques heures, Marthe y voyait le signe de la passion. Sûre que je penserais à elle, elle insistait pour que je (rentrer).

Raymond Radiguet, *Le Diable au corps*

SECTION II *Etudes de textes*

Introduction

Les *textes* proposés sont, en général, classés par ordre de longueur croissante. Certains passages, en fin de section, sont relativement longs pour permettre de mieux appréhender la texture de l'extrait et de percevoir ce qui en fait la cohésion stylistique. Pour les premières unités, deux types de lecture sont suggérés: la lecture rapide et la lecture plus approfondie, après quoi, vous pouvez procéder comme bon vous semble.

Démarche à suivre

Pour vous permettre de comprendre les grandes lignes d'un texte, voici quelques «tuyaux» susceptibles de vous aider:

(a) Regardez attentivement le titre, la présentation du passage, l'auteur et la source du texte. Par exemple: le terme «sociaux» dans la 3ᵉ unité vous indique quels sont les aspects du nucléaire que l'auteur va traiter.

(b) Avant de commencer, vérifiez le sens des mots-clés.

(c) Abordez le texte en faisant porter votre attention sur l'introduction, la conclusion et l'idée directrice contenue dans chaque paragraphe.

(d) Omettez les détails et concentrez-vous sur les mots-clés. Vous pouvez au départ procéder à un travail collectif mais il faut également prendre l'habitude de lire ainsi de façon individuelle.

La lecture détaillée

La lecture détaillée vous obligera à regarder le texte de très près et à assimiler de nouvelles structures et de nouveaux mots.

Les exercices

Les exercices viennent renforcer la lecture détaillée et vous permettent d'aller au-delà en apprenant plus de vocabulaire sur le même sujet et des mots-charnières pour mieux relier vos phrases et présenter un argument avec plus de précision. Les exercices écrits vont du résumé à la composition écrite en passant par la paraphrase, la lettre à rédiger, l'article de journal à écrire, etc.

Sources

Les documents écrits sont tirés de divers journaux, revues et d'un roman. Ils sont écrits dans un français soutenu, registre qu'il faut maîtriser pour mener à bien des études de français, tant sur le plan de la compréhension que sur celui de la production. Cependant d'autres registres pénètrent dans ce français soigné, et c'est cette interpénétration que vous pourrez étudier, plus à loisir, en vous reportant à la Section I.

Ces textes authentiques peuvent sembler artificiels, du fait que nous avons dû opérer un choix et tronquer. Chaque texte est à envisager comme une partie d'un puzzle dont le tout serait l'ensemble des composantes du français contemporain!

Méthode

Les premiers textes pourront être lus et abordés sans préparation préalable. Par contre, les dernières unités devront être lues avant le cours.

Pour tous les textes il serait souhaitable de tenir compte des questions suivantes:

L'auteur et les lecteurs

Qui écrit? S'agit-il de quelqu'un qui parle en son nom propre ou au nom d'un groupe bien précis? Avez-vous des idées préconçues sur l'auteur/trice? Quel est le public-cible? Quel acquis culturel peut-on présumer?

Genre/source

Quelles sont les contraintes extérieures: exemple: un article de journal et un livre. Le même auteur peut écrire différemment dans un livre et dans un journal – et cela varie aussi en fonction du journal.

Le ton

Est-ce seulement la voix de l'auteur ou de l'autrice que nous entendons ou bien celle d'autres personnes? Les arguments sont-ils tous explicites et à prendre au pied de la lettre? Y a-t-il de l'ironie, de l'humour, des euphémismes?

Le but

Informer? Convaincre? Divertir? Le but est-il bien mis en évidence? est-il cohérent?

Unité 1
«Touche pas à mon pote.» SOS racisme

Première lecture

Mots-clés

l. 12 un/e chômeur/euse: personne qui est sans travail, qui est en chômage
l. 53 les travaux publics: travaux d'utilité publique (comme construction des autoroutes)
l. 70 (faire) faillite: être ruiné (se dit d'un commerçant, d'une entreprise)
l. 78 un niveau de vie: évaluation du mode d'existence; peut être élevé ou bas
l. 83 la Sécurité sociale: ensemble de mesures visant à garantir la protection sociale

Ancien maire de Dreux, depuis toujours ville d'immigration, et députée de l'Eure-et-Loir, Françoise Gaspard a dû affronter le racisme le plus virulent le temps qu'elle fut maire et lors de la campagne électorale, désormais fameuse, de Dreux en mars 83: menaces physiques, insultes, calomnies odieuses ou ridicules visant sa vie privée, furent des jours durant son pain quotidien. C'est pour opposer la raison, les raisons, à la passion, à la peur, à l'ignorance, aux préjugés, à la haine la plus bestiale qu'elle a écrit avec Claude Servan-Schreiber «La Fin des immigrés» (Le Seuil).

Pierre Demeron: Alors, c'est vrai ce qu'on prétend: un immigré de moins, c'est un Français chômeur de moins?

Françoise Gaspard: C'est complètement faux. C'est une équation simpliste et une substitution à la fois impraticable et irréaliste. Les travailleurs immigrés actifs sont un million cinq cent mille environ alors qu'il y a plus de deux millions de chômeurs français. D'autre part sur cent travailleurs immigrés, quatre-vingts sont OS ou manœuvres alors que sur cent Français actifs, il n'y en a que cinquante. Croit-on que les autres souhaitent le devenir? Imagine-t-on, par exemple, un contremaître de cinquante ans, licencié par une entreprise du Sud-Ouest où il a sa maison et sa famille, venir travailler comme terrassier à Roubaix?

Le profil professionnel des deux millions de Français qui sont demandeurs d'emploi ne correspond pas du tout, mais pas du tout, à celui du million et demi d'immigrés au travail. Pour le constater, il suffit de comparer les statistiques par profession, par âge, par sexe – et cela vaut aussi bien pour l'agriculture que pour l'industrie.

Les immigrés occupent essentiellement des emplois de production caractérisés par la déqualification des tâches, leur dureté et la médiocrité des salaires, il est donc peu probable que, même en période de crise, des Français acceptent ces emplois dans les mêmes conditions. Donc un immigré de moins, ce n'est pas un chômeur de moins. Et ce d'autant que les emplois libérés par les immigrés ne seraient pas récupérés par des Français. Dans huit cas sur dix, ils seraient purement et simplement supprimés parce qu'ils peuvent être robotisés ou informatisés ...

Ce serait une catastrophe, pour les chantiers du bâtiment, des travaux publics, du génie civil avec toutes les conséquences que cela entraînerait pour les petites ou moyennes unités de sous-traitance: les travailleurs étrangers – sans compter les clandestins – représentent en effet 50% des effectifs du bâtiment et plus de 30% dans ceux des travaux publics!

On peut pousser plus loin ce scénario de catastrophe-fiction: ceux qui ont leur famille partiraient avec. A Roubaix, Mantes, Romans ou Marseille, avec 20 ou 30% de logements vides, le déficit des HLM serait creusé d'autant avec toutes les répercussions pour les familles françaises qui y résideraient encore. Les municipalités, qu'elles soient de droite ou de gauche, sont menacées de faillite, quand entre 10 et 20% seulement de la population quitte la ville ...

Ce que des scénarios de ce genre font apparaître, c'est que les travailleurs immigrés après avoir contribué dans le passé – personne n'ose le nier – à notre enrichissement, contribuent à maintenir aujourd'hui notre niveau de vie ...

PD: Vous dites que les immigrés contribuent au maintien de notre niveau de vie. Pourtant beaucoup prétendent que les immigrés coûtent cher particulièrement à la Sécurité sociale.

FG: Je sais, que ne reproche-t-on pas aux immigrés! S'ils travaillent, ils volent l'emploi des Français. S'ils ne travaillent pas, ils grèvent les budgets sociaux de la nation ...

En fait, on oublie que si les immigrés profitent des avantages sociaux, c'est tout simplement qu'ils contribuent à les financer. Et ce qu'on ignore trop, c'est qu'ils les financent même davantage qu'ils n'en bénéficient ...

Car s'ils payent les mêmes cotisations, les mêmes impôts sur le revenu que les Français, ils ne reçoivent pas en contrepartie autant qu'eux et ils laissent un solde positif de trois milliards aux trois régimes de Sécurité sociale: assurance maladie, assurance vieillesse, et allocations familiales. C'est d'ailleurs très facilement compréhensible. Les immigrés forment une population beaucoup plus jeune que la population française et c'est la vieillesse qui coûte le plus cher à l'assurance maladie.

Pierre Demeron, *Marie-Claire*

Questions

Après avoir lu ce texte une première fois, essayez de trouver des réponses aux questions suivantes. Répondez brièvement (soit oralement, soit en prenant des notes).

1. Est-ce vrai qu'un immigré de moins, c'est un chômeur français de moins?
2. Quels sont les exemples fournis par F. Gaspard pour prouver qu'elle a raison?
3. Qu'est-ce qui se passerait si un grand nombre de travailleurs immigrés quittaient la France?
4. Est-il vrai de dire que les travailleurs immigrés coûtent cher à la Sécurité sociale?

Deuxième Lecture

Maintenant procédez à une lecture plus détaillée, en vous arrêtant sur tous les mots que vous ne connaissez pas, pour ensuite répondre aux questions.

Vocabulaire à retenir

un OS (ouvrier spécialisé)	un manœuvre
licencié/e	un chantier
le génie civil	la sous-traitance
clandestin	les effectifs (m.)
un déficit	une HLM (habitation à loyer modéré)
une municipalité	une cotisation
les impôts sur le revenu	un solde
l'assurance (f.)	les allocations familiales

Expressions à noter

c'est faux	pourtant
alors que	les gens prétendent que
en fait	d'une part . . . d'autre part
en contrepartie	constater quelque chose
d'ailleurs	cela vaut aussi bien pour
il suffit de	d'autant que
en revanche	entraîner (des conséquences)
personne n'ose le nier	

Compréhension du texte

1. Quel est le genre de travail fait par les immigrés?
2. Pour quelles raisons ce travail ne serait-il pas fait par les Français si les immigrés n'étaient plus là?
3. Expliquez «une unité de sous-traitance».
4. Dans quels domaines les immigrés apportent-ils une contribution importante?
5. Pourquoi les gens ont-ils l'impression que les immigrés profitent des avantages sociaux?

Exercices de vocabulaire

(a) Remplissez les blancs en choisissant parmi les expressions suivantes:

en fait	ce qui est certain
d'ailleurs	d'une part
en revanche	d'autre part

Il n'est pas vrai que les travailleurs immigrés coûtent cher à la Sécurité sociale. ...., en tant que travailleurs, ils y cotisent; ...., c'est une population très jeune. .... beaucoup d'entre eux retournent dans leur pays d'origine sans toucher à leur pension. .... ils financent la Sécurité sociale davantage qu'ils n'en bénéficient. ...., la population française est une population qui vieillit. ...., c'est que ce serait la catastrophe si tous les immigrés partaient à la fois!

Emploi du dictionnaire

(b) 1. En utilisant deux dictionnaires monolingues (par exemple le *Dictionnaire du français contemporain* et le *Petit Robert*), comparez les définitions de: un chômeur, un OS.

2. Trouvez d'autres mots qui sont apparentés à *chômeur*.
Comment dit-on *chômeur* au féminin?
Complétez l'expression *au chôm* ....
Quel verbe vient de *chômeur*? Trouvez deux sens de ce verbe.

3. Faites une phrase en français pour illustrer le sens de:
une allocation de chômage
le chômage saisonnier
le chômage structurel
le chômage technique

4. Pour *chômeur* on dit quelquefois *chercheur d'emploi*. Dans le texte, trouvez une autre expression qui veut dire la même chose.

5. Dans les dictionnaires, cherchez deux sens du mot *licencié* ayant un rapport avec les noms suivants:
avoir une licence →être licencié
un licenciement →être licencié

6. Trouvez une autre expression pour *être licencié* (deuxième sens).

Mots en *-iser*

(c) Complétez le tableau suivant:

robotiser	vient de	robot
informatiser	vient de	
moderniser	vient de	
urbaniser	vient de	
déchristianiser	vient de	

A l'aide d'un dictionnaire, faites des phrases pour illustrer la différence entre les mots suivants:

l'informatisation	l'informatique
la modernisation	la modernité
l'urbanisation	l'urbanisme

Entraînement grammatical

Chiffres et lettres

(a) On dit: huit *sur* dix, deux et demi, quatre-vingt *pour cent*, deux *virgule* cinq
Lisez à haute voix:

$\frac{12}{20}$	$\frac{91}{200}$
76%	51%
$1\frac{3}{4}$	13,85
tél: 42.81.59.10	13.850

(b) On utilise une lettre majuscule pour la personne, et une lettre minuscule pour la langue.

EXEMPLE:

Une *F*rançaise parle (en général!) le *f*rançais

Pour chacun des endroits suivants, écrivez le nom de la personne (au féminin) et celui de la langue (ou des langues):

le Mexique
la Belgique
le Sénégal
la Yougoslavie
le Canada
Rome (antique)
la Grèce

moins, plus et *davantage*

EXEMPLES:

Des immigrés de moins, ce serait des chômeurs de moins.
moins: elle a moins de travail que toi.
plus de (quantité): Il y a plus *de* place ici que là-bas.
plus . . . que (comparaison): Ta voiture est plus puissante *que* la mienne.
davantage de (quantité): Il y a davantage de place que là-bas.

Il n'est pas vrai que des étrangers de moins, ce serait des emplois .... D'abord, ils sont moins nombreux .... autrefois. Pourtant, il y a davantage .... chômeurs, et, en tout cas, plus .... l'on ne souhaiterait. Parmi ces immigrés il y a plus .... Maghrébins .... Africains, et parmi les Maghrébins, il y a moins .... Tunisiens .... Algériens. Actuellement, les travailleurs immigrés constituent moins .... 10% de la population.

il s'agit de

Pour discuter un article, pour résumer un texte, vous aurez certainement besoin de cette expression. Elle peut avoir plusieurs sens, par exemple:

Dans cet extrait, il s'agit de la situation des immigrés en France (= il est question de)

Il s'agira d'en venir, là encore, à une concertation européenne (= il faudra)

N'oubliez pas que cette expression ne peut s'employer qu'à la *troisième personne du singulier: il s'agit de . . ., bien qu'il s'agisse de . . .* etc.

Donnez le sens des phrases suivantes sans employer *il s'agit de*:

C'est de vous qu'il s'agit, et pas de votre frère
Voici ce dont il s'agit
Lorsqu'il s'est agi de faire le travail, il a disparu
Il s'agit maintenant de se mettre au travail
Il ne s'agissait plus de discuter, il fallait agir

Exploitation

Résumé du texte

1. Résumez en deux phrases les arguments principaux du texte:
   Argument 1, lignes 10–51
   Argument 2, lignes 52–72
   Argument 3, lignes 73–107

2. Discutez oralement les six phrases que vous avez écrites.

3. Employez des mots-charnières (mots de liaison) pour relier ces phrases entre elles (en utilisant la liste de vocabulaire). Voir Section IV, Exercice 17.

4. Ecrivez un résumé plus soigné, et un peu plus détaillé. Relisez le texte, et en vous appuyant sur vos six phrases, rédigez un résumé d'entre 100 et 150 mots.

Discussion orale

Votre pays est-il un pays d'immigration/d'émigration/les deux?

Pour ceux/celles qui habitent un pays où il y a des immigrés, faites une comparaison avec la France: pays d'origine des immigrés, régions où ils habitent, pourcentage de la population, travail qu'ils effectuent

Pour ceux qui émigrent et pour leur famille, quels sont les problèmes?

Jusqu'à quel point doit-on s'attendre à ce que les immigrés s'adaptent aux mœurs du pays d'accueil?

Quelle mesure d'adaptation à la présence des immigrés doit-on demander à la population locale?

Y-a-t-il dans votre pays des slogans comme: «Touche pas à mon pote»?

Exercice écrit

Ecrivez un paragraphe tiré d'une lettre envoyée à un hebdomadaire par une travailleuse immigrée. (Pour vous aider, lisez les opinions citées ci-dessous et la lettre qui se trouve à la fin de l'unité.)

Les travailleurs immigrés viennent souvent d'anciennes colonies.
Ils font le travail que les Français ne veulent pas faire.

Ils sont moins bien payés que la population indigène. Ils constituent une main-d'œuvre à bon marché
Ils participent à la productivité industrielle.
Ils sont jeunes, donc ils ne représentent pas de grosses dépenses (santé, Sécurité sociale, etc.).
Les patrons refusent quelquefois de déclarer les travailleurs immigrés alors que ces derniers veulent sortir de la clandestinité et travailler légalement.
S'ils sont en situation irrégulière (sans carte de séjour ni carte de travail) ils peuvent être «reconduits à la frontière».

La France sauvée

Selon M. Le Pen «*le renvoi de deux millions de travailleurs immigrés libérerait au minimum un million deux cent mille emplois de qualification moyenne ou élevée*». Ce qui prouve que ces gens-là ne sont pas si incompétents que cela et que leurs employeurs ne les payent pas depuis de longues années par pure sympathie. Que l'on ne nous parle pas, dans ce cas-là, de la supériorité du niveau moyen de qualification des travailleurs français par rapport aux travailleurs immigrés.

Quand les travailleurs immigrés seront partis, la production française sera relancée – sans inflation, s'il vous plaît – et l'équilibre monétaire sera retrouvé et protégé.

De combien de vertus sont dotés ces travailleurs immigrés! Ils restent, c'est la récession dans le pays; ils partent, la France est sauvée. En somme, ils tiennent dans leurs mains l'avenir de la France.

Alors, mes frères, à vous de jouer: vous restez, et la France s'écroule sous le poids conjugué du chômage et du déséquilibre monétaire; vous partez, et la prospérité de la France sera retrouvée, après tant d'années de déséquilibre que vous avez créé dans le pays . . .

IRKAN KUTKAN,
Ingénieur-conseil
(Neuilly-sur-Seine)

Extrait d'une lettre écrite au *Nouvel Observateur*

dehors les étrangers !
PLANTU

(21 septembre 1973.)

Unité 2
Vivre sa mort

Texte préliminaire

Parcourez rapidement l'extrait suivant:

EUTHANASIE : « J'AI VOULU LUI DONNER UNE FIN DIGNE »

LÉONIE FRIESS avait quatre-vingt-sept ans. Pensionnaire d'un foyer pour personnes âgées, elle avait été hospitalisée à la fin du mois de mars au centre de traumatologie et d'orthopédie d'Illkirch, dans la banlieue de Strasbourg, pour une fracture du col du fémur, à la suite d'une chute.

Depuis son opération, Léonie Friess souffrait ... Elle ne reconnaissait pas les personnes qui venaient la voir. «*Elle n'était pas dans le coma*, explique la surveillante générale de l'hôpital, *mais très somnolente; elle gémissait parfois, sans que l'on sache si elle souffrait, ou si elle reprenait conscience.*»

Mercredi dernier, Pierre Thébault a décidé de mettre fin aux souffrances de la vieille dame. En plein après-midi, sans tenter le moins du monde de se cacher, utilisant le matériel de perfusion, il a injecté à la patiente deux ampoules de chlorure de potassium. Un produit banal, qu'on utilise dilué, de façon à équilibrer le taux de potassium dans le sang. Mais qui, à forte dose, provoque des troubles du rythme cardiaque pouvant aller jusqu'à l'arrêt du cœur. Une mort immédiate, sans souffrance. Ce qui explique sans doute pourquoi Pierre Thébault a choisi ce produit.

On aurait pu croire que Léonie Friess s'était éteinte naturellement. Le diagnostic des médecins était pessimiste. Et le chlorure de potassium ne laisse aucune trace.

Mais, ce mercredi, une infirmière a vu Pierre Thébault. Elle a estimé de son devoir de prévenir la direction. Pierre Thébault n'a pas cherché à nier. «*Je ne supportais pas de la voir dans cet état. J'ai voulu lui donner une fin digne*», a-t-il tout simplement expliqué. Apparemment, le jeune homme a agi impulsivement sur un coup de tête.

Présenté hier soir au parquet de Strasbourg, l'infirmier a été inculpé d'homicide volontaire et remis en liberté sous contrôle judiciaire, avec interdiction d'exercer sa profession tant que le juge d'instruction le jugera nécessaire.

A l'hôpital, l'affaire semble avoir beaucoup choqué le personnel. «*Nous ne pouvons pas être d'accord avec ce qui a été fait,* déclare un infirmier responsable de la CFDT. *Ce n'est pas admissible. Même si, c'est vrai, les choses ne sont pas toujours faciles, et qu'il nous arrive d'être désespérés lorsque l'on ne peut plus rien faire pour un malade qui souffre.*»

Le Matin

Selon vous, qui a raison: l'inculpé? le juge? le personnel hospitalier? et pourquoi?

Texte principal

Dans cet article, le sénateur Henri Caillavet s'explique sur sa proposition de loi «vivre sa mort» qui fit couler beaucoup d'encre. Il s'élève contre la survie végétative et il souhaite que tout le monde ait la possibilité de refuser la prolongation artificielle de la vie, et d'avoir une mort digne.

Première lecture

Mots-clés

Voici quelques indications pour vous aider.

l. 1 une proposition de loi = texte déposé sur le bureau d'une assemblée législative en vue de son adoption comme loi.
ll. 15–16 l'acharnement thérapeutique (m.) = «une façon médicale de nier la mort». L'acharnement thérapeutique consiste à mettre tout en œuvre pour retarder la mort, pour prolonger artificiellement la vie.
l. 20 une loi en application = une loi qui est appliquée, une loi en vigueur (c'est le contraire de: une loi en gestation).
l. 35 (faire quelque chose) à sa guise = à sa tête, à son gré, selon son goût.
l. 60 un cadre de dispositions = un ensemble de mesures, de décisions.
l. 104 l'euthanasie (f.) = (1) mort sans souffrance (2) théorie selon laquelle il est légitime d'abréger la vie d'un/e malade incurable pour mettre fin à ses souffrances.

Vivre sa mort

Ma proposition de loi «vivre sa mort» pose le principe que tout majeur ou mineur émancipé, sain d'esprit, peut s'opposer à la prolongation artificielle de sa vie s'il est atteint d'une affection incurable, pathologique ou accidentelle. En bref, une personne dont l'existence pourrait être maintenue grâce à des «machines» dans un état de survie végétative sans aucune chance de recouvrer partiellement sa lucidité, sa motricité ou un comportement compatible avec le respect dû à la personne humaine, aura la faculté de refuser un acharnement thérapeutique.

Oublions donc le retentissement tapageur fait autour d'un texte limité et précis, reprenant les motivations et les dispositifs d'une loi déjà en application dans l'Etat de Californie. Quinze autres Etats ont d'ailleurs préparé des projets semblables en vue de leur ratification. En Grande-Bretagne, en Suède, après des sondages positifs, l'ouverture de ce débat est même assez prochaine.

Oserait-on prétendre qu'en France, au prétexte de la complexité du problème soulevé, le Parlement, source du droit, n'aurait pas la faculté de réfléchir, de proposer puis de délibérer? Singulier comportement qui permettrait aux médecins de régner seuls, et à leur guise, sur la mort.

Le texte que j'ai déposé ne fait obligation à personne de renoncer à la persévérance thérapeutique et pas davantage aux traitements, aux soins, aux greffes, aux actes médicaux audacieux. Bien au contraire, il faut, pour renoncer à cet acharnement thérapeutique mis par certaines équipes médicales à faire vivre à n'importe quel prix une personne incurable, un acte authentique dressé en présence de deux témoins. Un docteur aurait-il, en effet, la possibilité morale de prendre, sans autre obligation que celle de sa conscience, la décision de choisir la souffrance inutile pour la survie végétative si, préalablement, le patient s'était opposé à celle-ci? Un médecin n'a jamais plus de droit que celui que le malade lui confère. De fait, mon corps reste ma chose, mon bien. Ma liberté est à ce prix, ou alors renonçons à la liberté.

Le juriste a, par conséquent, l'obligation de fixer un cadre de dispositions permettant à chacun d'agir selon sa conscience et en conscience. Codifier cette problématique est en tous points préférable à laisser nos «juges», les docteurs, apprécier en fonction de leur éthique personnelle. Je n'ai jamais demandé, comme l'ont écrit des journalistes avides de sensationnel, la mort à la carte ou l'organisation de la mort. Simplement, j'entends faire reconnaître mon droit à une mort convenable. Chacun reste libre évidemment d'accepter cette momification technologique que sont les pompes, les sondes, les valves, les piles, c'est-à-dire une machinerie remplaçant les bandelettes de l'ancienne Egypte, à moins qu'il ne s'agisse d'offrir son corps à la médecine, ce qui, au demeurant, nécessite une acceptation préalable!

Certes, le serment d'Hippocrate – à Cos, où il était né, les vieillards étaient invités à mourir selon les lois de la cité – préconise l'obligation au praticien de défendre la vie de l'homme. Mais, en vérité, de quelle existence s'agit-il? L'activité cardiaque, gastrique, le pouls, définiraient-ils encore, à l'aube du vingt et unième siècle, la vie? Pour les sociétés évoluées, l'esprit, la vie intellectuelle prime incontestablement la vie biologique. La science médicale doit-elle maintenir en vie un corps inerte? La vie à n'importe quel prix ne trouve même pas de justification dans les Saintes Ecritures.

A la simple lecture de ma proposition, il ne peut être question de confondre, sauf mauvaise foi – le pas, hélas! a été vite franchi, – le droit de vivre sa mort et le suicide, encore moins l'euthanasie active ou passive, alors que maints docteurs reconnaissent accepter cette dernière, voire parfois la mettre en œuvre malgré les prescriptions impératives du code pénal. Par ce texte, au-delà de la protection juridique que désormais je leur accorde, je souhaite modestement privilégier les conditions de ma mort lorsque je suis atteint d'incurabilité. Je refuse pour moi et pour moi uniquement l'acharnement thérapeutique.

Oui, pourquoi toutes ces craintes, ces alarmes pour un texte précis qui m'accorderait le droit à tout instant de refuser le prolongement dégradant de mon existence par des moyens artificiels, exceptionnels, sans lesquels il me serait impossible d'être vivant? Serions-nous moins évolués que les démocrates anglo-saxons?

En déposant ma proposition de loi, je savais que je soulèverais des controverses, tant notre société reste cernée par l'hypocrisie, le conformisme, les tabous, les castes. Tant mieux, parce que mon initiative sénatoriale aura le mérite de faire comprendre que le problème de «la mort» n'est que celui de «notre mort», d'obliger aussi à repenser, à codifier les rapports de confiance entre les malades et les médecins afin que d'aucuns n'aient plus la possibilité de rechercher la performance technique pour l'exploit, à réfléchir en commun à l'immense problème de la morale naturelle face à la science, à la volonté et à la douleur. Mais de grâce, que plus de sérénité préside à l'examen de cette proposition sur le droit de vivre sa mort. On n'enchaînera jamais Prométhée!

Henri Caillavet, *Le Monde*

l. 82 Hippocrate: le plus grand médecin de l'antiquité, et dont l'éthique est à l'origine du serment que prêtent les médecins avant d'exercer
l. 83 Cos: île grecque, patrie d'Hippocrate
l. 145 Prométhée: allusion à la tragédie d'Eschyle, le Prométhée enchaîné. Dans la mythologie grecque, Prométhée fut lié par des chaînes au sommet du Caucase où un aigle lui rongeait le foie qui repoussait sans cesse. Il fut délivré par Héraclès qui tua l'aigle

Deuxième lecture

Après avoir dégrossi le texte vous allez maintenant le dépouiller et chercher tous les mots que vous ne connaissez pas.

Vocabulaire à retenir

majeur/mineur (adjectifs et noms)
sain d'esprit
le droit = la science juridique (faire du droit, faire son droit)
une greffe
un/e juriste
une sonde
un/e praticien/ienne
l'ouverture d'un débat
recouvrer la santé
préalablement
en conscience
préconiser
le code pénal

Signalons le registre de:
au demeurant (soutenu)
d'aucuns (littéraire)

Compréhension du texte

1. Comment faut-il interpréter ce titre, pour le moins insolite, «Vivre sa mort»?
2. Dans quelles circonstances un malade incurable aurait-il le droit de s'opposer à un acharnement thérapeutique?
3. Quelle est, selon l'auteur, la limite des droits des médecins?
4. Que faut-il entendre par «la mort à la carte» et «la momification technologique»?
5. La définition de la vie varie-t-elle selon les sociétés?
6. Dans le cadre de son projet de loi, l'auteur préconise-t-il l'euthanasie ou le suicide?
7. Quelle différence de sens distinguez-vous entre l'euthanasie active et l'euthanasie passive?
8. Le texte de l'auteur présenterait-il des avantages pour les thérapeutes?
9. Pourquoi H. Caillavet se félicite-t-il du tollé que son texte a soulevé?
10. Maintenant résumez point par point (et oralement) les arguments avancés par M. Caillavet pour défendre sa proposition de loi.

Exercices lexicaux

Emploi du dictionnaire

Voici une liste de mots qui se ressemblent, mais qu'il ne faut pas confondre. Travaillez par groupes de deux ou trois, choisissez une ou deux séries de mots, cherchez-les dans le dictionnaire et faites une phrase pour en illustrer l'emploi.

le médecin, la médecine, le médicament
une sonde, un sondage

recouvrir, recouvrer, retrouver
partiel, partial
par conséquen*t*, *en* conséquen*ce*
(Voir Section IV, Exercice 15.)

Quelques emplois de *tant*

Lisez attentivement ces phrases: «Je savais que je soulèverais des controverses, tant notre société reste cernée par l'hypocrisie ... Tant mieux ...»

(a) *tant* (*de*) ... *que* ... = Expression d'intensité, et (éventuellement) la conséquence qu'elle entraîne.

1. *tant* + verbe: Ne mange pas *tant*, tu vas grossir!
   Il a *tant* mangé *qu*'il n'a plus faim.
2. *tant de* + nom: Il a mangé *tant de* mousse au chocolat *qu*'il s'est rendu malade!
3. *tant* qui relie deux propositions: Il me désespère, *tant* il est gourmand.

NB *tant* a pour synonyme *tellement* avec un verbe ou un nom.
EXEMPLE: Il a *tellement* mangé qu'il n'a plus faim.

(b) *tant que* qui exprime la durée.
Tant qu'il sera là, il ne nous arrivera pas de mal.
Profitez-en *tant que* vous êtes jeunes!

(c) Notez les expressions: *tant mieux!*, *tant pis!*

Exercices

Remplissez les blancs par *tant*, *tant de*, *tant que* selon le cas.

1. J'ai .... travail en ce moment que je ne sais pas où donner de la tête.
2. Je crains qu'il n'y ait des licenciements, ... les restrictions budgétaires sont importantes.
3. .... ma mère habitait à côté, je pouvais l'aider.
4. Rien ne le convaincra, ... il est têtu!

A vous d'inventer la fin de la phrase!

1. Mon frère m'exaspère, tant il est ....
2. J'ai vu tant de films récemment que ....
3. Tant que mes parents vivront ....
4. Tant que le gouvernement actuel sera au pouvoir ....
5. Le cours d'anglais est annulé! Tant ...., nous ....

Entraînement grammatical

Le passé composé: verbes avec *avoir*

Rappel

Le participe passé s'accorde avec le complément d'objet direct qui précède le verbe.

A l'ordre ou au conseil que l'on vous donnera, vous répondrez (sur un ton d'indignation) que vous avez déjà fait ce que l'on vous demande il y a longtemps. Remplacez le nom par un pronom, selon le modèle:

Une mère dit à son fils: «Remets ta veste!»
Il répond: «Mais je l'ai déjà remise il y a longtemps.»
Ici *la* (→*l'*) est le complément d'objet direct.

A vous:

1. La mère dit à sa fille: «Prends ta pilule!»
2. Le professeur dit à l'élève: «Tu devrais apprendre ces phrases!»
3. La mère dit à son fils: «Ton père sera fâché, mais il faut lui dire la vérité.»
4. On fête un anniversaire: «Si j'ouvrais la bouteille de champagne?»
5. On range après la fête: «Tu vas faire la vaisselle?»

être ou *avoir*

«Elle est sortie rapidement de la salle»
MAIS «Elle a sorti la voiture du garage»

Maintenant, vous allez raconter une histoire à partir des images de la bande dessinée. En utilisant les deux verbes donnés, faites au moins deux phrases par image. Racontez votre histoire au passé composé, et essayez de la rendre aussi intéressante que possible.

1 DISPARAÎTRE
S'ECRIER

JE RETOURNE CHEZ MA MÈRE DÉ-FI-NI-TI-VE-MENT

2 SE DIRE
MONTER

3 GRIMPER
SORTIR

4 CHERCHER
COMMENCER

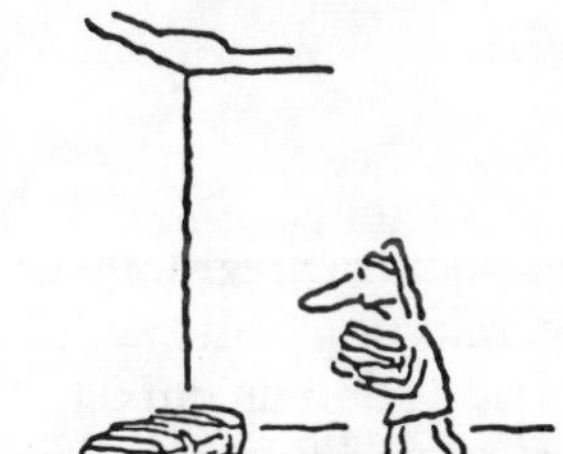

5 SE METTRE À GENOUX
REMPLIR

6 S'ASSEOIR
METTRE

7 DESCENDRE
SE DIRE

8 FAIRE SEMBLANT DE
POSER

9 ARRACHER
SURSAUTER

10 S'ASSEOIR
ANNONCER

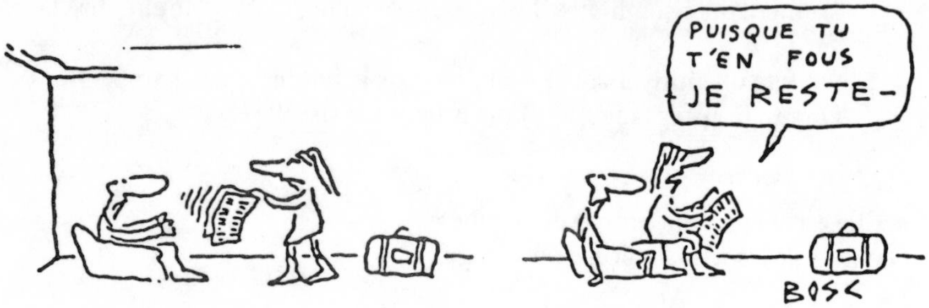
PUISQUE TU T'EN FOUS JE RESTE-
BOSC

Rappel

L'infinitif passé

Dans cet exercice de révision, vous allez transformer deux phrases en une seule phrase, qui commencera par *Après avoir* . . .

EXEMPLE:

Il a bu un verre de lait. Ensuite il est allé se coucher.
Après avoir bu un verre de lait, il est allé se coucher.

1. J'ai écouté les informations. Ensuite j'ai éteint le poste.
2. Nous avons suivi un cours intensif de français. Ensuite nous avons vécu pendant un an en France.
3. Elle a raté son examen de 3e année. Ensuite elle est allée s'inscrire à l'ANPE (l'Agence nationale pour l'emploi).
4. Elle s'est coiffée devant la glace. Ensuite elle a remis son peigne dans son sac.
5. Il a doublé la voiture. Ensuite il a vu un camion qui venait en sens inverse.

Débat radiophonique

Imaginez que vous participiez à un débat, que vous pouvez enregistrer sur magnétophone si vous voulez, soit sur l'euthanasie, soit sur l'avortement. Prenez un rôle (médecin, infirmière, prêtre, parent de quelqu'un qui est atteint d'une maladie incurable, quelqu'un qui s'est remis d'une maladie, jeune fille, mère de plusieurs enfants, etc.) et dites si vous êtes pour ou contre. Trouvez ci-dessous des expressions qui pourront vous aider et regardez aussi le dessin humoristique et la lettre à la page 80.

Pour ou contre l'euthanasie

Pour

procurer une mort digne
épargner des souffrances inutiles à un moribond
être frappé d'une maladie incurable
respecter la liberté individuelle
à quoi sert une vie végétative?
un point de vue humanitaire
délivrer de la vie un malade considéré comme perdu
un réanimateur → être sous réanimation
un/e malade dont la fin est proche
une mort douce
mettre fin à ses jours
disposer de sa vie

Contre

objections morales et religieuses
la vie est sacrée
la vie est un don de Dieu
excès et abus que l'euthanasie peut entraîner: l'eugénisme
espoir de guérison accru par les progrès de la médecine
condamner l'euthanasie, abréger la vie de quelqu'un est un assassinat
précipiter la mort par une piqûre euthanasique
être dans le coma
le coma dépassé
un homicide volontaire
le droit de s'éteindre naturellement

Pour ou contre l'avortement

Pour

s'adresser à un centre de planning familial
légaliser l'avortement pour que les femmes n'aient pas recours aux faiseuses d'anges (fam.)
pallier les défaillances de la contraception
la libéralisation de l'avortement
la liberté de disposer de son corps
pourquoi laisser venir au monde un enfant non désiré?
«l'avortement thérapeutique» (en cas de malformation du fœtus)
«la situation de détresse»
seule la femme décide
l'évolution des mœurs
une grossesse à risque(s)
en cas de viol
la maîtrise de la fécondité
le malthusianisme; la surpopulation
la baisse de la natalité n'est pas liée à la libéralisation de l'avortement

Contre

l'IVG (l'interruption volontaire de grossesse); procéder à une IVG
subir une IVG
avorter, se faire avorter
le médecin procède à une IVG
l'avortement est un délit, un meurtre
«une législation de la mort»
c'est un infanticide
la banalisation de l'avortement
être contre la loi Veil de 1975
dénoncer cet acte inadmissible
risque de devenir un moyen contraceptif ordinaire
les médecins doivent pouvoir recourir à «la clause de conscience» pour refuser de pratiquer un avortement
la diffusion des méthodes de contraception
être sous pilule, prendre la pilule
les risques médicaux pour les femmes qui veulent se faire avorter: hémorragie, infection, etc.

Pour

Choisir ; le M.L.A.C (le Mouvement pour la libération de l'avortement et de la contraception)
c'est à la femme de décider
élever un enfant
attendre un enfant
être enceinte de X mois
dépasser les délais de rigueur

Contre

un fœtus viable
être à l'Assistance publique
Laissez-les vivre
conséquences fâcheuses sur le plan de la natalité
adopter un enfant
un assassinat, un acte de mort
abroger la loi Veil de 1975

Infanticide véritable et gratuit

Bien sûr, derrière l'I.V.G. (Infanticide Véritable et Gratuit) se cachent des drames passionnels dont on a déjà voulu, au début du septennat précédent, atténuer les conséquences. On a donc légalisé un acte de mort et créé ainsi une nouvelle morale sociale collective qui retire la responsabilité personnelle et déculpabilise l'individu dans le domaine le plus personnel et le plus mystérieux: celui de la transmission de la vie humaine.

Aujourd'hui, une nouvelle étape est franchie et l'on va demander à tous les Français de participer financièrement à l'inconséquence d'actes individuels et à des assassinats.

Je ne veux pas être complice. Pour matérialiser mon refus, je ne ferai pas la grève des impôts mais je déduirai cent francs de mon dernier versement de 1982 au Trésor public.

Jacques Desbrière,
25000 Besançon.

c'est tout de même plus chouette de vivre quand on est désiré !
AVORTEMENT ET CONTRACEPTION
LIBRES ET GRATUITS
Mouvement de LIBERATION des FEMMES !

Figaro Magazine

Travail écrit

(a) Dans une rédaction d'à peu près 300 mots, faites une synthèse des arguments pour et contre (1) l'euthanasie (2) l'avortement.

(b) Relisez attentivement le paragraphe du texte qui commence par «Le texte que j'ai déposé . . .» Ensuite, sans le regarder, faites-en une paraphrase, c'est-à-dire, reprenez les idées de l'auteur sans utiliser ses mots (environ 100 mots).

Unité 3
Le risque social de l'atome

Texte préliminaire

Dans le texte principal il sera question de l'accident qui est survenu au réacteur à eau pressurisée (PWR) de la Metropolitan Edison à Three-Mile-Island. Lisez rapidement ce court extrait qui vous aidera à comprendre ce qui s'est passé.

La fusion du cœur du réacteur de Three-Mile-Island a été évitée de peu

Il s'en est fallu de trente à soixante minutes que l'accident survenu le 28 mars 1979 à la centrale nucléaire de Three-Mile-Island, près de Harrisburg (Pennsylvanie) conduise à une fusion du cœur du réacteur, estime un «groupe spécial d'enquête» mis sur pied par la Commission de réglementation nucléaire après l'accident. Cette fusion, qui est l'accident le plus grave qu'on puisse imaginer sur ce type de réacteur, aurait conduit au relâchement, dans le bâtiment principal, de grandes quantités de produits radioactifs; ce bâtiment, estime le groupe d'enquête, aurait probablement confiné cette radioactivité, mais il aurait fallu «*prendre au moins la précaution d'évacuer des milliers de personnes vivant près de la centrale*».

Cette conclusion conduit le groupe d'enquête à recommander que les centrales nucléaires soient désormais situées à au moins 16 kilomètres des agglomérations, et à estimer que certaines installations existantes, trop proches des villes, devraient être fermées.

Michel Mousel, *Le Monde*

Texte principal

Première lecture

Mots-clés

l. 1 baigner dans l'huile (fam.) = ne pas rencontrer de difficultés
l. 6 une panne = un arrêt de fonctionnement
l. 7 un délestage = une coupure de courant
l. 13 l'approvisionnement (en pétrole) = la fourniture
l. 34 EDF = Electricité de France
l. 46 la défaillance = la panne (d'électricité)
l. 57 le tarissement = l'épuisement (m)
l. 81 la course à la productivité = la course au rendement
l. 129 les (élections) cantonales = élections servant à élire les conseillers généraux.

Questions

Lisez le texte une première fois et répondez aux questions.

1. Quels sont les quatre facteurs qui semblaient convaincre le public quant à la nécessité de l'énergie nucléaire pour la France?
2. Qu'est-ce qui est venu ébranler cette conviction?
3. Au-delà des dangers physiques, il y a un problème plus profond. Lequel?
4. L'argument que le risque d'accident est minime ne tient pas debout pour deux raisons. Lesquelles?
5. Selon l'auteur, certains arguments en faveur du programme nucléaire ne sont pas valables: pourquoi?
6. Quel est le seul argument qui mérite notre attention?
7. Quelle est la contrepartie de cet argument?
8. Le programme électro-nucléaire implique une certaine conception de la société de demain. Laquelle?
9. A cette idée de notre société l'auteur en oppose une autre. Décrivez-la.
10. Quels sont les moyens d'actions populaires que l'auteur avance à la fin du texte?

Le risque social de l'atome

Tout paraissait baigner dans l'huile. Depuis la manifestation de Creys-Malville, seules des oppositions locales semblaient se manifester au nucléaire, en Bretagne notamment. La providentielle panne du 19 décembre, puis les délestages consécutifs à un hiver rigoureux, préparaient l'opinion à une accélération du programme électro-nucléaire. Survinrent, par-dessus le marché, la crise iranienne et la menace sur certains approvisionnements en pétrole; le hasard et la nécessité faisaient bien les choses.

En quoi l'aventure de Three-Mile-Island vient-elle troubler la certitude des uns et la résignation des autres? On nous expliquera qu'un accident de chemin de fer en Inde n'empêche pas les trains de rouler en France. Mais le problème n'est pas là. Même s'il s'avérait, finalement, en Pennsylvanie, que l'accident a été limité, il reste qu'on n'a pas su, pendant plusieurs jours, si c'étaient un millier ou un million de personnes qui étaient en danger. Même si on démontre que la version française des PWR ne comporte pas le même circuit de refroidissement, on se souviendra que la Metropolitan Edison procédait par affirmations rassurantes et dénégations outragées, tout comme EDF.

Tout cela rappelle ce que nous disions lors du lancement du programme électro-nucléaire français: même si le risque d'accident est minime, les conséquences sont tellement démesurées qu'on ne peut évaluer le risque lui-même. Conséquences de l'accident proprement dit, immédiates et futures (et tout particulièrement génétiques). Conséquences des mesures à prendre contre le risque, lequel, parce qu'il ne relève pas seulement de la défaillance, mais aussi de la sécurité militaire, devient un véritable risque social.

De tous les arguments officiels, un seul mérite l'attention. Difficile de s'arrêter sur celui des coûts d'approvisionnement, alors que ceux-ci sont déterminés beaucoup plus par la taxation des produits pétroliers que par le prix du pétrole brut (qui a baissé en francs constants en 1978!); ou sur celui du tarissement des sources d'énergie, alors que tous les techniciens savent que le nucléaire n'a plus qu'un rôle transitoire avant l'exploitation industrielle des «énergies nouvelles». Reste l'indépendance nationale. A court terme, le nucléaire garantit celle-ci, au prix de la dépendance d'autres pays (africains notamment).

En revanche, la dépendance technologique s'aggrave de jour en jour à l'égard des Etats-Unis en matière d'énergies nouvelles. Il peut être surprenant qu'un président, à l'œil fixé sur la ligne rose de l'an 2000, soit aussi peu perspicace. De là à penser que des raisons impérieuses le contraignent à un choix aussi irrationnel, il n'y a qu'un pas et je le franchis: c'est que le programme électro-nucléaire correspond à l'idée qu'on se fait, en haut lieu, de l'adaptation de la France à la crise: d'énormes investissements publics ultra-centralisés, la course à la productivité dans quelques secteurs, la vente du nucléaire civil et militaire aux pays en voie de développement, la poursuite de la concentration industrielle.

Rien de tout cela ne répond au chômage, aux déséquilibres régionaux, à l'adaptation aux mutations technologiques. A l'inverse, le développement de tout ce qui est aujourd'hui techniquement réalisable d'une part susciterait de nouveaux progrès scientifiques (il n'est pas question de méconnaître les points faibles qui subsistent), mais serait créateur d'emplois, décentralisable, et de nature à offrir des reconversions à nombre d'entreprises en difficulté. C'est le cas pour les économies d'énergie (cf. par exemple, l'isolation thermique), la biomasse (paille, friches, déchets agricoles), la géothermie et les applications immédiatement opérationnelles du solaire. Il y aura peut-être moins de productivité – mais aussi moins de chômage.

Comme il est toujours dangereux de faire une confiance aveugle aux techniciens, seul un contrôle populaire sur la politique énergétique peut modifier la situation, et cela dans deux directions:

1. Sur le plan de la sécurité: il est nécessaire que tous ceux qui sont conscients du risque nucléaire, même s'ils n'ont pas tous les mêmes conceptions, s'organisent localement, régionalement et nationalement pour poser publiquement les problèmes de sécurité, et obliger à la diffusion de l'information.

2. Sur le plan des alternatives énergétiques: il ne s'agit plus seulement de faire des discours, mais de mettre en œuvre tous les moyens syndicaux, municipaux, associatifs, coopératifs, pour organiser une «contre-politique énergétique».

Et puisque les cantonales ont montré qu'une élection pouvait être une occasion d'exprimer, faute de mieux, le désaccord majoritaire d'une population à l'égard de son gouvernement, tous ceux qui peuvent s'engager dans cette double voie ont intérêt à se coordonner pour les prochaines élections européennes.

Michel Mousel, *Le Monde*

l. 3 Creys-Malville: le 31 juillet 1977, à Creys-Malville (Isère), près du surgénérateur Super-Phénix, de violents affrontements opposèrent plus de 20 000 manifestants à un important service d'ordre. Il y eut un mort et une centaine de blessés

l. 14 Allusion au livre de Jacques Monod: *Le Hasard et la nécessité*

l. 43 Conséquences génétiques: neuf mois après l'accident d'Harrisburg, on enregistra la naissance de treize bébés anormaux (nés avec une hypothyroïde), en Pennsylvanie

Deuxième lecture

Relisez le texte et répondez aux questions.

Vocabulaire à retenir

une manifestation	un produit pétrolier
survenir	le pétrole brut
il s'avère que (+indicatif)	à court terme
il reste que (+indicatif)	en voie de développement
le lancement	l'isolation thermique (f.)
prendre des mesures	être conscient de

Compréhension du texte

1. Expliquez pourquoi tout «paraissait baigner dans l'huile» ? (l. 1)
2. Comment «le hasard et la nécessité» faisaient-ils bien les choses? Pour qui? (l. 14)
3. Expliquez le sens de la phrase «Il peut être surprenant... perspicace» (l. 70–3).
4. Pourquoi l'auteur qualifie-t-il le programme nucléaire de «choix irrationnel» ? (l. 75)
5. Précisez le sens de «la vente du nucléaire civil et militaire aux pays en voie de développement» (l. 83–4). (Citez des exemples si possible.)
6. Expliquez le sens de la phrase «l'adaptation aux mutations technologiques» (l. 88–9).
7. Expliquez en détail ce que l'auteur entend par une «contre-politique énergétique». (l. 127)

Résumé du texte

Maintenant, relisez «Le risque social de l'atome», et, en travaillant par petits groupes, essayez de donner, en une phrase, l'idée directrice contenue dans chaque paragraphe du texte.

EXEMPLES:

1er paragraphe: Les circonstances ont favorisé l'accélération du programme électro-nucléaire français.

2e paragraphe: L'accident survenu à Three-Mile-Island nous rappelle les risques courus en cas d'accident dans une centrale nucléaire.

A vous de continuer sur ce modèle.

Exercices lexicaux

Réemploi du vocabulaire

Vérifiez dans le texte l'emploi des expressions suivantes, ensuite insérez-les dans les phrases:

par-dessus le marché	faute de mieux
en revanche	en voie de
en matière de	à l'égard de

1. Il faut protéger les espèces animales .... extinction.
2. La monitrice s'est montrée très compréhensive .... des enfants.
3. Il n'est pas compétent .... physique nucléaire.
4. Tu arrives en retard et .... tu oublies tes affaires!
5. Son fils a échoué à son bac, sa fille .... a eu le sien avec mention.
6. Il devra s'en contenter, ...

Expansion du vocabulaire

Complétez les blancs par des termes ayant trait à l'énergie à l'aide de cette liste de mots:

les déchets	les écologistes
le nucléaire	les énergies nouvelles
anti-nucléaire	le gaspillage
solaire	les économies d'énergie
la consommation	les sources d'énergie
la conservation	renouvelables
les pro-nucléaires	le recyclage
énergétique	le pétrole
les centrales	

Depuis la crise de ...., les pays industriels ont été amenés à réviser leur politique .... Les .... prétendent que les .... atomiques sont très sûres et minimisent la possibilité d'un accident. Les .... ne sont pas d'accord. Ils mettent l'accent sur d'autres ....: énergies .... et .... comme l'énergie .... Les nucléocrates rétorquent que la France ne saurait survivre sans .... Les .... affirment que la France peut stabiliser sa .... d'énergie, en luttant contre .... et en encourageant .... grâce à une meilleure isolation thermique et grâce au .... des .... comme le verre ou le papier. Tout le monde préconise de faire des ....

GRAVELINES
1981-1985
TIHANGE
(Belgique)
(50%)
PENLY 1989-1990
PALUEL
1982-1985
CHOOZ
1988-1989
FLAMANVILLE
1985
Basse-Seine
Marne
CATTENOM
1985-1986
NOGENT-SUR-SEINE
1987-1988
BRENNILIS
PLOGOFF
1989
Yonne
FESSENHEIM
ST-LAURENT
des-Eaux
1981
DAMPIERRE
1981
Kaiserhaugst
(Suisse)
(20%)
le Pellerin
CHINON
1982-1987
BELLEVILLE-s.-L.
1986-1987
Civaux
Sennecey-
le-Grand
Villeneuve-
sur-Allier
BUGEY
Ferté-Hauterive
Limons
ST-ALBAN
1984-1985
CREYS-
MALVILLE
1983
BLAYAIS
1981-1983
Moyenne-Garonne
CRUAS
1983-1984
TRICASTIN
1981
GOLFECH
1988-1989
MARCOULE
Peyrorade
Basse-Adour
Frontignan
Fleury
Port-la-Nouvelle
VANDELLOS (25%)
(Espagne)
Centrales nucléaires :
en exploitation
en construction
en projet ou à l'étude
1981-1987 Dates de mise en service

Le Monde

Comment relier deux phrases

(a) *alors que*. Dans le texte «Vivre sa mort» (à la page 73), vous avez lu une phrase qui contient les éléments suivants:

> il ne peut être question de confondre ... le droit de vivre sa mort et le suicide, encore moins l'euthanasie active ou passive, alors que maints docteurs reconnaissent accepter cette dernière...

Les deux parties de cette phrase sont mises en opposition par *alors que* (qui a ici le sens de «tandis que», «bien que», «par contre»).

Mon voisin préfère habiter en ville, *alors que* sa femme aime la campagne.

OU Mon voisin préfère habiter en ville, *tandis que* sa femme aime la campagne.

A vous de trouver deux exemples de cet emploi de *alors que* dans «Le risque social de l'atome».

(b) *puisque,* conjonction causale, indique qu'une partie de la phrase est une suite logique de ce qui précède.

EXEMPLE:

*Puisqu'*il refuse de coopérer, on ne peut rien faire.

OU *Du moment où* il refuse de coopérer, on ne peut rien faire.

OU *Etant donné qu'*il refuse de coopérer, on ne peut rien faire.

Cherchez un exemple de *puisque* dans «Le risque social de l'atome».

(c) Choisissez deux phrases, une dans chaque colonne, et reliez-les soit avec *alors que* soit avec puisque:

Vous pouvez me croire	à cette époque en général il fait très froid
Il fait très doux	vous insistez que vous avez raison
On n'en parlera plus	son frère préfère le ski alpin
Hervé adore faire du ski de fond	je vous le dis

Entraînement grammatical

Le subjonctif

Dans ces phrases tirées des textes de la leçon précédente, et de celle-ci, expliquez pourquoi il est nécessaire d'employer un subjonctif:

C'est l'accident le plus grave qu'on puisse imaginer.

Il s'en est fallu de 30 minutes que l'accident ne conduise à une fusion du cœur du réacteur.

Il est surprenant qu'un président soit aussi peu perspicace.

Chacun reste libre d'accepter cette momification technique, à moins qu'il ne s'agisse d'offrir son corps à la médecine.

Il faut repenser les rapports entre les malades et les médecins, afin que d'aucuns n'aient plus la possibilité de rechercher la performance technique pour l'exploit.

(Voir aussi la page 61.)

L'homme/la femme de votre vie

Pour l'Agence Matrimoniale, Conjugofixe, vous devez répondre aux questions suivantes à propos de votre conjoint/e idéal/e.

Je voudrais qu'il/elle . . .	(portrait physique)
Je souhaite qu'elle/il . . .	(portrait moral)
J'aimerais qu'il/elle . . .	(projets d'avenir)
J'ai peur qu'elle/il . . .	(vos craintes)
Je tiens à ce qu'il/elle . . .	(vos grands principes)
Il faut que les enfants . . .	(comment vous élèverez vos enfants)

Le passé du subjonctif

Le passé du subjonctif est couramment employé, dans la langue écrite comme dans la langue parlée. Dans le paragraphe suivant, mettez au passé les verbes en italique.

EXEMPLE :

Il est surprenant qu'un président *puisse* (subjonctif présent) être aussi peu perspicace.

Il est surprenant qu'un président *ait pu* (subjonctif passé) être aussi peu perspicace.

C'est l'accident le plus grave qu'on *puisse* imaginer. Bien qu'ils *disent* qu'il n'y a aucun danger, je suis sceptique. Il n'est pas certain qu'on *découvre* la raison du délestage. Cela me surprend qu'un président *puisse* se sentir aussi peu concerné. Le chef de l'opposition est le seul leader politique qui *s'oppose* résolument aux centrales nucléaires. Nous regrettons qu'il ne *vienne* pas à la manifestation.

Exploitation

APRÈS CONSULTATION DE LA POPULATION, - NOUS DÉCIDONS DONC DE CONSTRUIRE UNE CENTRALE NUCLÉAIRE

(Dessin de PLANTU.)

Enquête sur la construction d'une centrale nucléaire à Plogoff

En fait, l'enquête publique s'est déroulée dans un climat de contestation violente. Les maires des quatre communes concernées (Plogoff, Primelin, Goulien et Cleden-Cap-Sizun) ayant refusé d'ouvrir leurs mairies, le préfet du Finistère fit installer des camionnettes baptisées «mairies annexes» et gardées par des gendarmes mobiles. Des barricades ont été dressées et des heurts violents ont opposé à plusieurs reprises les forces de l'ordre à la population. Une manifestation quotidienne, la «messe», était organisée et plusieurs rassemblements ont réuni, en grand nombre, les écologistes et la population locale.

A plusieurs reprises des manifestants ont été interpellés et jugés. Le procès, du 6 mars, au tribunal de Quimper, où neuf personnes étaient appelées – en vertu de la loi anticasseurs, – a été en particulier marqué par des incidents, et notamment la suspension d'un avocat, tandis que le palais de justice était gardé par la police. Par la suite, sept des manifestants emprisonnés ont été libérés après un second jugement d'«apaisement», le 17 mars.

Un grande fête a été organisée à la pointe du Raz après la fin de l'enquête et le maire socialiste de Plogoff. M. Jean-Marie Kerloch estimait, le 16 mars, avoir «*gagné une bataille*» et déclarait que la population irait «*jusqu'au bout*».

Le Monde

(a) Décrivez (oralement) le dessin de Plantu, et résumez la situation qu'il décrit.

Débat en classe

(b) Etes-vous pour ou contre l'énergie nucléaire? Voici quelques points de repère lexicaux pour vous aider.

Pour

se trouver dans l'obligation de
l'emploi du nucléaire devient inévitable
l'accroissement de la consommation
le prix de revient du kilowattheure produit avec l'atome
les besoins énergétiques
le renchérissement des prix du pétrole
avoir recours à l'énergie atomique
l'uranium, le plutonium
nécessité d'avoir une force de frappe (force de dissuasion)
miser sur le nucléaire
maîtriser le recours au pétrole
l'indépendance nationale
la recherche de l'autonomie énergétique
une nécessité économique
les partisans et adversaires du nucléaire
le CEA = le commissariat à l'énergie atomique

Contre

les fuites radioactives
prendre position contre
en cas d'accident
les pertes en vies humaines
les conséquences d'une fuite
les oppositions se font jour
le danger de l'utilisation des armes nucléaires
les alternatives énergétiques
les déchets radioactifs: comment s'en débarrasser?
le retraitement des matériaux irradiés
la consommation d'énergie se stabilise
le risque de contamination
les économies d'énergie
les énergies douces
les énergies nouvelles et renouvelables (par exemple: les capteurs solaires, les éoliennes, les usines marémotrices, les plaques à vent etc.)
diminuer la part du nucléaire

(c) Après avoir lu l'extrait de presse tiré du *Monde*, imaginez que vous ayez été témoin d'une manifestation contre le déploiement des armes nucléaires. Décrivez (style journal sérieux) ce que vous avez vu et entendu, en vous servant (si vous voulez) des termes suivants:

disperser les manifestants
opérer des vérifications d'identité
des interpellations (f.)
le maintien de l'ordre
le service d'ordre (m.)
les forces de l'ordre
les grenades lacrymogènes
les grenades offensives
le déroulement de la manifestation
les CRS
les gendarmes mobiles
défiler; un défilé
une pancarte, une bannière
les dégâts commis
l'intervention (brutale) de la police
distribuer des tracts
être appréhendé
un cortège
scander des slogans (m.)
déposer une pétition
les banderoles (f.)
les calicots (m.)
les lances (f.) à eau
des heurts, des affrontements
procéder à de nombreuses arrestations
placarder des affiches (f.)

(d) En vous basant sur les résumés oraux que vous avez déjà faits par petits groupes, rédigez un résumé du texte principal, en 300 mots environ.

Unité 4
La ruée vers l'anglais

Ce texte traite de l'essor des écoles de formation accélérée en anglais, depuis le début des années 70. L'auteur passe en revue la clientèle, les méthodes et les enseignants/tes que l'on rencontre dans ces écoles . . . à vous de voir ce qu'il en conclut.

Première lecture

Mots clés

l. 5 la formation permanente
l. 6 l'apprentissage (m.) des langues
l. 9 les cadres
l. 11 l'audio-visuel (m.)
l. 39 l'enseignant/e
l. 59 l'entraînement (m.)
l. 110 la supercherie
l. 139 une escroquerie

Questions

Parcourez rapidement le texte pour répondre brièvement aux questions suivantes:

1. Qu'est-ce qui a favorisé l'essor de «l'anglais rapide» en France?
2. Qui sont les clients de «l'anglais rapide»?
3. Décrivez la méthode la plus fréquemment employée.
4. Selon l'auteur, quelles sont les raisons pour lesquelles on veut apprendre l'anglais?
5. L'auteur pense-t-il qu'il est possible d'apprendre une langue par les méthodes décrites dans l'article?

La ruée vers l'anglais

La croissance spectaculaire de l'anglais rapide coïncide avec la loi de juillet 1971, qui fait obligation aux entreprises de consacrer 0,8% puis 1% de la masse salariale à la formation permanente. L'apprentissage des langues a été en effet la première demande formulée massivement par le personnel des cadres et employés.

Presque partout on utilise (ou on dit qu'on utilise) de l'audio-visuel. Ce mot est devenu «presque un mot de passe garantissant le succès». Mais en fait il s'agit souvent d'une conception de l'audio-visuel assez éloignée de celle des spécialistes et qui se résume à l'utilisation des laboratoires de langues. On ramène, «en s'appuyant sur des définitions vagues, souples, voire fantaisistes, l'audio-visuel à l'audio tout court. Car le visuel coûte cher» ... L'anglais rapide va plutôt aux salariés les mieux rétribués. Le client d'anglais rapide est quelqu'un qui veut prendre du galon, mais qui a peur de l'anglais. Se prétendant débutant, il a déjà fait des bouts de méthodes à disques, ou bien six ans au lycée.

Si les choses sont bien faites, il va se retrouver, en compagnie de cinq à dix autres personnes de même niveau, dans une salle semi-obscure où un enseignant projette sur un écran des images illustrant une brève situation dialoguée. Les phrases du dialogue anglais sont enregistrées avec des «blancs sonores», sortes de pauses qui permettent à l'élève de répéter. L'enseignant peut arrêter la bande, faire répéter plusieurs élèves l'un après l'autre, faire réentendre la phrase anglaise, tout cela en présence de l'image projetée qui reste sur l'écran et dont il est possible à l'enseignant de souligner tel ou tel détail au moyen d'une flèche lumineuse. Pour les débutants et les semi-débutants, le film fixe constitue une courte séquence narrative dont le sens suggère ce que dit le dialogue enregistré. Ainsi, l'élève évite d'avoir recours à la traduction et au mot à mot pour comprendre.

Après la narration dialoguée, le client passe au laboratoire de langues, où il va retrouver soit les phrases qu'il vient d'entendre en présence de l'image, soit des phrases synonymes. C'est l'entraînement audio-oral. L'élève écoute et parle.

L'audio-oral se pratique aussi hors labo, en petits groupes. On va doucement, par la pratique orale, vers la conversation dirigée, puis libre. La cage s'ouvre progressivement. L'écrit vient après...

Dans huit cas sur dix, les clients de l'anglais rapide viennent apprendre l'américain, langue en laquelle on pense gagner les salaires les plus élevés du monde. Comme le latin des médecins de Molière, l'américain teinte le discours des puissants.

Quant à la secrétaire devenue «bilingue» après un apprentissage en miettes qui lui aura coûté le quart de son salaire pendant deux ans, dans quatre cas sur cinq elle continuera à dactylographier de la correspondance machinale.

A la vérité, ce que satisfait l'anglais rapide, c'est le besoin de gri-gri. On cherche un talisman qui protège de la médiocrité. L'acharnement du cadre moyen à posséder l'anglais «technique» est aussi pathétique que celui du fils d'ouvrier migrant qui oublie sa langue maternelle pour s'installer dans celle de son ambition économique. Le bain de langue? De nombreux Européens ont passé des années parmi des populations colonisées dont ils ont délibérément ignoré les langues, excepté à l'impératif. De même, un contremaître de chantier, immergé bien mieux que dans n'importe quelle école parmi des Arabes et des Portugais, n'ira pas apprendre ces langues de pauvres; ce sont les autres qui apprennent le français, car la feuille de paie est rédigée dans cette langue. Tout en haut dans la hiérarchie des impérialismes linguistiques, on trouve l'américain. C'est pour le conquérir que la plupart s'élancent vers l'anglais rapide.

L'anglais rapide est plus rassurant que l'anglais des lycées. Il se proclame aisé. C'est une supercherie douce. Même à l'âge optimal (la petite enfance) et dans des conditions optimales (séjour), aucun débutant absolu n'apprendra l'essentiel d'une langue en douze jours, treize heures et quatorze minutes. Il y faudra au moins une dizaine de semaines et un besoin puissant de signification à autrui. Ainsi, le fils de migrant va devenir indiscernable de ses camarades dans une école ou dans un atelier où on ne lui enseigne pas à parler la langue; il l'apprend.

Il existe des professeurs d'anglais, rapide ou pas, qui réussissent, en enseignant, à ne pas paralyser complètement l'apprentissage. Mais sur le fond, à l'heure actuelle, personne ne peut dire comment enseigner à coup sûr l'anglais le plus rapidement possible. Ni les progrès de la pédagogie, ni ceux de la psycho-linguistique n'autorisent à promettre la lune, comme on le fait dans bien des prospectus. On est revenu de ces mirifiques illusions de rentabilité didactique qui flambèrent si largement dans les années 50. Elles permettent, aujourd'hui, bien des escroqueries à l'espoir.

Jean Guenot, *Monde de l'Education*

Titre: La ruée: à la fin du siècle dernier, en Californie, c'était la ruée vers l'or; à l'heure actuelle on parle de la ruée vers l'anglais

l. 82 Gri-gri: amulette ou mascotte qui protège du malheur

Deuxième lecture

Avant d'éplucher le texte et de chercher tous les mots dont vous ne connaissez pas le sens, vérifiez en particulier les termes ci-dessous.

Vocabulaire à retenir

un écran
dactylographier
la langue maternelle
une bande (magnétique)
le laboratoire – le labo
(voir Section IV, Exercice 7)
bilingue, le bilinguisme
enregistrer, un enregistrement
un atelier
la feuille de paie
la rentabilité, rentable

Compréhension du texte

1. Expliquez à quoi sert l'entraînement audio-oral.
2. Pourquoi évite-t-on d'avoir recours à la traduction?
3. De quel équipement a-t-on besoin pour faire de l'audio-visuel?
4. Qu'est-ce qui, au fond, pousse les gens à entreprendre des études d'anglais rapide?
5. Dans la plupart des cas, la secrétaire devenue bilingue décrochera-t-elle un emploi qui lui permettra de pratiquer son anglais? Que lui arrivera-t-il?
6. Pourquoi les colons européens n'apprenaient-ils les langues des indigènes qu'à l'impératif?
7. Quelle place occupe l'américain dans la hiérarchie des impérialismes linguistiques et pourquoi?
8. Que signifie «un besoin puissant de signification à autrui»? (l. 117)
9. Pourquoi le fils du migrant peut-il aisément apprendre le français, sans qu'on le lui enseigne?

Exercices lexicaux

Le jeu des contraires

Retrouvez, dans le texte, le contraire de chacun de ces mots:

monolingue
patrons
en effet
bon marché
un élève
les salaires les plus bas
la conversation dirigée
langue étrangère
émerger
ardu
échouer
l'enseignement

Emploi du dictionnaire

Voici des mots qui décrivent différentes sortes d'établissements scolaires, cherchez-en les sens:

un cours (privé)
un internat
un externat
un LEP (Lycée d'enseignement professionnel)
un CES

un collège
une boîte (argot scolaire)
un lycée (technique, préparatoire, etc.)
un établissement (confessionnel)
un institut
un pensionnat
un bahut (argot scolaire)

Expansion du vocabulaire

Voici des adjectifs qui peuvent qualifier l'école; cherchez-en le sens.

buissonnière	maternelle	primaire
chrétienne	militaire	privée
communale	mixte	publique
hôtelière	normale	rurale
laïque	pilote	secondaire
libre	préparatoire	supérieure

L'adjectif *anglais* dans certaines collocations

Cherchez le sens des termes suivants et, par petits groupes, expliquez de quoi il s'agit:

une assiette anglaise	une épingle anglaise
la broderie anglaise	la semaine anglaise
une clef anglaise	une crème anglaise
un cor anglais	filer à l'anglaise

Entraînement grammatical

Le passif

Phrase active: On n'accepte pas les chèques.
Phrase passive: Les chèques ne sont pas acceptés.
Phrase active: Le gendarme a arrêté la voleuse.
Phrase passive: La voleuse a été arrêtée par le gendarme.

Exercice

Dans le fait-divers qui suit, mettez les verbes entre parenthèses au passé composé (soit au passif, soit à l'actif):

Deux voleurs appréhendés dans une bijouterie

Deux cambrioleurs (surprendre) par le gardien de la bijouterie «Joyaux pour tous». Le gardien (réveiller) par des bruits insolites. Il (téléphoner) à la gendarmerie, et quelques minutes plus tard deux agents des forces de l'ordre (se rendre) sur les lieux. Un des malfaiteurs (appréhender) tout de suite, mais l'autre (tirer) sur le gardien qui (blesser*) légèrement. Il (transporter) d'urgence à la clinique «Bon Repos», où il (hospitaliser) pendant plusieurs jours.

* Attention à la place de l'adverbe.

Autres manières d'exprimer le passif

Emploi de *on*

Transformez ces phrases en employant *on*:

EXEMPLE:

De nouvelles mesures ont été préconisées pour mieux connaître l'état de santé des Français.

On a préconisé de nouvelles mesures pour mieux connaître l'état de santé des Français.

1. Des mesures efficaces auraient été prises pour enrayer l'épidémie.
2. . . . le pas – hélas – a été vite franchi.
3. Cette affaire avait été portée devant les tribunaux.

Attention!

EXEMPLE:

Ce film vaut la peine d'être vu.
Ce film vaut la peine qu'on le voie.

4. Cette proposition de loi mérite d'être considérée avec plus de sérénité.
5. Il lui a fallu être opérée d'urgence.
6. Je sais que la circulation a dû être déviée.

Et maintenant racontez le fait-divers (à la page 94) sans employer le passif.

Les verbes pronominaux

EXEMPLE:

A la maison, les grillades *se* font dans la cuisinière, en plein air elles *se* font sur le barbecue, au charbon de bois. L'assaisonnement *se* met avant la cuisson.

Répondez aux questions suivantes en employant les verbes entre parenthèses:

1. Alors te voici en plein déménagement, comment vas-tu faire pour transporter cette armoire? (se démonter, se dévisser)
2. Est-ce que ce coffre est difficile à ouvrir? (s'ouvrir tout seul)
3. Est-ce que le russe est une langue facile à apprendre? (s'apprendre vite)
4. Je vais chez le teinturier, tu crois que je dois faire nettoyer ce pantalon? (se laver, se repasser humide)
5. Est-ce qu'il est bon mon civet de lapin? (se laisser manger)

Exploitation

Travail oral

Si vous avez essayé d'apprendre une langue étrangère (à part le français), expliquez aux autres comment vous avez procédé. Les mots suivants vous seront peut-être utiles:

un cours d'été
les cours de rattrapage
un stage intensif
EAO (l'enseignement assisté par ordinateur)
un faux débutant
l'auto-instruction (f.)
la phonétique

les cours du soir
l'univers télématique/télévisuel
l'immersion linguistique (f.) (un bain de langue)
un laboratoire de langues
le magnétoscope, le magnétophone
une méthode audio-visuelle/traditionnelle
les besoins de l'apprenant/e

l'approche fonctionnelle, sémantique
une approche communicative/contrastive
l'apprentissage scolaire/en milieu naturel

corriger les erreurs de grammaire/de prononciation
parler couramment
se débrouiller en français
l'analyse d'erreurs

Maintenant réfléchissez à la façon dont vous avez appris et dont vous apprenez le français – qu'en pensez-vous?

Lecture

Commencez par lire ce texte, avant de faire les exercices ci-dessous.

La plupart des écoles ont recours à des enseignants anglophones déjà formés à l'audio-visuel et sachant se servir d'un laboratoire de langues. Le protectionnisme rigide de la législation française, qui pèse sur tout ce qui touche au marché du travail intellectuel, interdit, dans la pratique, d'offrir aux ressortissants étrangers les mêmes garanties d'emploi qu'aux Français.

Quel est l'enseignant qui plaît aux écoles privées? Pour en avoir une idée, nous avons adressé à cinquante d'entre elles les lettres de candidature de quatre professeurs d'anglais qui n'existaient pas et que nous avions conçus à des fins expérimentales: Alan Howell, de Cambridge, trente ans, lycée français de Londres, thèse sur les thèmes sociaux dans l'œuvre de Maxime Du Camp, pas formé à l'audio-visuel mais très disposé à bien faire, en dépit de la distinction de son curriculum; Penelope Lancaster, du centre gris de l'Angleterre, petite université, idées plates, études linguistiques, secrétariat, de l'expérience dans l'enseignement et du dévouement à revendre; Gary Shane, trente-trois ans, natif du Michigan, diplomé de l'Université Ann Arbor, animateur d'un groupe de professeurs de langues du Michigan, marié au Michigan, un enfant; et Cynthia Flaherty, trente-deux ans, Californienne, guitare, hôtesse d'une compagnie américaine à Malaga, cinq ans à Ankara dans les Peace Corps (assistance au tiers-monde) avec son mari, divorcée, voyageuse depuis, curieuse et décidée.

Sur vingt réponses adressées à Gary Shane, seize ne sont pas des refus. Pour Alan Howell (Cambridge, Maxime Du Camp), huit des seize réponses qu'il reçoit lui proposent une entrevue. Penelope Lancaster (rassurante, anglaise, rodée) reçoit neuf encouragements sur quatorze réponses. Quant à Cynthia Flaherty, elle met treize jours à recevoir douze lettres dont quatre seulement ne sont pas des refus catégoriques.

La candidature qui recueille le plus de succès est celle de Gary Shane. Nous lui avions dessiné un profil rassurant mais terne; les employeurs préfèrent la stabilité sans éclat. En seconde position, Penelope, l'Anglaise rodée et pourvue d'une absence de fantaisie remarquable.

Sept écoles (sur trente-sept recensées en 1974) exigeaient un stage de formation obligatoire, souvent payant, avant d'envisager l'embauche. L'enseignement de l'anglais rapide s'apprend.

l. 20 Maxime Du Camp: écrivain français du XIXe siècle, auteur de *Souvenirs littéraires*

Jeu de rôle

(a) En travaillant par petits groupes, imaginez une interview d'embauche pour le poste de professeur d'anglais dans une école de langues. Le directeur/la directrice de l'école posera des questions sur la formation et l'expérience du candidat/de la candidate, qui parlera des qualités qui sont nécessaires au prof. d'anglais. (Choisissez le rôle d'Alan, Penelope, Gary ou Cynthia.)

(b) Rédigez l'annonce dont il est question dans l'extrait ci-dessous.

Je suis anglaise et j'enseignais l'anglais dans une entreprise parisienne lorsqu'on me demanda au pied levé d'embaucher un autre professeur. Recrutée un an auparavant par une annonce du *Monde*, je rédigeai à mon tour une petite annonce où il me fallut tenir compte des exigences de mes supérieurs. Mon chef de service veut une femme, et mon directeur préfère une Britannique, pour laquelle on n'a pas besoin de permis de travail. Pour le reste, j'ai carte blanche.

(d) Le directeur de l'école est absent. A sa place, vous avez interviewé deux candidates. Faites un rapport écrit sur le déroulement des entretiens de sélection, en expliquant *laquelle des deux candidates vous avez choisie pour le poste ci-dessus (200 mots)*.

(e) En modifiant un peu le texte, «La Ruée vers l'anglais», on dira: «A l'heure actuelle, personne ne peut dire à coup sûr comment enseigner une langue étrangère.» Rédigez votre réponse en 250 mots en vous référant à votre expérience personnelle. Si vous vous intéressez à la linguistique, ou bien si vous avez fait des études de linguistique appliquée, vous pouvez également utiliser vos connaissances pour répondre.

Unité 5
Au cœur de la France

Texte préliminaire

A la place des mots-clés, voici un texte préparatoire dont la lecture vous aidera à comprendre le texte principal. Lisez rapidement ce texte et notez les sens des mots en italique.

VEZELAY et sa basilique

Le site de Vézelay, *la basilique* Ste-Madeleine, la ville avec sa verdure, ses vieilles maisons et ses remparts constituent un des hauts lieux de Bourgogne et de France.

■ **BASILIQUE STE-MADELEINE ★★★**

(Durée de la visite: 1 h. plus ½h. pour la montée à la tour. Spectacle «Son et Lumière», prévu tous les soirs, de la Pentecôte au 30 septembre. Entrée 15F)

L'extérieur: *Façade*
Elle a été rebâtie par Viollet-le-Duc d'après des documents anciens.

Reconstruite vers 1150 dans *un pur style roman*, elle avait été dotée au 13e siècle d'un vaste *fronton gothique* comportant cinq baies étroites aux meneaux ornés de statues, refaites elles aussi au 19e siècle.

Trois *portails* ouvrent sur *le narthex*: le tympan du portail central extérieur a été refait en 1856 par Viollet-le-Duc qui s'inspira pour cette reconstitution du tympan primitif très mutilé.

(D'après photo Arch. T.C.F.)
Vézelay. — Intérieur de la basilique.

Promenades. De la place du Champ-de-Foire, en bas de la ville, suivre la promenade des Fossés aménagée sur les anciens remparts qui ceinturaient la ville au Moyen Age et que jalonnaient sept tours rondes. De la place du Champ-de-Foire à la basilique Ste-Madeleine, la montée s'effectue par des rues étroites et tortueuses, dans le cadre pittoresque du vieux *bourg* qui a conservé plusieurs demeures anciennes.

Le Guide vert: Bourgogne/Morvan

Texte principal

Recherches préliminaires

(a) Avant de lire le texte, renseignez-vous sur certains noms propres (en consultant un ouvrage de référence).

Viollet-le-Duc	Théodore de Bèze
Beaubourg	Restif de la Bretonne
Louis Aragon	Romain Rolland

(b) Sur une carte de France, situez les départements de la Nièvre, et de l'Yonne, ainsi que la nouvelle région (et l'ancienne province) de la Bourgogne. Essayez de trouver Vézelay.

(c) Vérifiez les dates des présidences du Général de Gaulle, de G. Pompidou et de V. Giscard d'Estaing. Cherchez des renseignements sur ces hommes politiques et leurs partis.

(d) Informez-vous sur la carrière de François Mitterrand et sur la campagne de 1981. (Quels étaient les principaux enjeux? A quand remontait le dernier gouvernement de gauche en France?)

Première lecture

Maintenant faites une première lecture rapide du texte principal. A la fin de cette lecture, regardez les notes ci-dessous qui décrivent les divers éléments de cette interview avec François Mitterrand : remettez-les dans l'ordre du texte.

NOTES:

l'intérieur de la basilique – les relations entre F. Mitterrand et l'église – l'harmonie architecturale – introduction générale au lien qui unit F. Mitterrand à Vézelay – l'extérieur de la basilique – extrait de l'œuvre de F. Mitterrand – le bourg et son panorama – introduction à l'interview proprement dite

Au cœur de la France

Ce qui attire François Mitterrand à Vézelay, c'est, beaucoup plus que l'histoire ou le détail d'une sculpture, l'harmonie exceptionnelle entre la pierre, la lumière, les arbres, et la majesté du paysage de Bourgogne que l'on découvre depuis le chevet de la basilique.

«Voici trente ans que je suis (à ma manière) un pèlerin de Vézelay», a-t-il écrit dans *La Paille et le grain.* «Ce que j'y cherche n'est pas précisément de la prière bien que tout soit offrande dans l'accord du monde et des hommes. Je pourrais tracer de mémoire un cercle réunissant tous les points d'où, du plus loin possible, on aperçoit la Madeleine. Longtemps avant qu'un panneau l'indiquât, entre Voutenay et Sermizelles, je ralentissais juste à l'endroit de la nationale 6 qui découvre la basilique par un angle de vue aussitôt refermé. En descendant par Pontaubert, je la saluais, comme tout le monde, plantée au bord de sa colline. Du côté de Vauban, j'ai regardé le soleil couchant grandir son ombre vers les fonds. Par-dessus Saint-Aubain-des-Chaumes, j'ai franchi la ligne de crête des derniers vaux d'Yonne pour dessiner (mais de quelle main maladroite!) son portrait.»

La lecture de cette page m'avait donné envie de visiter Vézelay avec François Mitterrand. Ce samedi de juillet, après sa tournée hebdomadaire de député de la Nièvre, je l'ai donc retrouvé au pied de la colline sacrée.

Depuis une heure que je le suis, dans un de ces périples où il adore épuiser les journalistes et autres importuns, la question du mysticisme de François Mitterrand me brûle les lèvres. Trois fois déjà nous avons fait le tour de la basilique romane de la Madeleine, d'abord par le parvis et la terrasse, ensuite par les ruelles escarpées du bourg, enfin par le sentier qui s'enroule autour de la «colline inspirée». Nous n'avons parlé ni de Dieu, ni de la mort à laquelle François Mitterrand pense souvent.

Il révèle volontiers qu'il a été impressionné par la forte personnalité de Jean-Paul II, qu'il a rencontré en juin à l'Elysée, où il avait été invité par Valéry Giscard d'Estaing. Mais dès que je fais allusion au message de rigueur et d'effort du pape polonais, il se raidit: «L'effort, c'est très bien, à condition qu'on ne le demande pas toujours aux mêmes. Trop longtemps, l'Eglise a été du côté des puissants pour prêcher aux pauvres la résignation.»

Malgré tout, c'est toujours dans les églises – à Vézelay, à Saint-Benoît-sur-Loire, à la cathédrale de Bourges ou à celle de Clermont-Ferrand – que l'ancien élève du collège Saint-Paul de Cognac retrouve le mieux ce qu'il appelle «l'âme de la France». Je ne serai donc pas étonnée, quelques mois plus tard, de le voir choisir, pour sa campagne électorale, des affiches qui le représentent devant une église. Je le verrais assez bien, d'ailleurs, en vicaire de campagne, ou en père abbé. Je lui fais part de cette réflexion.

«Pourquoi pas?» réplique-t-il, amusé. «J'aurais été un très bon moine. Je serais sans doute devenu cardinal.» …

Après ce parcours de pèlerins, nous entrons enfin à l'intérieur de la basilique. Dans la lumière dorée de fin d'après-midi, les dix arcs à claveaux noirs et blancs de l'immense nef de 62 mètres de long semblent vibrer musicalement. François Mitterrand fait quelques pas, puis s'arrête, pour contempler la perspective, devant le portail central qui sépare le narthex de la nef.

«C'est beau, hein? Et magnifiquement restauré. Je trouve que l'on a été très injuste avec Viollet-le-Duc. C'est lui qui, tout jeune encore, à 26 ans, a presque rebâti la Madeleine et lui a redonné sa blancheur originelle. Pillée au moment de la Révolution, la basilique avait été complètement délaissée depuis.» …

Est-ce un Dieu que François Mitterrand cherche ici ou plutôt le secret de l'harmonie, ce mystérieux «nombre d'or», ligne d'un toit ou cintre d'un arc qui le fait, confie-t-il, «trembler de bonheur» lorsqu'il le rencontre? S'il n'avait pas été avocat … il aurait aimé, rêve-t-il à voix haute, être architecte. Trouver le secret des correspondances entre une construction de pierre et l'âme des hommes. Dessiner des voûtes qui donnent la sérénité … Des maisons où l'on trouve le silence et le recueillement. Sa préférence va aux églises romanes, parce qu'elles ont peu de vitraux. «A cette époque,» observe-t-il, «la technique ne permettait pas encore de pratiquer de grandes ouvertures dans les murs sans risque d'effondrement. Au fur et à mesure que l'architecture évolue, le verre gagne du terrain. Le stade ultime de cette évolution, c'est Beaubourg. On y gagne en ouverture, en clarté, mais l'on y perd en vie intérieure.»

Nous nous tournons vers le nord. Là, s'étend la basse Bourgogne, avec ses pâturages riants, piquetés de bœufs blancs le long des rivières, ses peupleraies et ses vignobles célèbres de Chablis. Terre paisible, qui a donné Théodore de Bèze, Restif de La Bretonne, Romain Rolland …

Avant de prendre le chemin de ronde qui nous mènera de la «porte neuve» jusqu'à l'emplacement où saint Bernard prêcha la seconde croisade, il s'attarde encore un peu. «C'est ici, murmure-t-il, que j'ai vraiment le sentiment d'être au cœur de la France. Ce paysage n'est pas grandiose comme celui des Baux-de-Provence. Mais il n'est pas mièvre non plus. Il est noble.»

François Mitterrand tourne les talons et reprend sa marche en répétant le vers d'Aragon: «Vézelay, Vézelay, Vézelay, Vézelay». «N'est-ce pas,» lance-t-il, «le plus bel alexandrin de la langue française?»

Christine Clerc, *Le Bonheur d'être français*

Deuxième lecture

Vocabulaire à retenir

un pèlerin	la nef
la (route) nationale	piller
une tournée	la voûte
un député, une députée	le vitrail/les vitraux
une campagne électorale	l'effondrement (m.)
une affiche	une croisade
un parcours	un alexandrin

Compréhension du texte

(a) Trouvez six adjectifs pour décrire:
  1. l'atmosphère de la basilique (l. 78–119)
  2. le paysage (l. 128–137)

(b) Pourquoi François Mitterrand aurait-il été tenté par l'architecture, s'il n'avait pas embrassé une carrière politique?

(c) Comment l'autrice établit-elle le rapport entre l'homme et l'homme politique?

(d) «On est obligé de s'interroger autant sur la personnalité que sur le programme des candidats» : quel est le portrait de F. Mitterrand qui ressort de ce passage?

(e) Quels vous semblent être les mobiles de Christine Clerc en interviewant François Mitterrand de cette manière? Que pensez-vous de ce genre d'interview?

Exercices lexicaux

Emploi du dictionnaire

1. Mots à plusieurs sens: Cherchez les emplois courants des mots suivants: une âme, une campagne, un chevet, une tournée.
2. Quelle est la différence (de sens ou de connotation) entre les mots suivants:
   une vitre, une vitrine, un vitrail, un vitrage, une verrière
   un abbé, un curé, un moine, un prêtre, un vicaire.
3. Classez par ordre d'importance:
   une métropole, un hameau, une ville, un bourg, une bourgade
   un département, un canton, une commune, une région, un arrondissement
   une église, une cathédrale, une basilique, une chapelle, un oratoire.

Registre des mots

Donnez l'équivalent en français courant des mots suivants: *un patelin, un trou, un bled, la cambrousse.*

Exercice d'application

Maintenant, en vous appuyant sur le travail de dictionnaire que vous venez de faire, complétez les phrases suivantes:

1. C'est la fermeture annuelle du magasin, mais tu peux faire du lèche-……………
2. Pas d'eau, pas un brin d'herbe – il ne peut pas y avoir …………… qui vive dans ce désert.
3. C'est ta ……………? Alors, trois bières, un cognac, un kir, quatre Pernod et deux paquets de cigarettes.
4. Oui, Monsieur le ……………, nous pouvons nous féliciter cette année de la réussite des œuvres paroissiales.
5. Si j'ai lu *Le Deuxième Sexe*? C'est mon livre de ……………!
6. Chacune des nouvelles régions, décrétées par le gouvernement de Giscard d'Estaing, regroupe plusieurs ……………
7. Leur résidence secondaire se trouve en pleine ……………
8. La compagnie Barrault-Renault est …………… en province, et ce soir elle passe à Aix.
9. La …………… de Chartres est célèbre pour ses ……………
10. La Bourgogne est une …………… viticole.
11. Ils se sont mariés à la mairie du 3e ……………
12. Vézelay, chef-lieu du …………… de l'Yonne, est une petite …………… de 513 ……………

Entraînement grammatical

Rappel

Passé simple et passé composé

Le passé simple s'emploie à l'écrit, dans les registres soutenus ou littéraires, à la place du passé composé. Il ne s'emploie pas dans la conversation. Dans les journaux, on trouve tantôt le passé simple, tantôt le passé composé (bien que ce dernier soit plus fréquent). Ces deux temps du passé se trouvent quelquefois à l'intérieur du même texte pour plusieurs raisons:

Le passé composé est employé dans une narration au passé simple pour indiquer un lien avec le présent.

L'un ou l'autre est employé pour des raisons stylistiques (par exemple le passé simple pour donner un ton plus soutenu, ou plus «historique»).

Le passé simple est employé davantage à certaines personnes du verbe qu'à d'autres, notamment à la troisième personne.

Certains verbes se prêtent plus que d'autres au passé simple (on n'entendra pas, par exemple, des verbes «familiers» ou «argotiques» au passé simple).

Exercice 1

Dans les textes que vous avez lus jusqu'à présent dans cette section le passé simple a été employé à plusieurs reprises. Essayez d'en donner les raisons (soit grammaticales, soit stylistiques):

«Touche pas à mon pote.», p. 65
Le risque social de l'atome, p. 82
La ruée vers l'anglais, p. 91

Exercice 2

Lisez silencieusement ce début de roman, ensuite relisez-le à haute voix en remplaçant les verbes soulignés (au passé simple) par le passé composé.

> Anton Voyl n'arrivait pas à dormir. Il alluma. Son Jaz marquait minuit vingt. Il poussa un profond soupir, s'assit dans son lit, s'appuyant sur son polochon. Il prit un roman, il l'ouvrit, il lut; mais il n'y saisissait qu'un imbroglio confus, il butait à tout instant sur un mot dont il ignorait la signification.
>
> Il abandonna son roman sur son lit. Il alla à son lavabo; il mouilla un gant qu'il passa sur son front, sur son cou.

Cet extrait est tiré d'un roman, *La Disparition* (1969) de G. Perec, dans lequel l'auteur a évité d'employer une seule fois une certaine voyelle: laquelle?

Essayer de continuer l'histoire, en ajoutant deux phrases à l'extrait ci-dessus, sans employer cette voyelle. (Si vous y arrivez en employant le passé simple, bravo! Si vous réussissez à employer le passé composé, c'est génial . . .!)

Exploitation

Travail en commun

Une des affiches électorales de François Mitterrand le représentait devant une église. Inventez un slogan qui pourrait illustrer cette image.

Discours politique

Lisez cet extrait d'une conférence de presse du Général de Gaulle de janvier 1964.

> Tout d'abord, parce que la France est ce qu'elle est, il ne faut pas que Le président soit élu simultanément avec les députés, ce qui mêlerait sa désignation à la lutte directe des partis, altérerait le caractère et abrégerait la durée de sa fonction de chef de l'Etat. D'autre part, il est normal chez nous que Le président de la République et le Premier ministre ne soient pas un seul et même homme. Certes, on ne saurait accepter qu'une dyarchie existât au sommet. Mais, justement, il n'en est rien. En effet, c'est Le président qui, suivant notre constitution, choisit le Premier ministre, qui le nomme ainsi que les autres membres

du Gouvernement, qui a la faculté de le changer, soit parce que se trouve accomplie la tâche qu'il lui destinait et qu'il veuille s'en faire une réserve en vue d'une phase ultérieure, soit parce qu'il ne l'approuverait plus; Le président, qui arrête les décisions prises dans les Conseils, promulgue les lois, négocie et signe les traités, décrète, ou non, les mesures qui lui sont proposées, est le chef des Armées, nomme aux emplois publics; Le président, qui, en cas de péril, doit prendre sur lui de faire tout ce qu'il faut; Le président est évidemment seul à détenir et à déléguer l'autorité de l'Etat.

(a) Résumez, oralement et en vos propres termes, les arguments du discours. Faites cinq phrases qui commencent par les expressions suivantes:
Tout d'abord; d'autre part; certes; mais, justement; en effet.

(b) Pour finir, essayez si possible de résumer l'essentiel de ce discours *en deux slogans*.

Croquis: Les va-et-vient

En commençant par le vocabulaire fourni ci-dessous, cherchez d'autres expressions du même genre. Imaginez que vous rattrapiez quelqu'un avec qui vous voulez vous entretenir de quelque chose et que vous continuiez à marcher avec cette personne. En six lignes écrites, décrivez la conversation, sa façon de répondre et le chemin que vous suivez tous les deux.

Façons de marcher: nous avons fait le tour de; il fait quelques pas, puis s'arrête; il reprend sa marche; il tourne sur les talons; nous nous tournons vers le nord.

Façons de parler: confie-t-elle; lance-t-il; réplique-t-elle; rêve-t-il à haute voix; me rappelle-t-elle; observe-t-il.

Travail écrit I

Après avoir relu l'extrait du *Guide vert* et les descriptions de Vézelay dans le texte principal, esquissez le portrait d'une région que vous connaissez. Décrivez en quelques phrases ce qui caractérise son paysage, en faisant également référence à ses villes ou monuments, comme pour une brochure touristique (100 mots).

Travail écrit II

Pour un journal français, vous êtes censé interviewer un important personnage de la vie politique de votre pays. Vous l'accompagnez dans son endroit préféré et vous parlez de choses et d'autres (style *Le Monde*, 100 mots).

Unité 6
Les défis sociaux de l'informatique

Introduction

Les auteurs de ce texte soulignent les conséquences sociales de l'informatisation. Ils préconisent une politique sociale en matière d'informatique.

Les défis sociaux de l'informatique

Micro-ordinateurs, robots, machines-outils à commande numérique, machines à écrire à mémoire, systèmes de transfert électronique de fonds, toutes ces innovations sont autant de facettes d'un même phénomène: l'informatisation de la société française.

Tour à tour présentée comme l'hydre de Lerne ou la panacée, cette informatisation ne laisse personne indifférent. Pour les uns, cette «nouvelle révolution industrielle» constitue le meilleur atout des entreprises françaises: par les gains de productivité qu'elle permet de réaliser (supérieurs à 50% pour de nombreuses applications), l'informatisation est le plus sûr garant d'une amélioration de la position concurrentielle de notre économie. Pour les autres, ces avantages masquent malheureusement de graves inconvénients: suppressions d'emplois, dépersonnalisation du travail, contrôle accru sur les travailleurs; le passif du «bilan social» de l'informatique paraît bien lourd. Face à cette apparente cacophonie, L'Etat a d'abord paru hésiter. Puis il s'est résolument engagé dans la «voie industrielle»: par souci d'indépendance et de compétitivité. L'économie française doit s'informatiser. Et cela, peu ou prou, quel qu'en soit le coût social.

L'informatisation n'est pas seulement un problème de politique industrielle. Qu'il s'agisse des problèmes de conditions de travail ou d'emploi, elle constitue aujourd'hui le cœur d'une nouvelle «donne sociale».

En matière de conditions de travail, il ne faut pas oublier que les travaux physiquement pénibles concernent encore aujourd'hui en France plus de deux millions de salariés. Pour tous ces hommes (et aussi, souvent, ces femmes), l'informatisation peut être synonyme de progrès. Moins de bruit, moins de chaleur, moins de fatigue physique, la machine peut prendre une partie de ces nuisances à sa charge. Mais l'amélioration des conditions de travail ne profite pas qu'aux salariés. Si l'on considère que les accidents du travail ont coûté 24 milliards de francs en 1980, l'informatisation trouve ici, au niveau strictement économique, une justification immédiate.

En matière d'emploi, les chiffres aussi parlent d'eux-mêmes. Poser le problème en termes de «machines dévoreuses d'hommes» ne sert à rien. L'informatisation supprime certes des emplois, mais elle en crée aussi: les deux cent mille informaticiens français sont là pour en témoigner. Le problème n'est pas ici de dresser un bilan, les unités de compte n'étant pas comparables. Mais qu'il s'agisse de créations ou de suppressions d'emplois, dans un cas comme dans l'autre, un besoin de formation se fait impérieusement sentir.

On peut raisonnablement estimer à neuf cent mille environ le nombre de personnes que le système de formation aura à «recycler» à l'horizon 85 du fait de l'informatisation croissante de l'économie française.

Aussi paradoxal que cela puisse paraître, ces noirs constats ont quelque chose de rassurant. Jamais, en effet, les intérêts des salariés et du patronat n'ont paru aussi proches. Pour peu que celle-ci se fasse à un moindre coût économique et social, l'informatisation apparaît comme un élément essentiel de toute stratégie globale de sortie de crise. Améliorer simultanément la productivité et la qualité de la vie au travail, voilà le véritable enjeu de l'informatisation.

Pour mieux définir le niveau auquel doit intervenir la politique sociale, une analogie nous paraît particulièrement éclairante. Face au risque que présente l'absence de ceinture de sécurité pour les automobilistes, deux attitudes sont possibles. La première consiste à infliger une amende aux automobilistes négligeants. Les Français, les Allemands et les Italiens ont choisi cette solution. Mais combien plus efficace est la solution suédoise: un dispositif électrique rend impossible le démarrage de la voiture tant que la ceinture n'est pas bouclée. En intervenant *en amont* au moment de la conception même du produit, le constructeur rend inutile le jeu du chat et de la souris qui oppose les automobilistes aux agents de la force publique. En matière d'informatisation, le problème est le même. En ne contrôlant pas la réalisation des produits informatiques, on se condamne à intervenir *en aval*; on se condamne à verbaliser. Or, ni les médecins du travail, ni les comités d'entreprise n'ont à jouer le rôle d'«agent de la circulation informatique». Dès lors, plutôt que de réglementer la durée du travail sur des postes ergonomiquement insatisfaisants, ne vaudrait-il pas mieux œuvrer au développement de terminaux «inoffensifs»? Mais se pose ici le problème de définir la nature de ces produits.

Le problème de l'informatisation n'est pas qu'un problème de machines. Encore faut-il des hommes et des femmes pour utiliser ces machines. Il faut être conscient d'une chose: c'est à l'heure actuelle, au niveau de la formation, que se situe le véritable goulet d'étranglement de toute politique d'informatisation. Il faut, d'une part, former les hommes et les femmes aux nouveaux métiers informatiques: mais il faut aussi, simultanément, former ceux et celles dont les tâches seront supprimées du fait de l'automatisation. Voilà le véritable «défi informatique».

Olivier Pastré et Jean-Patrice Nezih, *Le Monde*

l. 10 Hydre de Lerne: dans la mythologie grecque c'était un serpent monstrueux à sept têtes qui repoussaient à mesure qu'on les coupait

Vocabulaire à retenir

un défi	recycler
informatique (adjectif et nom f.)	un enjeu
un micro-ordinateur	masquer
l'informatisation (f.)	s'informatiser
un atout	une amende
le bilan	verbaliser
les nuisances (f. pl.)	ergonomiquement, l'ergonomie (f.)

Compréhension du texte

1. Dites en quelques mots quels sont les avantages et les inconvénients de l'informatisation?
2. En quoi l'amélioration des conditions de travail due à l'informatisation est-elle doublement bénéfique?
3. Pourquoi estime-t-on que l'informatisation va entraîner un recyclage d'environ 900 000 personnes?
4. Pourquoi, selon les auteurs, la sortie de la crise passe-t-elle par l'informatisation?

5. Résumez l'analogie qui permet de faire mieux comprendre le problème de l'informatisation.
6. Expliquez la phrase «ne vaudrait-il pas mieux œuvrer au développement de terminaux «inoffensifs» ».
7. Pourquoi le véritable goulet d'étranglement de toute politique d'information se situe-t-il au niveau de la formation?

Exploitation

(a) Paraphrasez oralement ces phrases tirées du texte:

1. Cette informatisation ne laisse personne indifférent.
2. Face à cette apparente cacophonie.
3. Et cela, peu ou prou, quel qu'en soit le coût social.
4. La machine peut prendre une partie de ces nuisances à sa charge.
5. L'amélioration des conditions de travail ne profite pas qu'aux salariés.
6. Poser le problème en termes de «machines dévoreuses d'hommes» ne sert à rien.
7. Un besoin de formation se fait impérieusement sentir.
8. Jamais, en effet, les intérêts des salariés et du patronat n'ont paru aussi proches.

(b) Lisez et ensuite discutez en groupe les propos suivants:

L'informatique, parmi d'autres innovations majeures, si elle est introduite intelligemment, dans le contexte d'un projet global de société, pourra transformer la nature du travail, créer des emplois, favoriser la décentralisation et la démocratisation des institutions, donner au commerce, au travail de bureau, à la poste, à la banque, aux entreprises petites et moyennes, des outils efficaces pour se développer. Enfin, et peut-être surtout, elle apportera à la santé des hommes, à leur formation et à leur culture des moyens sans comparaison avec ceux dont ils disposent aujourd'hui pour s'ex-primer, leur permettant de multiplier considérablement leurs moyens d'apprendre et de créer.

F. Mitterrand, *Le Point*

(c) Faites un résumé écrit des arguments principaux du texte.

(d) Quels sont pour vous les avantages et les inconvénients d'une société informatisée? (Rédigez votre réponse en 300 mots.)

Exercices lexicaux

Emploi du dictionnaire: les contraires

Voici des mots dont les contraires figurent dans le texte. Retrouvez le contraire de chacun de ces mots:

Paragraphe 2: les pertes
une aggravation
les inconvénients
les créations d'emplois

Paragraphe 5: créer

Paragraphe 7: inquiétant
éloigné
accessoire (adjectif)

Paragraphe 8: laisser faire
inefficace
en amont
l'arrêt

Formation des mots

(a) Trouvez les verbes correspondant aux noms qui suivent et employez-les dans une phrase.

EXEMPLE:

l'informatisation – informatiser
Les centraux téléphoniques de Paris et de Lyon ont été informatisés.

une amélioration
la suppression
une solution
la conception
l'automatisation
une innovation

(b) Dans le texte, à part *informatiser* et *automatiser*, il y a trois autres verbes qui se terminent en *-iser*; cherchez-les.

Chiffre, numéro, nombre

Remplacez les blancs par le mot qui convient dans ce dialogue entre deux amies:

– Tu sais que j'ai acheté un billet de loterie, j'espère que le .... 13 me portera chance!
– Est-ce-que tu as conservé tes vieux .... de *Elle*?
– Non, mais je peux te prêter le .... spécial de cette semaine, il contient un grand .... de recettes pour le réveillon.
– Merci, je veux bien. Tu as fini tes cadeaux de Noël?
– Oui, j'ai acheté le dernier hier: un calepin pour mon frère qui a une mémoire de lièvre! Il pourra y inscrire son .... de Sécurité sociale, son .... minéralogique, son .... de CCP*, son .... de compte bancaire. Et dire que bon .... de ses amis pensent qu'il a de la mémoire! En tout cas, il n'a pas la mémoire des ....!

* compte chèque postal

Noms et adjectifs ethniques

Les adjectifs ethniques s'écrivent avec une minuscule, par exemple: la langue française, le whisky écossais.
Les noms ethniques prennent une majuscule, par exemple: l'Irlande, les Gallois.
Complétez les tableaux suivants. Dans la première colonne donnez le nom du pays (ou de la province) d'où vient l'adjectif (norvégien – la Norvège) et dans la deuxième colonne, trouvez l'adjectif qui correspond au pays (la Suède – suédois).

algérien	l'Afrique du Nord
australien	l'Allemagne
belge	les Antilles
chinois	le Brésil
finnois	le Canada
flamand	les Etats-Unis
guatémaltèque	la Hongrie
mexicain	le Japon
monégasque	la Nouvelle-Calédonie
néerlandais	la Nouvelle-Zélande
péruvien	la Pologne
provençal	le Québec
russe	le Zaïre

Entraînement grammatical

Le subjonctif

(Voir aussi la page 60.)
Notez bien l'emploi du subjonctif
(a) dans une phrase qui commence par *Que* EXEMPLE: Qu'il s'agisse des problèmes de conditions de travail . . .
(b) après les expressions suivantes:
aussi + adjectif + *que* EXEMPLE: aussi paradoxal que cela puisse paraître . . .
pour + adverbe/adjectif + *que* EXEMPLE: pour peu que celle-ci se fasse à un moindre coût économique et social . . .
quoi/quel/qui etc. EXEMPLE: quel qu'en soit le coût social . . .

Mettez les infinitifs entre parenthèses à la forme qui convient: « Qu'il (falloir) prendre des mesures draconiennes ne fait aucun doute. Quel qu'en (être) le coût, il faut que la société française (s'informatiser). Aussi surprenant que cela (pouvoir) paraître, l'informatisation peut créer plus d'emplois qu'elle n'en supprime. Qui que vous (être), quelle que (être) votre formation, vous pouvez vous recycler dans l'informatique. »

Articles et prépositions devant les noms géographiques

L'article

N'oubliez pas de l'employer devant

les continents:	l'Amérique du Sud, l'Asie
les pays:	le Pérou, la Colombie
les provinces:	la Picardie, le Manitoba
les fleuves:	l'Amazone, la Loire
les montagnes:	les Vosges, le Jura
les océans:	l'Atlantique, le Pacifique
les mers:	la Méditerranée, la Manche
certaines îles:	la Martinique, la Jamaïque, la Corse, l'île Maurice

On emploie l'article défini quand on considère l'entité géographique comme un tout; on ne l'emploie pas quand elle a une fonction adjective.

EXEMPLES:

La France, pays du vin MAIS Vins de France (= vins français)
La Touraine et ses châteaux MAIS Châteaux de Touraine (= châteaux tourangeaux)

Les prépositions

(a) *Les pays*

	en + pays féminin	*au/aux* + pays masculin
J'ai vécu / J'irai	en Chine	au Sénégal
	en Tunisie	au Gabon
	en Italie	au Mexique
	en Egypte	au Brésil
	en Zambie	au Maroc
	en Bolivie	au Congo
	en Thaïlande	au Portugal
	en Russie	au Danemark
	en Australie	aux Pays-Bas
	en Tchécoslovaquie	au Liban

La plupart des pays sont féminins, sauf quelques exceptions importantes (ci-dessus, et la plupart de ceux qui se terminent en *a*: le Venezuela, le Panama, le Nigéria, le Kenya).

Attention aussi: on dit *en* devant les noms de pays masculins qui commencent par une voyelle (en Iran).

(b) *Les provinces*

en + nom au féminin	*dans le* / *en* / *au*	+ nom au masculin

anciennes provinces françaises	en Aquitaine en Picardie en Gascogne	dans le Poitou ou en Poitou dans le Languedoc ou en Languedoc
à l'étranger	en Californie en Wallonie en Flandre en Toscane en Bavière en Andalousie en Sibérie	dans le Massachussetts ou au Massachussetts dans le Yorkshire dans l'Ohio dans le Nouveau-Brunswick dans le Texas ou au Texas

(c) *Les départements*
dans le Var
en Seine-et-Marne (*en* + noms de départements coordonnés par *et*; et certains noms féminins, en Gironde)

(d) *Villes et villages*
à Vézelay, Mantes, Moscou, Varsovie
Exceptions: les noms de ville où l'article est une partie intégrale du nom: au Havre, au Caire, à la Havane. NB On dit: en Avignon, en Arles.

(Nous donnons ci-dessus les règles générales, mais les exceptions sont nombreuses et nous vous conseillons de consulter un ouvrage de référence.)

Exercice

Maintenant complétez les blancs (noms géographiques et autres!):

1. .... Indre-et-Loire, un nouveau projet a été amorcé.
2. Il s'agit d'aménager .... Loire qui est, avec .... Garonne, l'un .... derniers fleuves .... France encore à demi-sauvage.
3. .... Bretagne, vous mangerez .... crêpes, ... gaufres, et vous boirez .... cidre.
4. Mon mari a .... famille .... Etats-Unis: autrefois, ils habitaient .... Massachusetts, maintenant ils sont .... Californie.
5. F. Mitterrand aime qu'on le photographie .... cœur .... France, ... Vézelay .... Bourgogne.
6. Les rochers arides et les oliviers qu'on retrouve dans les tableaux .... Cézanne sont typiques .... Provence.

Unité 7
Cinéma et roman

Une interview avec F. Truffaut (1932–84)

Une pièce tapissée de livres, voilà pour le plan d'ensemble. Travelling ensuite sur les rayonnages des bibliothèques où s'alignent en rangs serrés des collections entières. Gros plan sur les piles d'ouvrages qui recouvrent les tables et le sol. On est dans le bureau de François Truffaut, aux Films du Carrosse. Le cinéaste est amoureux de la littérature. Sa passion ne se révèle pas seulement par cette abondance de papier imprimé, mais surtout à travers ses 22 films.

Franck Maubert D'où vient votre passion pour la littérature et les livres?

François Truffaut C'est familial. Ma grand-mère maternelle, qui m'a élevé dans ma petite enfance, aimait beaucoup les livres. Elle était littéraire, c'est elle qui a commencé par me lire des livres et qui m'a appris à lire. J'étais trop malade pour aller à la maternelle. Ensuite, j'ai vécu avec ma mère qui ne supportait pas le bruit et qui me demandait de rester sans bouger, sans parler, des heures et des heures. Donc, je lisais, c'était la seule occupation que je pouvais adopter sans l'agacer.

F.M. Vous avez tourné des films comme *L'enfant sauvage, Histoire d'Adèle H,* et *Le dernier métro*, qui demandent une grande documentation. N'y a-t-il pas avant tout un aspect purement utilitaire à vos lectures?

F.T. A partir du moment où j'ai fait des films, ça a été plus difficile de lire des romans. Alors que mes premiers films, comme *Tirez sur le pianiste* ou *Jules et Jim*, sont inspirés de romans qui m'avaient enthousiasmé, même avant que je ne fasse du cinéma. Maintenant, à cinquante ans, je subis une loi qui se vérifie: en avançant dans la vie, on se détache beaucoup du roman pour se rapprocher du réel, à travers les documents, les biographies. Dans mes films aussi, je suis passé de la fiction pure au réel reconstitué. Par exemple, avec *L'enfant sauvage*. Cinq ou dix ans avant, cette histoire vraie ne m'aurait pas passionné, non plus que *L'Histoire d'Adèle* H. Il y a, bien sûr, un aspect utilitaire à mes lectures. Pour le tournage de *L'enfant sauvage*, mes lectures étaient ardues. J'ai dû lire le *Traité des sensations*, de Condillac. Pour *Le dernier métro*, ce fut passionnant, l'Occupation étant une période que j'aime particulièrement. J'ai lu une centaine de livres sur la collaboration, des souvenirs d'acteurs. Depuis, je me suis définitivement attaché aux biographies d'acteurs. C'est un genre très critiqué, peu de livres sont bons car ils sont souvent écrits dans les conditions déplorables. Mais on découvre toujours quelque chose dans chaque vie.

F.M. Vous lisez peu de romans mais y a-t-il des auteurs que vous aimez relire?

F.T. J'ai eu une passion pour les deux livres d'Henri-Pierre Roché, *Jules et Jim* et *Les deux Anglaises et le continent*. Je les lisais chaque année sans avoir l'idée d'en faire un film, seulement pour mon plaisir. A force de les lire, je me suis dit que je devais les tourner. *Les 400 coups*, mon premier film sur ma jeunesse, était conçu comme un premier roman. Mais maintenant, si j'écrivais, mon style ne serait pas très pur; je penserais toujours au cinéma. Qu'on écrive un roman ou un scénario, on organise des rencontres, on vit avec des personnages; c'est le même plaisir, le même travail, on intensifie la vie. Mon ambition, quand je fais un film, c'est qu'il ressemble à un roman.

F.M. Peut-on comparer le travail du montage d'un film à celui de l'écrivain quand il bâtit son intrigue?

F.T. Les ressemblances sont frappantes. Dans le livre *Préface à la vie d'écrivain*, Geneviève Bollème a eu l'idée de regrouper toutes les lettres de Flaubert écrites pendant la rédaction de *Madame Bovary*. La vie de Flaubert pendant quatre ans correspond à celle d'un cinéaste pendant un tournage. Une semaine avant d'attaquer la scène des comices agricoles, Flaubert disait: «Je vais commencer par de grandes visions d'ensemble et me rapprocher peu à peu des détails, je décrirai les bruits, les sons, les couleurs.» On est obligé de penser au cinéma en lisant cela, c'est le même travail.

F.T. Il y a une grande tolérance à l'égard du roman. Vous pouvez avoir des descriptions et aucun dialogue, ou l'inverse, toutes les formes sont acceptées et l'on ne vous dira pas que ce n'est pas un roman. Si, dans un film, vous faites beaucoup de commentaires, on vous dira que ce n'est pas «cinématographique». Le cinéma est plus rigide. Que ce soit un gros roman ou une nouvelle, au cinéma, vous devez avoir une espèce d'égalité de traitement. Vous avez droit à quatre-vingt-dix minutes! La lutte avec la durée, c'est la lutte du cinéaste, pas celle du romancier.

F.M. Adapter un roman a toujours créé des problèmes aux cinéastes. Pourquoi avez-vous refusé en 1966 *Un amour de Swann*?

F.T. En 1966 et encore récemment, on m'a proposé Proust mais j'ai refusé d'y toucher. J'ai refusé aussi *Le Grand Meaulnes, L'étranger de Camus*. Comme je refuse à peu près tous les livres connus. *L'étranger* c'est comme un Simenon qui serait devenu un peu prétentieux. Il y a quelque chose de gonflé dans *L'étranger*, peut-être que je me trompe. Plutôt que d'adapter les livres célèbres, je préfère la démarche inverse. Avec *Jules et Jim*, je faisais découvrir un auteur et un livre. Le film a fait accéder le roman à un gros tirage ainsi qu'au livre de poche et à des traductions dans le monde entier, y compris au Japon.

F.M. Pourquoi préférez-vous bâtir un scénario original plutôt qu'adapter un livre?

F.T. Quand j'ai débuté, j'ai pensé qu'il me serait difficile d'inventer. Avec *Les 400 coups*, je n'avais qu'à classer mes souvenirs dans un ordre croissant d'intérêt. Avec *Tirez sur le pianiste*, le livre m'offrait des situations fortes que je n'aurais pas osé inventer moi-même. *Jules et Jim*, c'était une histoire d'amour idéalisée, vécue par des personnages plus âgés que moi. Un scénario original présente une plus grande cohérence que l'adaptation. Ce qui est incohérent dans l'adaptation, c'est qu'en supprimant des pans entiers d'un livre, on perd de vue que certaines scènes conservées étaient en relation avec des scènes coupées. Si bien qu'il y a souvent quelque chose de mystérieux dans un film tiré d'un roman, où le propos n'est pas toujours clair.

F.M. Y a-t-il des films que vous estimez aussi réussis qu'un grand livre?

F.T. Rares sont les exceptions où le cinéma arrive au niveau de la littérature. Ce qui est beau dans la lecture, c'est quand on pose un livre et qu'on a oublié dans quel endroit on était, s'il faisait jour ou nuit, si on était dans une chambre ou dans un salon. C'est la même chose au cinéma, si les spectateurs ne se rappellent plus dans quel cinéma ils sont, s'ils ne se rappellent plus le jour de la semaine. Il y a des livres, comme des films, qui vous embarquent.

F.M. Vous avez été critique de cinéma. Auriez-vous aimé être critique littéraire?

F.T. Je ne m'en serais pas senti capable, de même que je ne me sentirais plus capable d'être critique de cinéma aujourd'hui, car les films sont devenus trop compliqués. A l'époque où j'étais critique, tous les films étaient conçus pour le grand public, je n'avais pas une impression d'imposture. Je trouve superficiels la plupart des comptes rendus de films ou de livres; ils se recopient les uns les autres, c'est dommage.

Franck Maubert, *Lire*

l. 124 *Le Grand Meaulnes:* roman d'Alain Fournier

Vocabulaire à retenir

un gros plan	une démarche
un/e cinéaste	le tirage
le personnage principal	tiré (un film tiré d'un roman)
tourner un film (le tournage)	une caméra
un genre	le narrateur
l'intrigue (f.)	un/e critique (cf. la critique littéraire)
par rapport à	un compte rendu

Compréhension du texte

1. Comment F. Truffaut explique-t-il son amour de la littérature?
2. Quelle a été l'évolution du rapport entre les films de F. Truffaut et les livres?
3. Quelle est la conclusion qu'il tire de l'exemple de la correspondance de G. Flaubert?
4. Pourquoi F. Truffaut préfère-t-il les scénarios originaux maintenant?

Exercices lexicaux

Expressions avec *où*

Terminez les phrases suivantes; vous trouverez les deux premières dans le texte, et vous devez inventer les autres!

1. A partir du moment où j'ai fait des films, ... (l. 34)
2. A l'époque où j'étais critique, ... (l. 180)
3. Le jour où ...
4. L'année où ...
5. Au temps où ...
6. Au cas où ...
7. Il y a des moments où ...
8. La semaine où ...

NB On dit « *Un* jour *que* je me promenais le long de la Seine ... »

Formation des mots: les préfixes de la négation

« Une narration imperturbable, dépassionnée »

Les adjectifs

On peut souvent former le contraire d'un adjectif en ajoutant le préfixe *in*.
Par exemple: vraisemblable – invraisemblable.
Quelquefois *in* devient *im* (devant *p*) pur – impur
ou *ir* (devant *r*) réel – irréel.

NB Devant une consonne *in* se prononce /ɛ̃/, devant une voyelle /in/. Par exemple: inévitable, inutile. (Pour l'alphabet phonétique, voir l'Appendice 1.)

(a) Donnez le contraire des expressions suivantes, et terminez la phrase en tenant compte dans l'intonation des indications qui se trouvent entre parenthèses.

EXEMPLE:

C'est croyable (On vient de vous raconter une histoire qui vous laisse incrédule.)

Vous répondez: Ah, mais, c'est *in*croyable! Je ne peux pas croire une histoire pareille!

Vous êtes libre de faire varier vos réponses, par exemple:

C'est vraiment / C'est absolument } incroyable! Ça me semble très / Ça me semble un peu } injuste!

1. C'est comparable. (Vous regardez un panorama qui vous émerveille.)
2. C'est excusable. (Un de vos amis n'est pas venu dîner alors que vous aviez tout préparé.)
3. C'est juste. (On vous accuse de ne pas nettoyer la maison, alors que vous venez de le faire.)
4. C'est régulier. (Au moment où vous sortez d'une discothèque, on vous demande de montrer vos papiers d'identité.)
5. C'est possible. (Vous arrivez à l'heure, mais le train est parti avant l'heure.)
6. C'est utile. (L'élève essaie de balbutier des excuses devant le professeur.)
7. C'est remplaçable. (On vient de casser un vieux disque que vous aimez beaucoup.)
8. C'est concevable. (Vous regardez un programme à la télé qui décrit les camps de concentration qui existent toujours dans le monde.)

(b) Deux par deux, prenez une des situations ci-dessus et inventez un dialogue plus complet. N'oubliez pas que certaines de ces expressions sont suivies du subjonctif (par exemple: Il est inconcevable que des choses de ce genre *puissent* arriver!).

(c) D'autres préfixes qui peuvent s'appliquer aux adjectifs sont: *mal-*, *mé-*, *a-*. Complétez le tableau suivant. (Donnez différentes possibilités s'il y a lieu.)

EXEMPLE:

connu → inconnu/méconnu/malconnu

honnête	adroit
heureux	sain
content	moral
normal	poli

(d) Maintenant expliquez ces jeux de mots, en donnant le sens des noms auxquels les préfixes ont été attachés:

> Je suis inculte parce que je n'en pratique aucun et insecte parce que je me méfie de toutes.
>
> R. Queneau, *Texticules*

Les verbes précédés de *dé(s)*

EXEMPLE:

faire – défaire.

1. Trouvez le contraire de: charger, boutonner, geler, s'habituer, s'habiller.
2. Quel est le contraire de: déballer, débarquer, dérouler?
3. Employez dans une phrase: découper, dérouler, déplier.

Les noms

Dans votre dictionnaire, trouvez des noms commençant par *contre-* (ou *contra-*), *anti-*.

Le jeu des contraires

> Paris JH 27a agréable cultivé t b situation ch. JF 22a intelligente câline mince drôle aimt voyages. Ecrire journal B.P. 108

(a) Trouvez son contraire à chacun des adjectifs descriptifs suivants:

agréable	câline	cultivée	drôle
douce	gaie	intelligente	jolie
mince	saine	sympathique	réfléchie

(b) Composez une «anti-annonce» où quelqu'un de laid, de désagréable, chercherait à rencontrer un homme ou une femme non pour ses qualités mais pour ses défauts.

EXEMPLES:

«Je suis seul et tiens à le rester. Inutile d'écrire au journal...»
«JH désagréable, intolérant, misogyne et phallocrate, cherche JF...»

Entraînement grammatical: conditionnel

Bourse: Le Franc Serait en Baisse	**L'HOMME DANS LA LUNE SERAIT UNE FEMME**	**Le Roi D'Angleterre S'apprêterait à Demander le Divorce**
Après les mesures d'austérité annoncées par le ministre des Finances, M. de l'Argent, ...	Selon un astronaute yougoslave, récemment retourné d'une ...	Un grand scandale est près d'éclater en Grande-Bretagne où ...

A votre tour de rédiger trois gros titres (au conditionnel, pour éviter qu'on ne vous accuse de diffamation!)

Si j'étais à votre place, je recommencerais à zéro

Dernière nouveauté à la gare St-Lazare à Paris: une machine-à-problèmes. Vous introduisez une pièce de 5F dans la fente, vous expliquez votre problème (la machine est capable de traiter des problèmes de nature personnelle, financière ou professionnelle), et la machine vous répond en utilisant une des formules suivantes:
«Si j'étais à votre place, je...»
«Ce qu'il faut que vous fassiez, c'est de...»

Choisissez parmi vous une «machine», prenez quelques minutes pour préparer vos «problèmes», et allez-y...

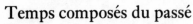

Temps composés du passé

Regardez bien l'emploi des temps dans ces extraits de l'interview avec F. Truffaut:

. . . des romans qui m'avaient enthousiasmé	quelque chose qui avait eu lieu *avant* une autre action au passé (= plus-que-parfait)
cette histoire vraie ne m'aurait pas passionné	hypothèse à propos de quelque chose qui ne s'est pas réalisé (= passé du conditionnel)
je ne m'en serais pas senti capable, de même que je ne me sentirais plus capable d'être critique de cinéma aujourd'hui	hypothèse à propos de quelque chose qui ne s'est pas réalisé (= passé du conditionnel) hypothèse à propos de quelque chose qui pourrait ne pas se réaliser (= présent du conditionnel)

La concordance des temps avec *si*

Si l'on passe *Le Dernier métro*, j'irai le voir	prédiction, promesse
Si l'on passait *Le Dernier métro*, j'irais le voir	situation hypothétique, qui arrivera peut-être
Si l'on avait passé *Le Dernier métro,* je serais allé/e le voir	hypothèse non réalisée

Exercice d'application

Vous êtes étudiant/e, vous habitez chez vos parents. Votre mère n'est pas contente de votre façon de vivre. Hier soir vous êtes rentré/e tard, (comme vous le faites souvent d'ailleurs,) juste au moment où les autres membres de la famille finissaient de dîner. Vous prétendez que si vous rentrez tard c'est parce que vous restez à la fac pour travailler à la bibliothèque, mais votre mère ne le voit pas du même œil:

«Si tu te levais plus tôt, tu ne raterais pas ton bus. Si tu n'oubliais pas ta carte d'étudiant/e, tu aurais une réduction sur le prix de la place. Si tu arrivais de bonne heure à la bibliothèque, tu finirais ton travail. Si tu rentrais à une heure raisonnable, tu pourrais m'aider à préparer le repas. Si tu m'écoutais quand je te parle, ça irait mieux entre nous . . .»

Pendant que votre mère parle, vous vous dites que cela aurait pu se passer autrement. Pensez à la façon dont vous auriez aimé passer votre première année à la fac si vous aviez pu, et complétez la réponse ci-dessous:

«Si j'avais pu bosser cet été au lieu de faire un stage en Allemagne, j'aurais gagné de l'argent. Si j'avais fait des économies, j'aurais loué un appart avec des copains . . .»

Libre cours à votre imagination

Le Monde a demandé aux gens de rêver «Si j'étais . . .» Lisez cette citation de la réponse de l'écrivain Rafael Pividal, en notant bien les verbes au conditionnel.

Si j'étais . . . une mouche

Je vivrais dans un monde énorme. Chaque morceau de sucre serait pour moi un carré gratte-ciel. Mes H.L.M., mes banlieues, mes périphéries seraient la nappe en plastique, en pétrole cristalisé qu'utilisent les hommes pour ne pas se salir. Je me nourrirais des restes, des résidus, des détritus.

A vous de continuer . . .!

Exploitation

Avant de procéder aux exercices, faites une lecture détaillée des comptes rendus suivants.

Télévision

Madame Bovary. La dramatique de Pierre Cardinal débute là où s'achève le roman de Gustave Flaubert, dont elle s'inspire: les premières images nous font assister au suicide de l'héroïne et nous montrent une Emma Bovary moribonde qui, dans les spasmes de l'agonie, se souvient de son passé. Un procédé bien conventionnel et qui fait de la Bovary une victime pathétique sur laquelle le public s'attendrira beaucoup plus que ne l'a fait Flaubert. Ici comme ailleurs, la télévision édulcore, affadit l'œuvre littéraire. Lorsqu'il s'agit d'un romancier comme Flaubert, et d'un personnage – la Bovary – qui est devenu un symbole, cette métamorphose est d'autant plus affligeante. La reconstitution soignée d'une époque et le jeu émouvant de Nicole Courcel ne peuvent consoler le téléspectateur de cette trahison. **G. de V.**

Vidéo

La révolte des animaux
(Animal Farm) d'après George Orwell Film anglais. 1954. Couleurs. Réal.: John Halas et Joy Batchelor. Durée 73 mn. Version française (distr. 3M). Location. VHS et Beta.

Sans la vidéo, ce film resterait ignoré de la majorité des Français. Il fait pleurer les enfants et prend les grands aux tripes. Dès sa sortie en Grande-Bretagne, ce premier dessin animé long métrage à être réalisé en Europe fut élu «meilleur film de l'année». Il a près de trente ans et n'a pas pris une ride. Il faut dire que cette transposition fidèle de la fable politique d'Orwell «Les animaux partout» est remarquable à tout point de vue: graphisme à la limite de la caricature, couleurs éblouissantes, mise en scène et montage nerveux, effets sonores et accompagnement musical restituant l'atmosphère de la campagne.

A travers une révolte d'animaux, menée par un vieux verrat et un troupeau de cochons contre un fermier alcoolique, Orwell a écrit une satire sur la confiscation stalinienne de la révolution. C'était en 1945. Quatre ans plus tard, avec *1984*, il parachèvera sa terrible vision du totalitarisme qui nous attend demain. Quand le producteur américain Louis de Rochemont a confié l'adaption à l'écran de cette histoire d'animaux

aux Anglais Halas et Batchelor, il savait ce qu'il faisait: ils venaient de renouveler le cinéma d'animation et s'étaient spécialisés dans le film de propagande. Leurs cochons, tyrans aux petits sabots, sont criants de réalisme. A des années lumière des gags de Tex Avery et de l'anthropomorphisme de Walt Disney. Un coup de maître pour Adès et 3M qui inaugurent ainsi leur collection «La Lanterne magique». A noter encore un générique complet sur la jaquette et un livret avec photos.

Roman

Un enfer très convenable
par Geneviève Serreau
184p., Gallimard, 60 F env.
Quatre personnages – deux intellectuels: Tibulle et Jéricho, et deux «prolos»: Gorki et La Grelue – décident de se lancer dans une aventure extraordinaire qui consiste à traverser une forêt jusqu'au fin fond du pays et à passer «la Ligne» pour aller de «l'autre côté». Au vu de ce point de départ et du nom des héros, on aura compris que pareil texte abonde en symboles et qu'il peut se lire comme une méditation sur l'espérance déçue d'un paradis illusoire d'où reviendra un seul membre du quatuor. Mais la réussite de Geneviève Serreau est, en dépit des apparences, de s'éloigner tout à fait du roman à thèse et de proposer une fiction insolite, plus vraie que vraisemblable, soutenue par une logique qui s'apparenterait à celle d'un récit de Kafka.

Policier

Dames, Trames, Drames
– Qui est cette vieille tante tombée du ciel chez les Parajian de New York et qui va mourir empoisonnée à l'issue de son premier repas de famille? Et, surtout, qui est l'assassin qui entend régler à sa façon l'avenir de la maison. Parajian où la vente des tapis s'élève au niveau de l'art? Habilement documenté, clairement exposé, pittoresque à souhait, voici un excellent roman à énigme imaginé par Emma Lathen, pseudo de deux femmes d'affaires de Boston qui réalisent l'exploit de situer, dès les premières pages, toutes les données du problème. Passionnant! (Fleuve Noir).

Science-fiction

Tous vers l'extase
par Philippe Curval
248p., coll. «Titres S-F»,
J.-C. Lattès, 15 F env.
Sacré Curval! Eternel explorateur de sentiers nouveaux, il n'a pas fini de nous surprendre. Il se livre ici à un jaillissant exercice de style aux frontières de la science-fiction, du «polar» et du roman érotique. On en voit de toutes les couleurs avec sa détective privée, l'exquise Sadie Mac Key, qui enquête de planète en planète pour retrouver un «truc extra» grâce auquel toutes les créatures de la galaxie pourraient s'accoupler entre elles. Sexe et humour. Parodie et poésie. Casanova, Breton et Vian auraient été aux anges. Sans parler de Raymond Chandler ni de Pauline Réage ...

Vocabulaire à retenir

1. un procédé, une reconstitution, un téléspectateur
2. la vidéo, un long métrage, une transposition fidèle, des couleurs éblouissantes, la mise en scène, le montage, les effets sonores, une satire, l'adaptation à l'écran, un film de propagande, criant de réalisme, un générique
3. un roman à thèse, un récit

4. la trame, un roman à énigme, clairement exposé, dès les premières pages
5. un exercice de style, un polar (= un roman policier)

Mini-discours

(a) Parlez pendant deux minutes sur un des sujets suivants (en vous servant du vocabulaire que vous avez trouvé dans les comptes rendus).

Si vous avez vu un film tiré d'un roman que vous avez lu, comparez les deux.

« *L'Etranger* c'est comme un Simenon qui serait devenu un peu prétentieux. » Si vous avez lu *L'Etranger*, partagez-vous ce point de vue?

« Mon ambition, quand je fais un film, c'est qu'il ressemble à un roman. » Est-ce possible?

« Un film de 90 minutes dit beaucoup moins de choses qu'un article de journal de 3000 mots. » Qu'en pensez-vous?

Interviews

(b) Deux par deux, préparez une scène de science-fiction. Imaginez que vous ayez 50 ans de plus, et répondez aux questions de l'interviewer sur votre vie: votre carrière du début jusqu'à la fin, vos études, vos réussites, vos regrets. Notez bien la forme des questions posées au cours de l'interview avec F. Truffaut: y a-t-il (pas)?; auriez-vous aimée?; peut-on comparer/dire?; pourquoi avez-vous voulu?

Compte rendu d'un film ou d'un roman

(c) En vous référant encore une fois aux exemples ci-dessus, faites le compte rendu d'un roman ou d'un film que vous avez aimé (entre 100 et 200 mots).

Travail écrit

(d) Après avoir lu l'extrait suivant, essayez de remplacer la caméra par la plume en rédigeant un paragraphe qui décrit quelque chose que vous avez vu à l'écran.

> Se profila sur l'écran un cheval énorme et blanc, et les bottes de son cavalier. On montre la crinière du solipède et la culotte du botté et l'on montre ensuite les pistolets dans la ceinture du culotté et l'on montre après le thorax puissamment circulaire du porteur d'armes à feu et l'on montre enfin la gueule du type, . . .
>
> En ce moment il inspecte la plaine debout sur un éperon rocheux qui domine la vallée, il finit par apercevoir là-bas à l'horizon quelque chose on ne sait pas encore très bien quoi. Il fait un geste, un grand geste purement décoratif qui zèbre l'écran de toute la promesse de rares aventures et le cheval qui jusqu'alors piaffait fout le camp au galop.
>
> On les voit qui déboulent des pentes, à pic parce qu'on a mis l'objectif de travers, sans le dire. Ils sautent par-dessus d'imprévus obstacles ou voltigent par-dessus des ruisseaux. Ils s'engagent sur une

petite passerelle qui joint sans garde-fou les deux rives escarpées d'un torrent et le vertige ne saisit pas Jacques lorsqu'il aperçoit à cent mètres au-dessous de lui le bouillonnement des eaux.

R. Queneau, *Loin de Rueil*

Commentaire

(e) Rédigez un commentaire de 500 mots environ sur les propos tenus par F. Truffaut: « Rares sont les exceptions où le cinéma arrive au niveau de la littérature. »

Unité 8
Quels sont les métiers du futur?

Quel champion de rallye automobile accepterait de prendre le départ sur un parcours non balisé ? Surtout si, de surcroît, il sait que des petits malins placeront des panneaux fantaisistes sur l'itinéraire ? Les 150 000 jeunes bacheliers qui devront choisir cet été une filière d'études supérieures se trouvent pourtant dans la situation de ce coureur. Certes, il y a les privilégiés : les quelques milliers de bacheliers C qui vont s'engouffrer dans les classes préparatoires aux grandes écoles. Eux sont assurés d'un taux de réussite de 75 % en maths sup et de 95 % en maths spé. Dans quelques années, à la sortie d'une école d'ingénieurs ou de gestion, ils ignoreront les bureaux de l'Agence nationale pour l'emploi (A.n.p.e.). Pour eux, le marché du travail est « tendu », comme disent les spécialistes.

▶ Plus efficace : une sélection à l'entrée des études.

A un niveau de situation inférieur, et à quelques spécialités près (génie civil, chimie, carrières de l'information), les 18 000 bacheliers qui franchiront la sélection rigoureuse des Instituts universitaires de technologie – un admis sur dix candidats – sont assurés d'un taux de réussite de 80 % et pratiquement certains de ne pas pointer au chômage à la sortie.

Pour le plus grand nombre, la Fac sera le passage obligé. Avec des chances de débouchés inversement proportionnelles aux facilités d'entrée. Sélection sourcilleuse et embauche garantie pour un petit nombre d'élus – 8 % dans les filières « professionnalisées » (maîtrises de sciences et techniques, maîtrises d'informatique). En revanche, bien des incertitudes pour les gros bataillons qui se précipitent dans le dédale des options classiques. D'abord, un sérieux risque de trébucher avant d'atteindre le second cycle : 35 % de réussites en lettres ; 30 % seulement en droit, et moins encore en sciences. Plus grave : le casse-tête de la sortie. Il y a quelques années, l'Etat recrutait plus de deux étudiants sur trois. Entre 1977 et 1980, les postes de catégorie B offerts par la Fonction publique sont tombés de 75 000 à 24 000. Les débouchés se sont, en particulier, considérablement rétrécis dans l'Education nationale : les postes de concours aux Capes de sciences ont, par exemple, été divisés par cinq en cinq ans.

▶ Viser l'entreprise privée : elle sera l'employeur n° 1 à la sortie de l'Université.

Certes, 210 000 postes de fonctionnaires seront créés entre 1981 et 1984. Mais combien pour les cadres débutants ? La tendance de fond ne sera pas modifiée pour autant. C'est dans les entreprises que se trouvera l'essentiel des débouchés dans les années qui viennent. Où ? Quels sont les métiers du futur ? C'est, paradoxalement, au moment où les prévisions sont indispensables qu'elles sont les plus délicates.

Aujourd'hui, pour l'Etat comme pour les entreprises, les cycles de recrutement sont irréguliers, et les exigences de qualification changeantes. Les deux phénomènes bouleversent la recherche en cadres débutants. Ils inspirent une grande prudence aux prévisionnistes. Ceux-ci ont d'ailleurs été échaudés par deux phénomènes imprévus : la crise de l'énergie et la révolution micro-informatique.

Est-ce suffisant pour justifier la carence totale d'informations sur le nombre et la qualité des emplois de demain ? S'il est hasardeux de se faire une opinion à partir des réponses, souvent évasives, d'un petit nombre d'entreprises, une interrogation systématique permet de dégager – un peu – l'horizon 1987. Pour la troisième année consécutive, L'Express a donc chargé Bernard Krief Markétude de réaliser une enquête approfondie, sans ignorer, toutefois, qu'il existe des paramètres non maîtrisables : taux de croissance, politique économique, échanges internationaux... A ce titre, l'enquête est non pas un modèle scientifique, mais une étude de marché reflétant les intentions des employeurs.

La méthode de l'enquête

Pour la troisième année consécutive, Jean Fabre, responsable du département Markétude du groupe Bernard Krief, a dirigé cette enquête. Elle a été réalisée en six mois, grâce à un fichier de 5 000 entreprises réparties en 21 secteurs. 1 554 sociétés, de toutes tailles, ont répondu à un questionnaire détaillé concernant leur recrutement de jeunes diplômés en 1981 et celui qui est envisagé dans cinq ans. Au-delà des chiffres bruts, les informations recueillies portent également sur le profil des postes offerts et sur les formations recherchées. L'analyse et le traitement par ordinateur ont donné un grand nombre d'informations dont nous publions l'essentiel.

● 1re piste : viser les secteurs où l'informatisation sera grande consommatrice de « matière grise ».

Pour les banques et les assurances, les perspectives sont maussades. Là, toutefois, il faut affiner le trait. L'importante mutation provoquée par l'informatisation va se traduire par un maintien des effectifs, mais en même temps entraîner des changements et des promotions internes.

La modification de l'appareil de production par l'irruption de l'informatique engendre des conséquences toutes différentes dans les secteurs traditionnels. Les entreprises du textile, de la chimie, du verre, de la sidérurgie parient sur un doublement du nombre de diplômés embauchés. Dans le même temps, elles annoncent une réduction des effectifs globaux. Au nom de la compétitivité. Scénario d'évolution « à la japonaise » pour l'industrie lourde : une mutation au profit... des robots et des cadres. Une prévision confirmée par les ambitions du secteur « matière grise » : conseils, études, assistance. Toutes ces sociétés de services prévoient de recruter 10 % des diplômés *(voir le tableau sur les répartitions des recrutements)*.

Connaître les secteurs qui embaucheront, c'est bien. Savoir dans quelle spécialité, c'est mieux. Les premières fonctions d'un débutant dans une entreprise correspondent rarement à un métier ; ce sont plutôt des « sas » provisoires de formation et d'orientation avant une affectation deux ou trois ans plus tard. Si cette pratique n'est pas très répandue dans les entreprises moyennes, qui préfèrent rechercher le candidat opérationnel, elle est devenue systématique dans les grands groupes. « Tous les débutants passent obligatoirement par le terrain », explique Jean-Claude Cherpin, responsable du recrutement chez Unilever. En clair, tous les jeunes sortant d'une école de gestion passeront par le rite initiatique de la vente. Dans ce cas précis, il s'agit non pas de tirer cinquante sonnettes – les clichés ont la vie dure – mais de négocier avec deux clients par jour la vente de un, de deux ou de dix wagons de produits...

● 2e piste : se préparer par des stages « non touristiques » à occuper des postes opérationnels.

De la même façon, les premières armes des scientifiques ou des ingénieurs se font à la production ou à des postes de recherche et de développement. Passage, ou étape, qui requiert déjà un savoir-faire professionnel pour l'immédiat et une culture générale assez large facilitant les redéploiements futurs.

● **3e piste : jouer aussi sur toutes vos expériences extra-universitaires. Ces atouts (associations, sports) feront la différence.**

« Quand on engage un jeune cadre, on sait un peu ce qu'on en fait dans l'immédiat, on ne sait pas ce qu'on en fera dans dix ans », constate Claude Michel, président de Lever Industriel et ancien président d'un Institut universitaire de technologie. Tout le débat porte donc sur ce dosage subtil entre, d'une part, les fameuses connaissances « prêtes à l'emploi » et, d'autre part, la culture fondamentale, source d'adaptabilité. Si les premières sont en trop fortes proportions, le savoir-faire risque d'être rapidement obsolète. Si la seconde a la part trop belle, les exigences du marché du travail peuvent ne pas être satisfaites. C'est ce qui fait toute la différence entre le jeune qui aura choisi un Diplôme d'étude approfondie (D.e.a.) en géologie appliquée et celui qui aura préféré un D.e.a. de géologie. Les pétroliers s'arrachent le premier, le chômage guette le second.

● **4e piste : se méfier des formations trop spécialisées qui font l'impasse sur la culture générale.**

Plus coûteuses sont les erreurs d'orientation dans les études courtes. Une année de fac de lettres suivie d'un abandon pour un stage de 700 heures

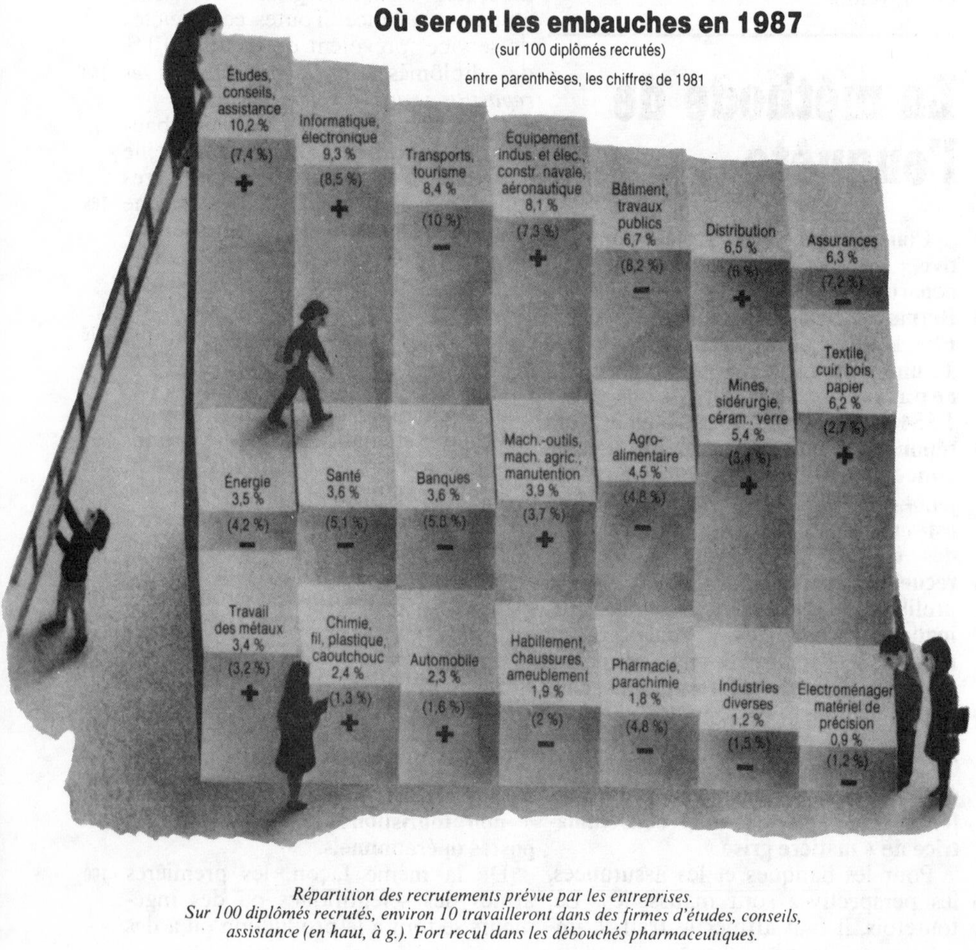
Où seront les embauches en 1987
(sur 100 diplômés recrutés)
entre parenthèses, les chiffres de 1981
Études, conseils, assistance 10,2 % (7,4 %) +
Informatique, électronique 9,3 % (8,5 %) +
Transports, tourisme 8,4 % (10 %) −
Équipement indus. et élec., constr. navale, aéronautique 8,1 % (7,3 %) +
Bâtiment, travaux publics 6,7 % (8,2 %) −
Distribution 6,5 % (6 %) +
Assurances 6,3 % (7,2 %) −
Textile, cuir, bois, papier 6,2 % (2,7 %) +
Mines, sidérurgie, céram., verre 5,4 % (3,4 %) +
Agro-alimentaire 4,5 % (4,8 %) −
Mach.-outils, mach. agric., manutention 3,9 % (3,7 %) +
Énergie 3,5 % (4,2 %) −
Santé 3,6 % (5,1 %) −
Banques 3,6 % (5,8 %) −
Travail des métaux 3,4 % (3,2 %) +
Chimie, fil, plastique, caoutchouc 2,4 % (1,3 %) +
Automobile 2,3 % (1,6 %) +
Habillement, chaussures, ameublement 1,9 % (2 %) −
Pharmacie, parachimie 1,8 % (4,8 %) −
Industries diverses 1,2 % (1,5 %) −
Electroménager matériel de précision 0,9 % (1,2 %) −

Répartition des recrutements prévue par les entreprises.
Sur 100 diplômés recrutés, environ 10 travailleront dans des firmes d'études, conseils, assistance (en haut, à g.). Fort recul dans les débouchés pharmaceutiques.

en informatique ne promet rien de bon. « Trop léger : les métiers de programmeurs disparaissent et la formation de base n'est pas assez approfondie », diagnostique Blandine Bergeron, chargée du recrutement dans une importante société de services. Contraste : elle cherche, sans les trouver, des analystes-programmeurs et des « ingénieurs systèmes ». Dans l'informatique, sur les 42 écoles existant à Paris, 30 se sont créées l'année dernière. Une bonne partie pour des cycles courts sur de petits matériels... Des désillusions en perspective : dans ce domaine, ce sont les ingénieurs de haute technicité qui manquent.

Robotique, micro-électronique, bio-industrie : les technologies de pointe sont-elles des promesses de débouchés assurés ? La biologie, par exemple. « Dans cette spécialité, l'Université a anticipé sur les besoins de l'industrie », note Marie-Christine Bazeix. La révolution biotechnologique et ses enzymes n'ont pas encore provoqué l'appel escompté.

Précéder la demande des entreprises, c'est le pari de chaque étudiant, mais aussi de chaque enseignant ou directeur d'école. « La seule parade, c'est un excellent niveau de culture générale. Paradoxalement, nous sommes en discussion avec certains universitaires qui ont un désir exagéré de coller au terrain », dit encore Claude Michel.

● 5e piste : à la Fac, composer votre « menu » d'unités de valeur en lui donnant la cohérence d'un projet professionnel.

C'est une approche sensiblement comparable qui fait la réussite d'une université un peu spéciale : Compiègne. Rude sélection, coopération étroite, souvent par contrat, avec les industriels : une image de marque forte imposée par son président, Guy Denielou. « Ah ! les entreprises achètent du Compiègne », lance-t-on à l'Apec. Ce label clair sur un « produit » facilement identifié n'est pas le moindre des atouts de cette université. La variété des contenus des enseignements universitaires laisse souvent perplexe plus d'un chef d'entreprise. « Un diplômé de l'Université ? On ne sait vraiment pas ce qu'il a dans son bagage. 108 unités de valeur différentes pour une licence de droit à Nanterre donnent des profils franchement différents », explique Claude Michel.

Face à la vive concurrence des écoles, dont certaines doivent davantage à leur débauche de marketing qu'à leurs qualités intrinsèques, les universités sont restées timides. Quelques diplômés, comme les titulaires de maîtrise en gestion, bataillent pour se donner une image cohérente. Mais il reste beaucoup à faire pour séduire les futurs employeurs habitués aux étiquettes identifiant des « produits » homogènes.

Patrick Arnoux, *L'Express*

l. 61 Capes: Certificat d'aptitude au professorat de l'enseignement du second degré
l. 167 «sas»: (ici) période transitoire de formation

Vocabulaire à retenir

une école de gestion	entraîner des changements
le marché du travail	engendrer des conséquences
un débouché	la sidérurgie
l'embauche (f)	la culture générale
la fonction publique/un fonctionnaire	le redéploiement
une carence	un atout
le maintien (la réduction) des effectifs	d'ores et déjà

L'enseignement supérieur en France

Le baccalauréat est l'examen qui sanctionne la fin des études secondaires et qui ouvre les portes de l'enseignement supérieur. Il y a plusieurs séries: A, B, C, D, E, F, G. La série C est la plus prestigieuse.

Les classes préparatoires

scientifiques	maths sup (1e année) bio-maths sup, etc. (1e année)
	maths spé (2e et 3e années) bio-maths spé (2e et 3e années)
littéraires	hypokhâgne (1e année) khâgne (2e et 3e années)

Les grandes écoles

ingénieurs	Centrale l'Ecole polytechnique (l'X) Mines-Ponts
commerce et administration	HEC: les Hautes études commerciales ENA: l'Ecole nationale d'administration Sciences-po: Sciences-politiques ESCAE: Ecoles supérieures de commerce et d'administration
les ENS: les écoles normales supérieures	ENS (rue d'Ulm) (garçons) ENSJF (Sèvres) (filles) ENSET: Ecole normale supérieure de l'enseignement technique

L'université: les UFR (Unités de formation et de recherche)

le 1er cycle:	1e année 2e année: le DEUG (Diplôme d'études universitaires générales)
le 2e cycle:	1e année: la licence 2e année: la maîtrise ou le CAPES (Certificat d'aptitude au professorat de l'enseignement du second degré)
le 3e cycle:	1e année: le DEA (Diplôme d'études approfondies) ou l'agrégation 3e année: le Doctorat de 3e cycle 5e année: le Doctorat d'Etat

Les IUT (Instituts universitaires de technologie)

le DUT:	Diplôme universitaire de technologie

NB l'agrégation et le CAPES sont des concours de recrutement
TP: travaux pratiques regroupant (au maximum) 40 étudiants/tes
UV: unités de valeur – programme précis sanctionné par un contrôle des connaissances

Compréhension du texte

1. Pourquoi le marché du travail est-il «tendu» pour les bacheliers C?
2. Quelles sont les conséquences de l'absence de sélection à l'entrée en fac?
3. Pourquoi les prévisions sur les débouchés futurs sont-elles délicates?
4. A quelles difficultés Bernard Krief a-t-il dû faire face dans le cadre de son enquête?
5. Quels sont les secteurs qui recrutent davantage de matière grise?
6. Expliquez en quoi les fonctions d'un/e débutant/e diffèrent selon la taille de l'entreprise.
7. En quoi une erreur d'orientation peut-elle être lourde de conséquences?
8. Pourquoi faut-il se méfier des formations trop spécialisées qui négligent la culture générale?
9. Que signifie «anticiper tout en collant au terrain»?
10. Qu'est-ce qui explique le désarroi des employeurs devant un diplôme universitaire?
11. Résumez oralement le tableau «Où seront les embauches?» Discutez ensuite ces prévisions (ont-elles l'air de se réaliser? Comparez la situation française avec celle de votre pays).

Exercices lexicaux

Formations des mots: les suffixes *-iste* et *-ique*

(a) Trouvez les noms qui correspondent aux adjectifs.

EXEMPLE:

initiatique → l'initiation (f.)

fantaisiste	récidiviste
pléthorique	frénétique
économique	dirigiste
chimique	pudique

(b) A partir des noms suivants, trouvez des mots qui se terminent par le suffixe *-iste* ou *-ique*.

EXEMPLE:

une prévision → prévisionniste

l'énergie (f.)	le système
la technologie	la gauche
l'écologisme	le tiers-monde
le tourisme	la CGT (Confédération générale du travail)
la sidérurgie	la grève
la séparation	de Gaulle
la pharmacie	le Moyen Age

NB Dans certains cas le suffixe est le même pour l'adjectif et le nom; par exemple: problématique (adjectif ou nom), masochiste (adjectif ou nom). Dans d'autres cas, le nom et l'adjectif se distinguent par un suffixe différent; par exemple: un/e philatéliste – philatélique (adjectif); l'anarchiste – anarchique (adjectif)

Expansion du vocabulaire

Dans cet extrait du «Guide des droits des femmes» publié par le ministère, remplacez les blancs par des mots ayant trait à l'emploi. Certains sont dans le texte, d'autres n'y figurent pas. Voici la liste pêle-mêle des termes qu'il faut utiliser: formation, salariés, droit, employeur, partiel, suivre, agréé, percevoir, allocations, stage (2), congé, l'ANPE, entreprise, insertion, continue, fonction, secteur.

A. Chômage: Vous n'avez pas travaillé ces dernières années, avez-vous droit à des .... de chômage?
Vous pouvez .... des allocations dans les cas suivants: – vous venez de terminer un .... de formation d'au moins 500 heures (.......... de FPA (Formation Professionnelle Adulte), ou stage .... par l'Etat); – vous êtes veuve, divorcée ... vous devez être seule depuis moins de deux ans lorsque vous vous inscrivez à .... Vous devez .... un stage de préformation ou d'adaptation ou encore d'.......... à la vie professionnelle.

B. Avez-vous droit à travailler à temps ....? C'est possible dans le .... privé si votre .... est d'accord. Dans la .... publique vous y avez .... Ce droit n'est pas spécifique aux femmes.

C. La formation .... est-elle réservée aux cadres? Non, tous les .... d'une .... ont droit à la .... continue, à un .... de formation.

Ministère des Droits de la Femme

Sigles

Identifiez ces sigles courants:

HLM TGV
SNCF VDQS
PS BD
SMIC ONU
URSS OTAN
UV MJC
IUT MST
QCM IFOP
TVA CDI

Entraînement grammatical

Futur et futur antérieur

FUTUROLOGIE
VOUS ÊTES LES DERNIERS HOMMES À VIVRE À L'AIR LIBRE.
MOI JE M'EN FOUS.
PROFITEZ-EN! JE POMPE PLUS D'OXYGÈNE QUE LA NATURE NE PEUT EN FOURNIR SURTOUT DEPUIS QUE JE BOUZILLE SA PRODUCTION AVEC MES DÉCHETS.
NE CRAIGNEZ RIEN! QUAND L'AIR NATUREL SERA DEVENU TROP PAUVRE JE VOUS FABRIQUERAI DE L'AIR SYNTHÉTIQUE.
VOUS VIVREZ REGROUPÉS DANS DES MÉTROPOLES PRESSURISÉES.
NATURELLEMENT, C'EST MOI QUI AURAI LE ROBINET SOUS LA MAIN.
ET VOUS ESSAIEREZ DE VOUS FOUTRE EN GRÈVE, TIENS!
PROLÉTAIRES DE TOUS LES PAYS PENDANT QUE NOUS AVONS LE BON AIR, UNISSONS-NOUS!

(a) Décrivez ce dessin, en répondant aux questions suivantes:

1. Que se passera-t-il quand l'air naturel sera épuisé?
2. Comment sera la vie pour les gens qui vivront regroupés dans des «métropoles pressurisées»?
3. Qui contrôlera l'arrivée d'air synthétique?
4. Quelles seront les conséquences (selon l'auteur) de ces restrictions?

Inventez une bulle pour Monsieur l'Homme-Moyen-d'Aujourd'hui (celle qui se termine par «Moi je m'en fous»).

(b) Mettez les verbes entre parenthèses au futur ou futur antérieur.

L'explosion démographique du troisième âge

«L'explosion démographique du troisième âge» et les difficiles problèmes qu'elle va soulever (être) au centre des travaux de «l'assemblée mondiale sur le vieillissement», qui (réunir) à Vienne sous l'égide de l'ONU, du 26 juillet au 6 août, les représentants de près de cent vingt nations et de plus de cent dix organismes non gouvernementaux.

D'ici à l'an 2025, alors que la population du monde (tripler), le nombre des êtres humains qui (dépasser) la soixantaine (se trouver) multiplié par cinq: un être humain sur sept (être) âgé de plus de 60 ans ... Pour 350 millions de personnes du troisième âge en 1975, on en (compter) 590 millions à la fin du siècle ...

Alors que la natalité (régresser) de moitié, l'espérance de vie (passer) de 47 à 70 ans. Les grands-parents (dépasser) en nombre les bébés dans le rapport de deux à un. L'évolution (être) particulièrement sensible dans les pays en développement où le nombre des gens âgés (être) multiplié par sept, voire par quinze pour le Mexique, le Brésil et le Nigéria.

Le Figaro

Exploitation

Travail oral

Imaginez que vous soyez en France et qu'on vous demande de faire un petit exposé sur les études supérieures chez vous. Préparez à l'avance ce que vous allez dire (4 ou 5 minutes), en faisant ressortir les différences entre le système français et celui de votre pays (la sélection, les concours, la durée des études etc).

(b) Résumez par écrit l'essentiel des conclusions de l'enquête réalisée pour *L'Express* (300–400 mots).

(c) Rédigez un article pour le journal de votre choix dans lequel vous essayez de prévoir quelle sera, dans 10 ans, la situation en ce qui concerne l'éducation et les débouchés. (Les établissements scolaires seront-ils les mêmes? aura-t-on plus (ou moins) besoin de diplômes? quelle sera la place accordée aux loisirs?) (200 mots).

(d) Lisez en détail les annonces reproduites ci-dessous. Répondez à l'une d'entre elles, en rédigeant une lettre de candidature et un CV. (Vous pouvez envoyer le vôtre, ou celui d'un personnage imaginaire.) Pour vous aider, nous vous donnons les éléments d'un CV; pour la lettre, voir Section 1, Unité 8.

Ceci vous intéresse si vous cherchez une carrière intéressante:
SIKA Société du secteur construction dont le siège social est à Bruxelles

engage

un universitaire ou assimilé

Connaissance des techniques de marketing et bilinguisme français-néerlandais indispensable.

Qualités requises: très bonne présentation
dynamique
âgé de 25 à 30 ans
habite Bruxelles ou environs
contact humain facile
sens de l'autorité et du devoir
aptitude à la vente indispensable

Fonction: après 1 à 2 années de formation et stage au sein de l'équipe de vente, pourra être appelé à conduire celle-ci
Nous offrons: appointements intéressants, voiture de société, avantages divers.

Ecrire avec curriculum vitae et photo à l'adresse suivante:
SIKA 167 rue Pierre Dupont à 1140 Bruxelles.

Société de personnel informatique

DEUX FEMMES DYNAMIQUES

CHEFS D'AGENCES RÉGIONS 13 et 75

Autonomie d'action. 25 ans minimum. Expérience commerciale souhaitée. Connaissance en informatique. Fixe + commission.

ABI, 54 allée de Tourny. 33000 BORDEAUX.

Organisme professionnel situé à Bruxelles engage

UN(E) LICENCIE(E) EN SCIENCES ECONOMIQUES

NOUS OFFRONS:

- une fonction de niveau universitaire et à contenu varié;
- permettant à son titulaire de mettre en valeur ses talents de recherche, de synthèse et de persuasion;
- offrant un large champ à l'initiative personnelle.

NOUS DEMANDONS:

- une bonne formation économique, de niveau universitaire;
- une parfaite aisance d'expression parlée et écrite en français;
- une bonne connaissance active de l'anglais et au moins la connaissance passive du néerlandais ou de l'allemand; la connaissance active du néerlandais ou de l'allemand serait un atout important.

Votre candidature, accompagnée d'un C.V. détaillé, sera examinée avec intérêt et discrétion. Veuillez la faire parvenir avec votre numéro de téléphone pour contact rapide à Rossel Régies Publicitaires sous le numéro 493737 40.

Exemple de curriculum vitae

	NOM:	Dubois
	PRÉNOMS:	Marie-Noëlle
	ÂGE:	21 ans. Née le 29 octobre 19XX
	NATIONALITÉ:	Française
	DOMICILE:	74, rue du Maréchal-Foch, 06100 Nice, France Tél. (93) 01.82.79
	SITUATION DE FAMILLE:	Célibataire. Disponible immédiatement
	OBJECTIF PROFESSIONNEL:	Emploi dans l'import-export
<u>FORMATION:</u>	ÉTUDES SUPÉRIEURES:	Octobre 19XX à juin 19XX: Université de Nice. Diplôme obtenu: Licence de langues étrangères appliquées
	ÉTUDES SECONDAIRES:	Octobre 19XX à juin 19XX: Lycée Calmette-Guérin à Nice. Baccalauréat Série C (Mention Bien)
	ACTIVITÉS PARA-SCOLAIRES:	Animatrice d'un club de peinture à la M.J.C. à Nice
	LANGUES:	Français: langue maternelle Anglais: lu, écrit, et parlé couramment. Etudiante au Polytechnic de Portsmouth pendant un an (19XX – 19XX) Italien: lu, écrit et bien parlé. Différents séjours en Italie totalisant 10 mois Allemand: lu et écrit
	STAGES:	19XX: ai travaillé pendant 3 mois au Crédit Lyonnais à Nice, au change. 19XX: ai effectué un stage de 4 mois comme interprète à l'aéroport de Nice
	SPORTS:	Natation, planche à voile, ski de fond, équitation
	AUTRES ACTIVITÉS:	Peinture sur soie, échecs, les Amis de la Terre

Unité 9
Les malades du temps

Les malades du temps

Malades du temps, les ouvriers qui se relaient par équipes autour de machines tournant vingt-quatre heures sur vingt-quatre le sont. Physiquement. L'organisme humain n'est pas une machine, il a ses rythmes propres et on ne les bouscule pas impunément. Une étude publiée au mois d'avril par le Bureau International du Travail, qui ne passe pas pour un repaire de révolutionnaires, vient de le rappeler avec force. Ce qui n'empêche pas le système du «travail posté» de se répandre régulièrement depuis vingt ans dans l'industrie et dans les services.

Mais qui n'est pas malade du temps, de nos jours, au moins moralement? A commencer par tous les salariés obligés de vendre leur temps à un patron, de perdre leur vie à la gagner. Métro, boulot, dodo, jusqu'à la retraite. Et, ce jour-là, il ne reste plus qu'à crever, parce qu'on a tellement perdu l'habitude d'avoir du temps à soi qu'on ne sait plus quoi en faire. On jure de se rattraper pendant les week-ends, pendant les vacances.

Mais, dès qu'on a un moment de libre, on a si peur de s'ennuyer, de «perdre son temps», qu'il faut à tout prix trouver des distractions et qu'on finit par faire appel à des techniciens de l'animation ou à de gentils organisateurs.

Même les privilégiés de ce monde, ceux qui volent en «Concorde» pour «gagner du temps», se plaignent tous de ne jamais avoir une minute à eux. Et c'est vrai qu'ils sont débordés, harassés, qu'ils peuvent se payer n'importe quel caprice, mais qu'ils ont de moins en moins la possibilité de se consacrer à ces activités qui ne coûtent rien, qui ne demandent qu'un peu de temps libre: profiter de l'instant, d'un bon livre, de la conversation d'un ami, vivre en famille. Ou même simplement avoir une vraie nuit de sommeil, sans recourir aux somnifères.

On croyait, au XIXe siècle, que les machines, en libérant l'homme des tâches serviles, lui permettraient de consacrer plus de temps aux activités nobles, à l'art, à la pensée, à l'action politique. Les machines ont en effet permis d'accroître la production des biens matériels dans des proportions qui dépassent tout ce qu'on pouvait espérer. Mais jamais l'homme n'a été moins disponible, jamais la place de l'art, de la pensée, de l'action politique désintéressée n'a été aussi chichement mesurée. Parce qu'on avait oublié que consommer prend autant de temps, sinon plus, que produire. Et plus on produit, plus il faut consommer, c'est un cercle vicieux.

On a inventé un tas d'instruments pour alléger les corvées ménagères, mais les enquêtes américaines démontrent que les femmes consacrent autant de temps à manipuler ces instruments qu'à la cuisine et au ménage traditionnels. L'automobile devait accélérer les déplacements. Mais, pour permettre à toutes les automobiles de circuler, il a fallu augmenter sans cesse la distance entre la maison et le lieu de travail. Aujourd'hui, compte tenu des temps de déplacement et des heures de travail correspondant à l'achat et à l'entretien de la voiture, on a calculé que l'automobile dévore, en moyenne, cinq heures par jour de la vie des Français. Ils ne vivent plus que des journées de dix-neuf heures.

Pourtant, cette loi inexorable du temps, à laquelle nul n'échappe, qui est en train de dévorer nos sociétés comme le vieux Kronos, dans la mythologie grecque, dévorait ses propres enfants, ne relève pas de la fatalité. On a tort de croire qu'elle tient à la nature même des choses. Les penseurs de La Chaux-de-Fonds n'ont pas eu de mal à montrer qu'il s'agit en réalité d'un choix culturel, d'une construction de l'esprit occidental qui s'oppose sur ce point à toutes les civilisations antérieures.

De deux manières. D'abord, l'Occident, sans doute sous les influences grecque et judéo-chrétienne, a inventé l'histoire. Pas seulement la chronologie, comme les Egyptiens ou comme les Chinois, mais l'idée que l'avenir ne saurait être la répétition pure et simple du passé, qu'il demeure toujours ouvert, inimaginable sinon imprévisible, parce que le temps n'est pas seulement durée mais création, parce qu'il change le monde, le renouvelle et l'enrichit. L'Occident a découvert l'évolution, conçu le progrès, donné un sens à l'histoire, c'est-à-dire à la fois une direction et une signification. Le temps devient promesse, il est gros de toutes les espérances, c'est un bien précieux qu'il n'est pas question de laisser perdre. L'Occidental est pressé, il a toujours peur de rater son train. Le paysan indien, lui, quand il part en voyage, se rend à la gare et s'installe sur le quai avec sa famille. Il est prêt à attendre le train des heures, ou des jours. Il ne lui vient même pas à l'idée de consulter les horaires.

De son côté, la science, parce que tel est son génie, s'employait à maîtriser le temps comme elle a maîtrisé l'espace. Il lui fallait un étalon de mesure qui s'applique indifféremment à toutes les expériences que nous avons du temps, le temps des hommes et le temps des choses, le temps de l'attente et celui de l'accomplissement, le temps de vivre et le temps de mourir, une sorte de temps rigide, découpé en segments toujours égaux et parfaitement interchangeables, le temps des horloges, pour y ranger tous les événements, quelle que soit leur nature. C'était la seule manière, pour elle, d'organiser ces événements, de les relier progressivement les uns aux autres par les lois d'un déterminisme rigoureux. Elle a transformé le temps en une marchandise comme les autres, qu'on mesure, qu'on découpe, qu'on achète et qu'on vend. Et l'Occident, convaincu, proclame: le temps, c'est de l'argent.

De manière très concrète, c'est encore le heurt des deux logiques qui domine les débats sur l'aménagement du temps. Comment rendre aux gens un peu d'autonomie, les faire profiter des promesses du temps? On parle d'étaler les vacances, d'assouplir les horaires de travail. Mais on veut aussi que ces mesures améliorent le fonctionnement de la gigantesque machine collective qu'est devenue la société industrielle et qui est l'exacte transposition dans les rapports humains, du déterminisme scientifique. De sorte qu'elle risque de se retourner contre ceux qui en bénéficient et de transformer encore un peu plus l'individu en rouage anonyme.

C'est l'été qu'il fait beau, mais l'étalement des vacances permettrait à l'industrie des loisirs de répartir ses profits sur toute l'année. En laissant les ouvriers commencer et finir le travail à l'heure qu'ils choisissent, en leur permettant, à l'occasion, de prendre une matinée ou un après-midi, on espère vaincre l'absentéisme, cette ultime marge de liberté qui reste au travailleur. Actuellement, le CNPF propose aux syndicats d'en finir avec le découpage rigide du travail en jours et en semaines uniformes, avec repos obligatoires, pour répartir souplement sur toute l'année une quantité donnée d'heures de travail. Mais c'est le moyen, pour les patrons, de coller plus étroitement au rythme de la production, dont les exigences varient souvent d'une saison à l'autre. Ils éviteraient ainsi de payer des heures supplémentaires en périodes de pointe et de payer des ouvriers à ne rien faire en morte saison.

Pour sortir de la contradiction, il faudrait commencer par secouer l'emprise totalitaire de ce temps mécanique, abstrait, qui n'a plus d'autre valeur que marchande. Il y a d'abord le temps de la répétition, qui est plat, qui ne mène nulle part, qui ressemble à celui des horloges, le temps de la respiration, des battements du cœur. Et puis il y a le temps qui ne cesse de nous échapper, celui qui nous conduit, inexorablement, de la naissance à la mort. Mais il y a aussi le temps qui n'arrête pas de nous surprendre, de nous apporter du neuf, le temps, perpétuel commencement, ne serait-ce que dans la vie sexuelle et dans la reproduction.

On vit comme des soldats à la caserne. Peut-être faut-il commencer par ôter aux gens leur uniforme pour qu'ils s'aperçoivent qu'ils ne sont pas des automates et se mettent à vouloir vivre autrement.

Le Nouvel Observateur

l. 91 Kronos: divinité grecque qui dévorait ses enfants dès leur naissance
l. 96 La Chaux-de-Fonds: ville de Suisse où eut lieu un colloque sur le temps
l. 183 Le CNPF: le conseil national du patronat français

Vocabulaire à retenir

le travail posté
un salarié
un patron
métro–boulot–dodo
la retraite
les biens matériels
consommer (→ la société de consommation)
compte tenu de
en moyenne
maîtriser
répartir
les heures supplémentaires
une période de pointe
la caserne

Compréhension du texte

1. Expliquez pourquoi l'auteur dit que nous sommes les «malades du temps».
2. Que ne savons-nous plus faire?
3. Quelles sont les deux conceptions du temps mises ici en opposition par l'auteur?
4. Même la répartition souple des heures de travail sur toute l'année ne résoudra pas le problème: pourquoi?
5. L'auteur distingue entre plusieurs sortes de temps: lesquelles?
6. A l'aide d'un dictionnaire, exprimez en d'autres termes les phrases suivantes:
   Il (le BIT) ne passe pas pour un repaire de révolutionnaires. (l. 10)
   Jamais la place de l'art . . . n'a été aussi chichement mesurée. (l. 61)
   L'automobile devait accélérer les déplacements. (l. 75)
   Le temps est gros de toutes les espérances . . . (l. 119)

Exercices lexicaux

Formation des mots

(a) Au cours de cette section, vous avez rencontré un grand nombre de noms qui se terminent en *-ment* (tous masculins). Ils sont formés à partir du verbe de base: verbes en *-er* → *-ment*; exemple: étaler → l'étalement. Certains verbes en *-ir* → *-issement*; exemple: enrichir → l'enrichissement. Complétez le tableau suivant (certains mots sont dans ce texte, certains sont dans d'autres que vous avez lus).

V → N	N → V
accomplir →	le tarissement →
développer →	le lancement →
fonctionner →	le refroidissement →

assouplir →
renouveler →
retentir →

le déplacement →
le traitement →
l'aménagement →

(b) assouplir = rendre plus souple
allèger = rendre plus léger
enrichir = rendre plus riche

Trouvez des verbes pour compléter les phrases suivantes.

1. Voilà une chemise qui me . . . (rendre plus vieux).
2. Il y a des travaux sur l'autoroute; la police vous demande de . . . (rouler plus lentement).
3. La circulation est devenue si intense qu'il faut . . . (rendre plus large) la route.
4. C'était son premier essai; un deuxième vol l' . . . (rendre plus hardi).

Maintenant, trouvez les verbes qui correspondent aux adjectifs suivants, et cherchez-en le sens:

blanc	pourpre	froid	frais
noir	rouge	clair	sombre

augmenter, *réduire* et compagnie

réduire = transitif
diminuer = transitif ou intransitif
croître = intransitif
augmenter = transitif (la plupart du temps)

N'oubliez pas non plus que, bien qu'on dise quelquefois qu'un enfant croît, on dit plus souvent qu'il *grandit*.

Pour dire *rendre quelque chose plus grand* (de façon délibérée), on peut utiliser

agrandir (= la taille)
accroître (= le nombre, l'accumulation)

EXEMPLE:

Il a accru (ou augmenté) sa fortune par d'astucieux placements d'argent.

Les verbes transitifs peuvent avoir une forme pronominale:

se réduire (↘), s'augmenter, s'agrandir, s'accroître (↗)

Exercice d'application

(a) Complétez les phrases suivantes:

1. Le sentiment de malaise ....↗........ de jour en jour. (passé composé)
2. Il y a eu une légère ....↘........ du prix du pétrole.
3. Il ....↗........ vite, cet enfant! (présent)
4. Cela ne ....↘........ en rien le rôle qu'il aura joué dans l'affaire. (futur)
5. Les grévistes demandent de meilleures conditions de travail, et une ....↗........ de salaire.

6. Les signes de mécontentement ....↗........ (présent)
7. C'est l'automne: les jours vont ....↘........
8. Finalement, son argument ....↘........ à répéter ce qu'il a toujours dit. (présent)

(b) Maintenant, il s'agit de refaire les phrases, en remplaçant *réduire*, *grandir*, etc. par un synonyme. Pour éviter le suremploi de certains mots, on aurait pu aussi bien dire dans la première phrase: Le sentiment de malaise s'est aggravé/s'est intensifié. Faites de même pour les autres phrases, en utilisant les expressions suivantes: se borner, minimiser, se multiplier, pousser, raccourcir, une baisse, une hausse.

Entraînement grammatical

Les prépositions: exercice écrit

Dans les extraits suivants, décidez par quel mot compléter le blanc (sans avoir recours au texte). Ensuite, réécrivez les phrases pour exprimer le même sens avec d'autres mots.

Ce jour-là, il ne reste plus qu' .... crever, parce qu'on a tellement perdu l'habitude .... avoir du temps à soi qu'on ne sait plus quoi en faire.

On croyait que les machines permettraient .... l'homme .... consacrer plus de temps .... l'art ou .... l'action politique.

Cette loi inexorable du temps, ... laquelle nul n'échappe, ne relève pas .... la fatalité. On a tort .... croire qu'elle tient .... la nature même des choses. Certains penseurs n'ont pas eu .... mal .... montrer qu'il s'agit en réalité .... un choix culturel.

Certaines mesures risquent .... se retourner contre ceux qui .... bénéficient et de transformer encore un peu plus l'individu .... rouage anonyme.

Les patrons éviteraient ainsi .... payer des heures supplémentaires en périodes de pointe.

Peut-être faut-il commencer .... ôter aux gens leurs uniformes pour qu'ils s'aperçoivent qu'ils ne sont pas des automates et se mettent .... vouloir vivre autrement.

L'infinitif

L'infinitif comme sujet

Relisez attentivement ces phrases:

Consommer prend autant de temps que produire.

Poser le problème en termes de « machines dévoreuses d'hommes, ne sert à rien ».

Notez aussi que vous pouvez ajouter *c'est, cela, voilà* à la phrase, de la manière suivante:

Poser le problème en ces termes, { *cela est* inutile.
{ *voilà* qui est inutile.

Améliorer simultanément la productivité et la qualité de la vie,
{ *c'est* là l'enjeu.
{ *voilà* le véritable enjeu.

L'infinitif ainsi employé tend à exprimer une vérité ou une règle générale (dans un style polémique ou académique), ou bien une formule, un slogan publicitaire par exemple. Une mère dira peut-être à ses enfants: «Ça vous fera du bien de faire de la gymnastique», mais sur une affiche dans un club de sports, on lira: «Faire de la gymnastique vous fera du bien».

Exercice

Pour chacune des phrases suivantes, inventez un contexte, et un sous-titre ou une deuxième phrase.

EXEMPLE:

Ça vous rend malade de fumer → Fumer vous rend malade. La phrase «Fumer vous rend malade» pourrait se trouver en tête d'un article de journal sur la santé; elle pourrait également servir de slogan dans une campagne publicitaire.

> FUMER VOUS REND MALADE
> Cessez de fumer
> avec
> notre chewing-gum
> au goût de tabac

Affiche publicitaire

ou encore

> **Fumer vous rend malade**
> De récentes recherches médicales fournissent une preuve définitive du lien qui existe entre le tabac et le cancer des poumons.

Article dans une brochure publiée par la Campagne Anti-Tabac

Cela revient très cher de louer un magnétoscope.
Cela demande beaucoup de patience d'élever des enfants.
Cela prend autant de temps de consommer que de produire.

$\left.\begin{array}{l}\textit{Il est}\\ \textit{C'est}\end{array}\right\}$ + adjectif $\left.\begin{array}{l}+\textit{de}\\ +\textit{à}\end{array}\right\}$ + infinitif

Phrase complète: Il est facile d'apprendre le chinois.
Phrase abrégée: Le chinois? C'est facile à apprendre.

Phrase complète: Il est agréable de regarder les gens qui savent patiner.
Réponse: Oui, effectivement c'est agréable à regarder.

Dans les mini-dialogues qui suivent, dites d'abord dans quel contexte le dialogue a lieu, ensuite, par petits groupes, continuez le dialogue pendant deux ou trois minutes.

- Moi, j'aimerais m'inscrire pour apprendre une langue. Est-ce qu'il est difficile d'apprendre l'italien?
- Non, Madame, l'italien, en principe, c'est facile à apprendre.
- Je m'intéresse aussi à l'arabe, mais je crois que c'est difficile à prononcer, l'arabe?
- Ce n'est pas trop difficile avec la nouvelle méthode que nous avons, mais pour les Français, l'italien est quand même plus facile à apprendre.

- Voilà, Madame. C'est le nouveau coupe-oignons électrique.
- Est-ce qu'il est facile de le faire marcher?
- Oui, Madame, c'est très facile à faire fonctionner. Regardez ... c'est très pratique, ça fonctionne avec des piles qui durent six mois.
- Est-ce qu'il est facile de les remplacer?
- Ah oui, c'est facile à trouver, et c'est très simple à mettre en place.

plus ... plus

«Plus on est de fous, plus on rit»: Voilà ce qu'on dit en sortant à plusieurs, ou en invitant beaucoup d'amis à la fois.

Pour les phrases ci-dessous, décidez qui parle et dans quelles circonstances; ensuite reprenez la phrase en utilisant:

plus ... (et) plus ...
plus ... mieux ...
moins ... moins ...

EXEMPLE:

Quand il parle beaucoup, il dit beaucoup de bêtises.
«Plus il parle, plus il dit de bêtises!» (Petite fille qui essaie de faire taire son petit frère.)

1. Si vous appuyez fort, vous avez beaucoup d'eau qui sort. (*plus ... plus ...*)
2. Si vous travaillez beaucoup, vous réussirez. (*plus ... plus ...*)
3. Si tu manges beaucoup de tartes à la crème, tu grossiras. (*plus ...* plus ...)
4. Quand vous voyagez, vous vous rendez compte de la diversité des peuples. (plus ... mieux)

5. Quand on vieillit, on apprend à tolérer les faiblesses des autres. (plus ... plus)
6. Quand on devient vieux, on a moins envie de partir de chez soi. (plus ... moins)
7. Si vous y réfléchissez, vous serez à la hauteur du problème. (plus ... plus)
8. Si on est nombreux, on s'amuse d'avantage. (plus ... plus)

Exploitation

Mini-exposés

(a) Par groupes de deux ou trois, préparez des arguments pour *ou* contre le sujet suivant: «Malgré tout ce qu'on dit, la mécanisation a permis aux peuples occidentaux de bénéficier d'une meilleure qualité de la vie.»

(b) Reprenez dans un style plus soutenu (celui d'un article du *Monde*, par exemple), les deux premiers paragraphes du texte «Les malades du temps».

(c) Résumez ce texte, en le réduisant environ de moitié (à peu près 700 mots).

Unité 10
«Un frisson intellectualisé»: le journalisme en question

Introduction

Olivier Todd, journaliste connu du *Nouvel Observateur*, et commentateur de la vie politique française à la télévision britannique, a écrit un roman semi-autobiographique intitulé *L'Année du crabe*. Dans l'extrait qui suit, le narrateur, Christophe, est parti à St-Germain-en-Laye (près de Paris) avec son vieil ami Jérôme. Puisque ce texte est quelque peu différent des autres que vous avez lus, nous vous proposons de faire une lecture préliminaire.

Première lecture

L'extrait contient plusieurs fils entremêlés: une conversation intime, un débat polémique, la description du cadre, et des souvenirs du passé. Parcourez rapidement le texte en tenant compte des questions.

Questions

1. L'auteur dit au début qu'il «fait une journalistite aiguë». Quelle est la locution sur laquelle cette phrase est basée? (Pensez à «elle a fait une appendicite».) En lisant cette phrase, qu'attendez-vous de l'extrait qui va suivre?
2. Les deux amis reviennent plusieurs fois sur les avantages et les inconvénients du journalisme. Notez brièvement les arguments de Jérôme et ceux de Christophe.
3. A deux reprises dans la narration, le narrateur fait allusion au passé: de quoi s'agit-il chaque fois? De même, il fait une allusion à l'avenir. Que dit-il?

Comme tant de reporters à quarante ans, je fais une journalistite aiguë: le journalisme pour quoi faire? Comment établir une méthodologie? N'est-ce pas un simple accident, de naissance et d'éducation, qui me fait admirer le journalisme à l'anglo-saxonne? J'aimerais avoir quelques mois de liberté pour réfléchir dans un coin, ne pas être harassé par la lecture d'autres hebdomadaires et des quotidiens, par l'écoute de la radio, par les regards rapides jetés sur les dépêches qui tombent ... Alors, ce métier qui me passionnait me paraît désespérant.

Un déjeuner avec Jérôme Barot n'arrange rien. Il passe me prendre un vendredi à midi quand la plupart des bureaux du journal sont vides. Il a sa bonne tête de castor sous ses cheveux ébouriffés, avec son nez cassé et ses yeux gris derrière des lunettes d'argent. Il porte toujours un pantalon de velours brun et un veston de tweed beige avec des coudes de cuir. Vite, il me dit:

– Tu as une sale gueule. Tu as besoin de prendre l'air. On va à Saint-Germain-en-Laye. Dis donc, j'ai lu ton fait divers la semaine dernière dans ton journal. Ce n'était pas le pied . . .

– Ainsi, tu es dans le fait divers maintenant, dit Jérôme, le chômage intellectuel en somme. Toute ma sympathie. Tu prends un autre café?

– Oui, tassé.

Nous sommes les derniers clients du restaurant, avec un capitaine d'infanterie à tête rasée qui fait des mots croisés. Il a une tête d'adjudant-chef sorti du rang.

Tablier à l'ancienne, rasant le sol, ayant balayé avec ostentation – quand partiront-ils ceux-là? – un garçon remue des choses sur la desserte à globes verts, les fromages de France, des tartes aux pommes, une corbeille de fruits avec l'ananas standard.

Jérôme déchiffre sur le mur de l'église, entre deux colonnes, une inscription noire à la bombe:

DIEU EST MORT *signé* NIETZSCHE

et au-dessous, une plus petite au pinceau rouge:

NIETZSCHE EST MORT, *signé Dieu.*

Un car Citroën vide tourne sur la place, manœuvre devant le château. Béatitude du beaujolais, je me sens loin de Paris. Il faudra emmener Catherine à Saint-Germain en semaine, un après-midi où j'aurai beaucoup de travail, louer une chambre dans un de ces hôtels près de la forêt.

– Deux autres cafés, dit Jérôme. Le garçon est excédé: – Tout de suite. Je parle lentement. – Il n'y a pas de fait divers. Il y a des faits, l'ordre qu'on établit entre eux, la priorité qu'on donne à certains enchaînements, qu'on refuse à d'autres: l'actualité en somme. Il y a dans l'actualité des histoires humaines qu'on peut réduire à leurs dimensions les plus sordides quand on est un journaliste pressé ou paresseux.

– . . . ou quand vos patrons veulent des larmes et du sang à la une. Vous avez des patrons même lorsque ce sont vos amis.

Trois petites filles à nattes, en jupes grises et blazers bleus, traversent la place. Je les regarde. Elisabeth, petite fille, habitait ici. Nous avons vécu quelques années à Saint-Germain quand j'étais prof au lycée.

– Tu simplifies, en universitaire. Un fait *divers* fait partie *diversement* de ce qui se passe dans le monde comme une guerre, une grève, une révolte, une révolution. Sartre a dit qu'on en apprenait souvent plus sur une société à travers un fait divers qu'en parcourant dix traités de sociologie.

Le garçon ramène les cafés et présente l'addition avec insistance.

Jérôme exige de payer.

– Laisse, dis-je, J'ai des notes de frais – justifiables: tu es un bon «contact» dans le monde universitaire.

– Justement: si tu m'invites, ça ne veut rien dire.

– Comme tu es puritain!

– Pas du tout: j'ai envie de t'inviter. Je suis moins riche que toi. Je ne vais pas me refuser un plaisir modeste qui n'est pas à ta portée.

Il écarte ma main et mon billet de la soucoupe.

– Tu en es à combien maintenant? – Six cents et quelque, plus les droits de reproduction de mes articles.

– Ignoble, scandaleux, dit Jérôme en riant. Le troisième palier: cent, deux cents, cinq cents. Sous vos signatures, on devrait mettre combien vous gagnez – pas pour vous juger, pour savoir. En France, on ne dit jamais combien les gens gagnent, dans la vie ou les romans. Voilà pourquoi j'aime la littérature anglaise du XVIIIe ou du XIXe siècle. Dire qu'un héros a les yeux bleus est moins important que de faire savoir qu'il a deux mille guinées de rente. Et je préfère Balzac à Robbe-Grillet . . .

Nous attendons la monnaie en silence. J'aimerais que Jérôme habite Paris, pour le voir plus souvent.

Nous entrons dans le parc. Pensionnaires au lycée de Saint-Germain, quelques années avant d'y retourner comme professeurs, nous avons attendu là les résultats du bac. Nous passons devant la statue de Vercingétorix pensif, appuyé dans le vide sur un tronçon de glaive.

– La municipalité ou les Beaux-Arts pourraient lui refaire son arme, dis-je.

– Non, le tronçon lui va bien. C'était le premier collabo.

Nous nous appuyons sur la table d'orientation. Souvent, nous nous sommes inventés des avenirs ici en contemplant Paris à travers la brume cotonneuse, effilochée du Mont Valérien aux champs de Croissy. Je dis:

– Tu te souviens, Laforgue: *Vivre juste de ton*? Je n'y arrive pas. Il y a trop de fausses notes dans ma vie. Je passe toujours à côté de moi-même ou d'un moi imaginaire, Elisabeth, Catherine, des ombres aussi – pour moi.

– Elisabeth et toi, vous faites une connerie monumentale en vous séparant, dit Jérôme. Bien sûr, toi tu as fait tout ce qu'il fallait pour, tes cavalcades, tes histoires infantiles de filles. Catherine est ta plus durable cavalcade. Tu vas quitter une mère pour une autre.

– Tu m'emmerdes.

– Naturellement! C'est moi qui aurais dû épouser Elisabeth, dit Jérôme.

– Vous vous seriez ennuyés, vous êtes trop sérieux.

– Le grand mot! Cette peur de l'ennui que tu trimbales avec toi devrait être démodée depuis longtemps. On va jusqu'au bout de la terrasse?

– D'accord.

Un couple sort de la forêt par une brèche du mur. L'homme porte une alliance, pas la jeune femme. Elle baisse la tête, en passant près de nous.

– L'adultère et le viol sont les deux spécialités de la forêt de Saint-Germain, dit Jérôme.

Une pluie légère commence à tomber, une péniche brame sur la Seine.

Jérôme se baisse, ramasse une branche. Il la casse, lance un morceau par-dessus le mur, épluche l'écorce.

– Content d'avoir repris le travail?

– J'aime travailler. Je m'enterre dans le boulot. J'aimerais avoir une année sabbatique devant moi, comme les universitaires américains, pour lire, pour réfléchir un peu.

– Et moi donc!

– Tu as le temps, toi, avec tes immenses vacances. Combien de cours? Cinq, six heures par semaine?

– Tu parles comme un poujadiste. L'enseignement, même dans le supérieur, c'est épuisant et ça prend beaucoup de temps. Renouveler ses cours, corriger ses copies.

Nous croisons un garde du parc. Haut vélo, cape et képi humides, il sort d'un film de Tati.

– Dix années de boulot. Pour rédiger un bouquin de six cents pages que liront quelques centaines de spécialistes, qui en tireront des notes pour d'autres ouvrages de huit cents pages, dont on ne dira pas un mot dans ton journal et autres publications à la mode.

Angliciste, reconverti à l'histoire après mai 1968, Jérôme fait un doctorat sur «*l'Ouvrier anglais 1850–1900*».

– Tu es injuste. Nous parlons souvent d'ouvrages universitaires.

– Quand les auteurs sont, comme vous dites, dans le vent. Tout ça reste très parisien.

– C'est curieux, tu détestes le journal et tu le dévores chaque semaine, Jérôme. Tu le lis plus et mieux que moi. Pourquoi? Reconnais que nous abordons beaucoup de sujets y compris ce sacré fait divers, dans d'autres dimensions, avec plus d'intelligence et de précautions que certains de nos concurrents.

– Sans doute, mais ça ne suffit pas. Tu sais ce que disait Marx à propos de Mill? Dans les pays de plaines, les collines ressemblent à des montagnes. Au départ, vos intentions sont excellentes. Vous partez d'une séquestration, d'un enlèvement, d'un meurtre pour mettre en cause la société, l'état, sa police, que sais-je. Vous politisez le suicide. Vous jouez, comme les plus mauvais journaux, sur le frisson du lecteur. Vous l'intellectualisez, c'est tout. Devant un suicide ou une guerre, vous restez des charognards. Ce qui m'irrite d'abord, ce sont vos prétentions, votre ton imperturbable d'omniscience brillante.

– Tu exagères. Au mieux, nous témoignons . . .

– Si tu veux. Quoi qu'il arrive, quel que soit le nombre de colonnes qu'on vous donne, vous êtes contraints de détacher ce morceau d'une totalité. Bien sûr, nous les historiens, nous faisons la même chose en quelques centaines de pages. On ne peut décrire tout un contexte. On raconterait l'histoire du monde.

– C'est une question de choix.

Jérôme marche en se balançant, un pied sur l'herbe, l'autre sur le gravier:

– Ce que je n'accepte pas, c'est votre manière d'utiliser les mots. Vous êtes en même temps les profiteurs et les parias du verbe. C'est difficile à définir mais je sens ça nettement. Je ne partage pas, tu le sais, le mépris avoué ou latent de la plupart de mes collègues universitaires pour les journalistes. Je sais qu'il est louche. Pourtant je comprends leur méfiance devant vos productions même lorsqu'elles ne sont pas trop évidemment le résultat d'enquêtes superficielles.

– Nous travaillons vite ce qui ne veut pas dire mal. Le procès que vous nous faites est souvent une querelle de style. Oui, nous faisons dans la phrase de seconde main, le mot d'occasion, la citation contractée. Pourquoi n'aurions-nous pas, nous aussi, droit au mot pour le mot? Vous, lecteurs critiques, vous nous aimeriez précis comme des mathématiciens ou des électroniciens. Vous acceptez les poètes, pas les journalistes. Sont-ils précis, les poètes avec leur prétendu mot nécessaire, juste à l'Empyrée, le mot unique – qui est parfaitement remplaçable, comme presque toute tache de couleur dans un tableau. Précis, les historiens qui choisissent leurs faits comme nous? Vous avez quatre pages ou quarante pour nos quatre lignes, c'est la principale différence.

– Avec le temps d'élaborer, de contrôler, de critiquer, de vérifier, nous. Beaucoup plus de temps, insiste Jérôme.

Nous traversons la pelouse au milieu de la terrasse. Nous nous accoudons à la grille repeinte. Le vert cru de la grille s'accorde mal à l'herbe et aux rousseurs humides des vergers coulant vers la grisaille du fleuve. Au fond, nous sommes d'accord sur les avantages et les inconvénients de nos métiers.

Olivier Todd, *L'Année du crabe*

Vocabulaire à retenir

(a) Avant de relire le texte de façon plus approfondie, vérifiez le sens des mots suivants:

un quotidien	un palier	louche (adjectif)
une dépêche	une table d'orientation	un procès
un fait divers	un/e universitaire	s'accouder (à)
à la une	une brèche	s'accorder (à)
une note de frais	une alliance	
écarter	un/e angliciste	

(b) Donnez des équivalents courants de:

tu as une sale gueule (l. 16)
ce n'était pas le pied (l. 18)
tu en es à combien maintenant? (l. 66)
un collabo (voir Section IV, Exercice 7) (l. 85)
vous faites une connerie monumentale (l. 93)
cavalcades (f.) (cavaler) (l. 95)
tu m'emmerdes (l. 97)
trimbaler (l. 101)
le boulot (l. 115)
un bouquin (l. 126)
dans le vent (l. 133)
ce sacré fait divers (l. 138)
charognard (pas de fém.) (l. 147)

Compréhension du texte

1. Quelle est l'attitude de Jérôme envers le journalisme et envers sa profession à lui?
2. Christophe n'est pas d'accord que le fait divers représente le «chômage intellectuel» – pourquoi? A part cela, est-ce qu'il s'attaque au journalisme, ou est-ce qu'il le défend?
3. En utilisant les détails qui figurent dans le texte, esquissez oralement un bref portrait de Christophe (son passé, ses projets, sa personnalité).
4. Faites de même pour Jérôme.
5. «Vous êtes en même temps les profiteurs et les parias du verbe», dit Jérôme. «C'est difficile à définir . . .» Essayez vous-même de définir ce qu'il veut dire par là.
6. Dans le *Pluridictionnaire Larousse* (ou un autre ouvrage de référence), renseignez-vous brièvement sur: Nietzsche, Robbe-Grillet, Vercingétorix, Les Beaux-Arts, Laforgue, Tati, mai 68, l'Empyrée.

Exercices lexicaux

Vocabulaire descriptif

1. Quel est le contraire de cheveux «ébouriffés»? Trouvez d'autres mots pour qualifier les cheveux.
2. Trouvez d'autres mots pour décrire «une brume cotonneuse et effilochée».
3. Changez le verbe dans «une péniche brame sur la Seine».
4. Trouvez quelques adjectifs qui pourraient décrire les qualités: – d'un castor – d'un adjudant-chef sorti du rang!

Faire

(a) «Faire une journalistite»: Trouvez d'autres expressions avec «faire» qui indiquent des problèmes de santé. Exemple: faire une bronchite. Qu' est-ce qu' une «réunionite»?

(b) *Faire/rendre* + adjectif

EXEMPLES:

rendre plus jeune (peut avoir un complément d'objet direct (COD)) = rajeunir
faire plus jeune (sans COD) = avoir une apparence jeune

Dans les phrases suivantes, utilisez ou bien *rendre*, ou bien *faire*.

1. Ça .... très «pop art», le tableau que tu viens de peindre.
2. Je mets mon nouveau costume? Ça .... un peu fils à papa, tu ne trouves pas?
3. Ne conduis pas comme ça. Tu me .... nerveux.
4. Je n'aime pas me balader dans ta grosse voiture; ça .... vraiment trop snob.
5. D'ailleurs, la vitesse me .... malade.
6. Ça me .... triste, Paris l'hiver.
7. Oui, tout ce gris .... très triste.
8. Ça .... très XVIIe siècle, le bureau que tu as acheté.
9. Tu aimes mes nouveaux rideaux? Oui, ça .... très joli, avec les meubles que tu as.
10. Ils .... très modernes, n'est-ce pas?

(Voir Section IV, Exercice 12.)

Entraînement grammatical

Les prépositions (voir la page 137)

Locutions avec *à*

(a) *à* + nom (pour la description on omet quelquefois l'article)
trois jeunes filles à nattes
des volets à l'espagnolette
une tasse à café
un avion à réaction
une robe à pois
un pantalon à rayures

(b) *au/à la/aux* + nom (indiquant le contenu, surtout pour la cuisine)
une tarte aux pommes
des tournedos aux champignons
des truites aux amandes
du riz au lait/au gras

(c) *à* + adjectif au féminin (indiquant un style ou une mode)
un tablier à l'ancienne (= mode)
la cuisine à la japonaise (= à la mode du Japon)
champignons à la grecque
tarte à l'alsacienne
lotte à l'américaine

(d) *au/à la/aux* + substantif (indiquant l'instrument ou le moyen)
une inscription à la bombe
des graffiti au pinceau rouge
peindre à la gouache

Maintenant à vous de compléter:

1. Un monsieur .... barbe touffue

2. Elle a fait un clafoutis .... cerises
3. Filer .... l'anglaise
4. On va découper ce poulet .... l'américaine
5. Il pêche .... ligne
6. Il écrit .... stylo
7. Une robe cousue .... main/machine (On trouve «cousu main» ou «fait main» sur les étiquettes.)

L'infinitif (suite de la page 138)

L'infinitif utilisé comme impératif

(a) Dans la langue soutenue, ou dans un contexte «officiel», on utilise souvent l'infinitif (ou *défense de, prière de* + infinitif) pour donner des ordres ou des conseils. Vous trouverez également d'autres constructions, telles que des phrases nominales («Entrée interdite»). Voici quelques exemples. Inventez-en d'autres.

Ne pas stationner
Défense de cracher et de parler breton
Tenir les chiens en laisse
Faire suivre S.V.P.
Mettre un jeton dans la fente

(b) Dans les manuels ou dans les recettes, on utilise en général l'infinitif. Lisez la recette qui suit, avant de décrire la recette de votre choix (soit votre plat préféré, soit un plat fantaisie).

Potage russe

Pour 4 personnes: 250 g de haricots blancs, 250 g de pommes de terre, 50 g de beurre, 125 g d'oseille, cerfeuil, laitue, 1 litre $\frac{1}{2}$ d'eau. Cuire en autocuiseur les haricots blancs et les pommes de terre, épluchées et coupées, dans 1 litre $\frac{1}{2}$ d'eau. Par ailleurs, faire cuire en casserole dans le beurre, l'oseille, le cerfeuil, et la laitue, finement hachés, 20 mn environ. Ajouter cette préparation aux haricots et aux pommes de terre et passer le tout au mixer. Mettre dans la soupière. Ajouter une noix de beurre et des croûtons frits, selon le goût.

(c) On peut également trouver un mélange d'infinitifs et d'impératifs. Dans ces conseils aux automobilistes, le slogan principal se trouve à l'infinitif, suivi d'une explication moins directe où l'on emploie l'impératif. A part le premier exemple, les phrases ne sont pas dans le bon ordre – à vous de le retrouver!

BIEN ENTRER SUR L'AUTOROUTE → N'hésitez pas à accélérer franchement pour vous faufiler dans la file de voitures.
ROULER A DROITE → Dans une circulation dense, ne changez pas de file.
GARDER SES DISTANCES → Mettez-vous longtemps à l'avance sur la file de droite.
RESTER EN FILE → Roulez dans la file de droite, même à 130 km/h. La file de gauche n'est qu'une voie de dépassement.
PREPARER SA SORTIE → Ne serrez pas de trop près la voiture qui est devant vous.

Mémento du Nouveau Conducteur, offert par les stations-service Shell

(d) *Ne pas oublier* l'ordre des mots à l'infinitif. Est-ce que vous pouvez ajouter d'autres interdictions à celles qui suivent?

PARC NATIONAL

Ne pas laisser de détritus
Ne pas chasser les animaux
Ne pas ramasser de fleurs
Ne pas gaspiller l'eau

Exploitation

Sujets de discussion orale

(a) «Vous partez d'une séquestration . . . pour mettre en cause la société . . . Vous jouez, comme les plus mauvais journaux, sur le frisson du lecteur. Vous l'intellectualisez, c'est tout.» Feuilletez des hebdomadaires français (et *Le Nouvel Observateur* en particulier) pour dire si le jugement de Jérôme est bien fondé.
Selon Christophe, on exige des journalistes une précision et une honnêteté verbale qu'on ne demande pas aux poètes ou aux historiens: a-t-on raison?

Travail en groupe: mini-descriptions

(b) L'auteur réussit, en quelques mots, à décrire des personnes (lignes 12–15, 22–23, 124–5) et la scène ou l'ambiance (lignes 25–8, 34–5, 86–9, 110–11, 182–5). En prenant ces phrases pour modèle et en vous référant à l'exercice lexical à la page 146 (*faire*) faites par écrit (a) le mini-portrait (ou la caricature) de quelqu'un qui est connu de tout le groupe; (b) une brève description de lieu. (Ensuite, chacun/e lira ses descriptions et ce sera aux autres de les identifier!)

(c) Lisez les faits divers suivants.

Albi, capitale régionale du cinéma amateur

Albi (C.P.). — C'est aujourd'hui que débute, à Albi, le concours régional de la Fédération des clubs français de cinéastes (F.c.f.c.). Cinquante-six films seront projetés jusqu'à samedi soir. La présidence du jury sera assurée par M. Raymond Lafay, conseiller à la F.c.f.c. La remise des prix se déroulera, dimanche matin, au théâtre municipal. « La Dépêche du Midi » offrira une coupe au meilleur réalisateur.

« Yokel », le champion de France est mort

Foix. — Le chien de la gendarmerie ariégeoise, « Yokel » champion de France, vedette du petit écran est mort.

Il constituait avec le gendarme Not, son maître, la célèbre équipe cynophile qui réussit de nombreux exploits dans la région Midi-Pyrénées.

Il y a quatre ans, le chien « Yokel » atteint d'un cancer, avait été réformé.

Il est mort aux cotés de son maître, qui commande actuellement la brigade de gendarmerie de l'Isle-en-Dodon.

Durcissement du conflit à l'usine de Ratier-Figeac (Lot)

Figeac (C.P.). — La grève à l'usine de construction aéronautique Ratier-Figeac (Lot), qui dure depuis déjà une semaine, a pris, hier, un tour plus âpre. La production est maintenant totalement interrompue et une grande manifestation, à l'appel de la C.g.t., s'est déroulée, hier, dans les rues de Figeac.

Le conflit trouve son origine dans l'application de l'ordonnance gouvernementale sur les trente-neuf heures de travail hebdomadaire. Les syndicats C.g.t. et C.f.d.t. reprochent à la direction d'avoir profité de l'occasion pour modifier le travail posté, instituant quatre équipes de six heures six jours par semaine (jusqu'au dimanche 0 h 45). Pour l'heure, aucune négociation n'a été engagée.

Découverte quatre mois après sa mort

Tonneins. — Le corps d'une femme de 70 ans, morte depuis environ quatre mois, et dont les voisins pensaient qu'elle était à l'hôpital, a été retrouvé à son domicile à Tonneins (Lot-et-Garonne).

Une voisine, intriguée par l'invasion inhabituelle de grosses mouches sous la verrière de la maison de Mme Eliette Saubois, située dans le centre de Tonneins, avait alerté, mercredi, la mairie de cette ville.

Les sapeurs-pompiers, après avoir enfoncé la porte, ont découvert, allongé sur le lit, le corps de la septuagénaire en état de putréfaction avancé. Le médecin-légiste a conclu à une mort naturelle.

Ariège–Pyrénées

«On apprend souvent plus sur une société à travers un fait divers qu'en parcourant dix traités de sociologie.» Discutez ces propos (à peu près 500 mots).
OU Imaginez que vous débarquiez d'une autre planète. Quelle impression ces faits divers donneraient-ils de notre société? (environ 300 mots)

(d) Inventez l'extrait d'une scène de roman ou deux personnages discutent de leur passé/de leur métier/de leur vie privée. Décrivez le lieu, l'ambiance, les rapports qu'il y a entre eux, et écrivez quelques lignes de dialogue (environ 300 mots en tout).

SECTION III *Pratique de l'oral*

Introduction

Cette section peut constituer le point de départ d'un travail individuel ou d'un travail collectif, soit au laboratoire de langues, soit en groupe. Les exercices, un mélange de compréhension et de production orale sont classés par ordre de difficulté croissante.

Les premières unités contiennent plus de points de repère pour vous guider sur la chemin de la compréhension. Quant à la production orale, elle revêt diverses formes : lecture simultanée et anticipée, réponses aux questions, résumé oral et expression libre. Les conditions d'écoute se font plus ardues au fur et à mesure que l'on progresse ; c'est ainsi que la première unité se limite à une seule personne qui est interviewée tandis que la 3ᵉ unité permet d'entendre plusieurs voix qui s'entrecoupent parfois, ce qui rend la compréhension moins aisée.

A partir de la 5ᵉ unité, des difficultés d'un autre ordre surgissent comme la friture à la radio ou les lignes brouillées au téléphone. De plus, vous entendrez des variétés de français : français méridional, français belge, et français canadien, etc., accents auxquels il est souhaitable de se familiariser.

Pour les exercices de compréhension orale, nous proposons du déchiffrage, c'est-à-dire que nous vous demandons de faire une transcription orthographique de ce qui est enregistré sur la bande. Pour ce qui est du français québécois et du français méridional, nous avons fourni quelques brèves indications phonétiques pour faire ressortir les différences entre ces variétés de français et le français dit standard. Ceci présume une connaissance des symboles phonétiques de l'Association Phonétique Internationale (voir l'Appendice 1) qu'il faut posséder à ce niveau d'études, ne serait-ce que pour comprendre la notation adoptée dans la plupart des dictionnaires. Cette mini-description linguistique des variantes du français se trouve en fin d'unité, à l'intention de celles et de ceux qui désirent la faire.

Unité 1
Vivre à Grenoble

Un entretien avec Jean Derrioz, qui habite Grenoble

○○ Première écoute

Ecoutez une fois l'interview, et essayez d'en dégager les grandes lignes.

○○ Deuxième écoute

(a) Vrai ou faux?

1. La population de Grenoble a augmenté aussi rapidement qu'on l'avait prévu.
2. La population de Grenoble est passée de 10000 en 1930 à 40000 en 1960.
3. Grenoble est une ville d'industries de pointe.
4. Grenoble est une ville non polluée.
5. Les chercheurs scientifiques font partie de ce qu'on appelle le «secteur tertiaire».
6. La ville de Grenoble a gardé les structures sociales du dix-neuvième siècle.
7. Les municipalités successives n'ont pas fait grand'chose pour les nouveaux citoyens.
8. On va construire une Maison de la Culture à Grenoble.
9. Le campus de l'université se trouve hors de la ville.

(b) Trouvez sur la bande des expressions qui ont le même sens que celles-ci et notez-les:

1. l'ordre social établi a été bouleversé
2. malgré l'apparence d'une ville très à la mode
3. d'autres villes de cet ordre de grandeur
4. les municipalités successives ont fait de leur mieux
5. si cela ne réussit pas sur le plan social
6. les architectes ont fait exprès de construire en hauteur pour créer un espace vert sur le peu de place disponible.

Vocabulaire à retenir

industrie légère/lourde/de pointe/ de transformation
le secteur tertiaire
un cadre moyen
les transports en commun
l'urbanisation (fém.)
la municipalité
une image de marque
les équipements lourds
les impôts locaux

La prise de notes

Pour noter vite, vous aurez besoin d'abréviations. Voici une liste de celles qui vous seront utiles quand vous réécouterez l'entretien:

cult = culturel, culture	pr = pour	-mt = -ment
cpdt = cependant	prog = programme	-tn = -ition, -ation
dern = dernier/s, dernière/s	pt/e/s = petit/e/s	-q = -ique
	soc = social, société	
ds = dans	t/s = tout, tous	↘ = baisse
m = mille	tr = très	+ = plus
m̂ = même	tte/s = toute/s	+sieurs = plusieurs
mv = mauvais	vr = vrai	
pb = problème	vs = vous	RP = Région parisienne
p ex = par exemple	vx = vieux	

En suivant les procédés employés ici, vous pouvez inventer des abréviations à votre guise:

1. Maintien de la première lettre du mot, suivie ou non de certaines lettres (en général les consonnes). A partir des exemples ci-dessus, inventez une abréviation pour (a) nous (b) toujours.
2. Maintien de la première syllabe du mot (soc = société).
3. Abréviation de la terminaison (par exemple: rapidement → rapidemt).
4. Emploi des symboles, ou une combinaison de symboles et de lettres. Comment écririez-vous: plutôt?
5. Pensez aux abréviations et aux sigles que vous connaissez déjà (no., RP, TSVP, etc!).

OO (a) Ce qui suit est une esquisse des notes que vous auriez pu prendre en écoutant la bande. Réécoutez l'interview, en lisant ces notes, et en ajoutant d'autres si vous en voyez l'utilité.

Croissance révisée ↘ ces derns années
Cpdt 100 m hab en 1930 → 400 m en 60
+sieurs facteurs:
1. Industries de transformtn, secteur tertiaire, le CEA, i de pointe
2. Saturatn des métropoles régionales, décentralistn de RP
3. Réputn ville propre, malgré usines chimiqs attire industries légères & cadres

Vx centre t pt Pop tte récente aisée
1. cadres moyens, pts bourgeois 2. travailleurs immigrés – pb de déracinemt
Efforts de la municipalité: prog soc-cult, p ex Maison de la Cult. Maisons de quartier. Cpdt transports en commun mvs – bcp de ptes villes-satellites campus isolé – atmosphère provinciale
Noyau de vx grenoblois ds 1) quartiers ouvriers + 2) quartiers bourgeois du centre (tr fermés) Lieu de rencontre = lieu de travail
Urbanisation intensive: Villeneuve de G, immense muraille de Chine. Accent sur intégtn, logemts pr ttes couches soc. Logemts concentrés sur de gdes hauteurs. Animtn soc mise en place dès départ: TV par câble, journal, éventail d'écoles

Expérience ne peut pas dépasser soc autour pb de pop déracinée – ni échec, ni réussite totale.

(b) A vs de continuer

Exploitation: travail de groupe

1. Résumé oral: essayez de reconstituer oralement l'essentiel du texte à partir des notes. Pour relier les bribes de phrases qui ont été notées, efforcez-vous d'utiliser quelques-unes des expressions suivantes:

d'une façon générale	donc
enfin	en fonction de
en conséquence	par bien des côtés
justement	au total
en somme	je crois tout de même que
sur le plan	d'une part . . . d'autre part
ce qui fait que	en gros

2. «Les villes nouvelles représentent l'aliénation de l'individu.» Discutez.

3. Imaginez comment sera, en l'an 2000, la ville où vous faites vos études.

Unité 2
Les Copains d'abord

La vie et l'œuvre de Georges Brassens

Né à Sète, dans l'Hérault, le 21 octobre 1921, il monta à Paris en 1939 où il connut des débuts difficiles. Lancé par Patachou, il finit par percer dans les années cinquante. Il obtint le Grand Prix du disque de l'Académie Charles Cros en 1954 et se vit décerner le Prix de poésie de l'Académie française en 1967. Grand lecteur de La Fontaine, Malherbe, Valéry et bien sûr F. Villon qu'il nommait son «Maître François», Brassens est considéré par beaucoup comme le plus grand auteur–compositeur de notre époque.

Dans ses chansons, il s'en prend aux bourgeois «bien mais peu pensants», aux hommes et femmes d'église «les punaises de sacristie», aux propriétaires terriens qui ont «les culs cousus d'or», et aux chauvins «empalés une fois pour toute sur leurs clochers». Il dénonce également les hypocrites, la guerre, le racisme, et les militaires. Il chante la mort, le temps, l'amour, l'amitié, et ses héros: les putains, les mauvais garçons, les pauvres, les vieux, les fossoyeurs. Il n'est pas cependant un chanteur engagé à proprement parler. Son langage est riche en termes peu usités, en archaïsmes, en mots crus, en trouvailles lexicales. Il s'est peint lui-même comme:

«Le pornographe du phonographe,
Le polisson de la chanson».

Travail préliminaire

(a) Avant de passer à l'écoute de la chanson intitulée «Les Copains d'abord», il vous sera peut-être utile de procéder à quelques recherches. Renseignez-vous, dans un dictionnaire Larousse par exemple, sur

Castor et Pollux	Montaigne
Sodome et Gomorrhe	La Boétie

(b) Cherchez ensuite le sens des expressions suivantes:

franco de port (inv.)	toutes voiles dehors (lit.)
un coup de Trafalgar	être en détresse
prendre le quart	se taper sur le ventre (fam.)

OO Première écoute

Ecoutez maintenant la chanson enregistrée *sans* regarder ce qui suit!

○○ Deuxième écoute

Ecoutez l'enregistrement une deuxième fois et complétez les blancs dans l'exercice à trous qui se trouve ci-dessous:

Les Copains d'abord

Non ce n'était ....
De la Méduse ....
Dis' au fond des ports
Qu'on se le dis' ....
Il .... en Pèr Pénard
Sur .... des canards
Et ....
  Les copains d'abord

Sec fluctuat nec mergitur
C'était ....
N'en déplais' ....
  Au ....
Son .... matelots
N'étaient .... d'salaud
Mais ....
  .... d'abord

C' .... de lux'
Des .... Pollux
Des .... Sodom' ....
  Sodom' ....
C'étaient ....
Par .... Boétie
Sur .... fort
  Les ....

C' .... plus
L'évangil' .... lu
Mais .... voil's dehors
  .... voil's dehors
.... et compagnie
C'était .... litanie
Leur .... leur Confiteor
  .... copains d'abord

Au .... de Trafalgar
C'est .... l'quart
C'est ell' ....
  .... le nord
Et .... en détress'
Qu'leurs ....
On .... sémaphores
  .... copains d'abord ....

Corrigez ensuite vous-même votre travail á l'aide du texte de cette chanson:

Les Copains d'abord

Non ce n'était pas le radeau
De la Méduse ce bateau
Qu'on se le dis' au fond des ports
Dis' au fond des ports
Il naviguait en Pèr Pénard
Sur la grand-mare des canards
Et s'appelait les copains d'abord
Les copains d'abord

Sec fluctuat nec mergitur
C'était pas d' la littératur'
N'en déplais' au jeteur de sort
Au jeteur de sort
Son capitaine et ses matelots
N'étaient pas des enfants d'salaud
Mais des amis franco de port
Des copains d'abord

C'étaient pas des amis de lux'
Des petits Castor et Pollux
Des gens de Sodom' et Gomorrh'
Sodom' et Gomorrh'
C'étaient pas des amis choisis
Par Montaigne et la Boétie
Sur le ventre ils se tapaient fort
Les copains d'abord

C'étaient pas des anges non plus
L'évangil' ils l'avaient pas lu
Mais ils s'aimaient tout's voil's dehors
Toutes voil's dehors
Jean Pierre Paul et compagnie
C'était leur seule litanie
Leur Credo leur Confiteor
Aux copains d'abord

Au moindre coup de Trafalgar
C'est l'amitié qui prenait l'quart
C'est ell'qui leur montrait le nord
Leur montrait le nord
Et quand ils étaient en détress'
Qu' leurs bras lançaient des S.O.S.
On aurait dit des sémaphores
Les copains d'abord . . .

Titre: Jules Romain publia, en 1913, un roman intitulé *Les Copains*
l. 2 La Méduse: mythe grec, cf. tableau de T. Géricault: Le Radeau de la «Méduse» (1819)
l. 5 Pénard: s'écrit aussi peinard (très fam.) et signifie paisible, tranquille. S'emploie dans l'expression «en père peinard» qui a pour sens: sans se fatiguer, tranquillement
l. 9 Sec fluctuat nec mergitur: locution latine qui se traduit ainsi: Il est battu par les flots, mais ne sombre pas. C'est la devise de la ville de Paris, qui a pour emblème un vaisseau
l. 14 Salaud: terme injurieux appartenant au registre très familier, a pour synonyme saligaud, salopard
l. 29 Jean Pierre Paul et compagnie: fait référence aux Apôtres
l. 31 Credo, Confiteor: parties de la messe, dans la liturgie catholique qui correspondent aux: Je crois en Dieu et Je confesse à Dieu

Exercices

Exercice de vocabulaire (travail de groupe)

(a) Faites une phrase pour montrer l'emploi des expressions (familières) suivantes:

ma copine
être très copain avec quelqu'un

(b) En utilisant un dictionnaire, expliquez les différences de connotation entre: un copain, un petit ami, un ami, un camarade, un compagnon, une compagne, un fiancé.

(c) Dans la chanson, les «copains» sont définis par opposition aux «amis choisis»: trouvez d'autres expressions qui définissent négativement les «copains».

(d) Trouvez le féminin de «salaud». Expliquez la phrase «des enfants de salaud».

(e) Dressez la liste des mots ou expressions ayant trait à la mer.

(f) Quel est le lien entre l'expression «un coup de Trafalgar» et le reste de la chanson? Trouvez deux ou trois autres expressions sur le modèle «un coup de ...».

Exercice de compréhension (à enregistrer si possible)

(a) Expliquez le sens de l'image «des amis franco de port». A quel mot l'expression «franco de port» s'applique-t-elle plus couramment?

(b) A quoi les sémaphores servaient-ils?

(c) Comment interprétez-vous l'image du radeau et la référence au jeteur de sort?

(d) Voici quelques thèmes de la chanson:
l'amitié masculine
la solidarité entre gens du peuple
la solidarité humaine face au destin et aux difficultés de la vie
la mise en question des valeurs bourgeoises
Indiquez les endroits où ces thèmes apparaissent dans la chanson, et expliquez quelles vous semblent être les idées de Brassens là-dessus. Trouvez-vous d'autres thèmes à commenter?

(e) La chanson contient un grand nombre d'allusions littéraires, historiques et religieuses. Donnez un exemple de chaque sorte, en expliquant la ligne où elles se trouvent.

(f) Expliquez «n'en déplaise ...» (l. 11).

Exploitation (travail de groupe)

(a) Le radeau de la Méduse: tout le monde se trouve à bord d'un radeau qui va sombrer. Il s'agit de jeter un à un les passagers par-dessus bord. Choisissez un personnage connu du groupe (historique ou contemporain, vrai ou fictif) dont vous allez faire la défense. (Préparez un petit discours de deux minutes maximum.)

(b) Cette chanson vous semble-t-elle appartenir à une tradition française particulière? Vous pouvez vous servir des éléments suivants dans votre discussion:
une ballade, un refrain
un air, les paroles
des paroles qui ont un sens, qu'on peut entendre
une musique qui ne se démode pas
une culture populaire/d'élite
la musique «pop»
les effets sonores (un groupe, un orchestre, l'accompagnement, la batterie, une guitare (électrique))

(c) La tradition à laquelle on se réfère dans cette lettre serait-elle différente de celle que l'on vient de discuter (le genre de musique, son rôle social)?

Claude François

Le 4 février dernier, j'assistais avec ma famille au gala de Claude François à Forest National. Le destin a voulu que ce soit la dernière fois que nous le voyions vivant. Comme de nombreux autres enfants, mes enfants sont allés l'embrasser. Malheureusement comme j'ai dû les hisser sur la scène, je n'ai pu prendre de photos. C'eût été pourtant un souvenir inoubliable du cher disparu.

Possédant moi-même quelques photos – pas de grande qualité, mais demande-t-on cela à des souvenirs – où Claude est entouré de gosses, je serais heureuse si je pouvais satisfaire quelqu'un qui comme moi n'aurait pu saisir ce moment. En fait, je cherche tout amateur qui, comme moi, posséderait des épreuves de Claude François entouré d'enfants et je désire faire savoir à qui serait intéressé que j'en possède.

Je vous remercie d'avance et vous prie d'accepter notre cordial bonjour.

M. et Mme Willocq Fontaine D.
Marais Ganquier, 8
75908 Frasnes-lez-Anvaing

Story

(d) Connaissez-vous d'autres chanteurs/euses français/es? Faites la comparaison avec Georges Brassens. Apportez des exemples au cours si possible. Les noms suivants vous diront peut-être quelque chose:

Barbara
Guy Béart
Marie-Paule Belle
Jacques Brel
Julien Clerc
Charlélie Couture
Sacha Distel
Jacques Dutronc
Léo Ferré
Johnny Halliday
Mireille Matthieu
Yves Montand
Georges Moustaki
Claude Nougaro
Edith Piaf
Serge Reggiani
Régine
Renaud
Michèle Torr
Sylvie Vartan

Unité 3
Les étudiantes ont la parole

Introduction

Vous allez entendre trois étudiantes françaises qui vont répondre à quelques questions sur leurs façons de parler et sur la vie estudiantine.

OO Première écoute

Ecoutez cet enregistrement d'une seule traite en essayant de vous habituer à la voix des quatre participantes: Anne, Valérie, Marianne et la journaliste qui pose les questions.

Vocabulaire à retenir

tutoyer → le tutoiement
vouvoyer → le vouvoiement
venir à l'esprit
se plier à
rechigner
la maternelle
en imposer à quelqu'un
encore faut-il que

l'agrégation → l'agreg (f)
faire la bise à quelqu'un
la drague → draguer (fam.)
une boîte → en boîte
la drague → draguer (fam.)
une boîte → en boîte
la consommation → la conso (fam.)
(voir Section IV, Exercice 7)

OO Deuxième écoute

Réécoutez l'enregistrement, en arrêtant la bande, au besoin, pour prendre des notes.

Exercices

Exercices écrits

(a) Complétez le tableau suivant en notant la façon dont chacune des étudiantes s'adresse aux membres de sa famille, à ses camarades, à des inconnus . . .

	TU	VOUS
Anne		grand-mère paternelle
Valérie		
Marianne		

(b) Transcrivez depuis «En faculté ...» jusqu'à «... à quelqu'un que je ne connais pas en lui disant tu.»

Exercices oraux

(a) Répondez oralement aux questions suivantes, en enregistrant vos réponses. N'écrivez pas vos réponses avant de les enregistrer.

1. Anne tutoie-t-elle tous les membres de sa famille?
2. Pourquoi Anne ne tutoyait-elle pas sa grand-mère paternelle?
3. Valérie emploie-t-elle le tutoiement ou le vouvoiement en famille?
4. Est-ce qu'en France, en général, les professeurs tutoient ou vouvoient leurs élèves? La situation est-elle la même à la maternelle et à l'école secondaire?
5. Quels sont les critères retenus par Marianne pour dire *tu* ou *vous* à quelqu'un en fac?
6. Pourquoi Valérie avait-elle trouvé drôle qu'Olivier ne lui fasse pas la bise?
7. Que se passe-t-il à Pau le jeudi soir?
8. Comparez l'ambiance en boîte en France et en Grande-Bretagne.
9. Pourquoi Marianne n'aime-t-elle pas l'ambiance en boîte?
10. Pourquoi parle-t-on de «marché au bétail»?

Ecoutez en dernier lieu vos réponses enregistrées.

(b) L'emploi des prénoms en anglais correspond-il à l'utilisation des pronoms *tu/vous* en français?

(c) Imaginez que vous passiez à la radio en France, à une émission de jeunes, et que vous deviez expliquer où vous allez danser dans votre pays et comment cela se passe.

Unité 4
Le Guichet

○○ Première écoute

Ecoutez la scène entière, sans vous référer au texte écrit.

Vocabulaire à retenir

le guichet	le bureau des renseignements
le lever du rideau	un jeton
la carte d'identité	une fiche

Première lecture

Enregistrez le rôle du Préposé et écoutez votre enregistrement.

LE GUICHET

Le bureau des «renseignements» d'une administration. Une salle quelconque partagée en deux par une grille et un guichet: à droite, derrière le guichet, se trouve le «Préposé» assis à une table face au public. La table est surchargée de registres, de livres et d'objets divers.

Au lever du rideau, le Préposé est plongé dans la lecture d'un livre. Il lit silencieusement en se grattant la tête de temps en temps avec un coupe-papier.

La porte s'entrebâille: apparaît la tête du Client, visage falot et inquiet, coiffé d'un chapeau déteint. Puis le Client s'enhardit et entre. Le Préposé, qui n'a, jusqu'à présent, prêté aucune attention au manège du Client, lève brusquement la tête, ferme bruyamment son livre et . . .

LE PRÉPOSÉ, *criant d'un ton rogue.*

Entrez!

Le Client n'entre pas.

LE PRÉPOSÉ, *encore plus fort.*

Entrez!

Le client entre, plus terrifié que jamais.

LE CLIENT, *se dirigeant vers le guichet.*

Pardon, monsieur . . . C'est bien ici . . . le bureau des renseignements?

LE PRÉPOSÉ, *ouvrant bruyamment le guichet.*

Ouin.

LE CLIENT

Ah! bon! Très bien. Très bien . . . Précisément, je venais . . .

LE PRÉPOSÉ, *l'interrompant brutalement.*

C'est pour des renseignements?

LE CLIENT, *ravi*

Oui! Oui! Précisément, précisément. Je venais...

LE PRÉPOSÉ, *même jeu.*

Alors, attendez!

LE CLIENT

Pardon, attendre quoi?

LE PRÉPOSÉ

Attendez votre tour, attendez qu'on vous appelle!

LE CLIENT

Mais... je suis seul!

LE PRÉPOSÉ, *insolent et féroce.*

C'est faux! Nous sommes deux! Tenez! (*Il lui donne un jeton.*) Voici votre numéro d'appel.

LE CLIENT, *lisant le numéro sur le jeton.*

Numéro 3640? (*Après un coup d'œil à la salle vide.*) Mais... je suis seul!

LE PRÉPOSÉ, *furieux.*

Vous vous figurez que vous êtes le seul client de la journée, non?... Allez vous asseoir et attendre que je vous appelle.

Il referme bruyamment le guichet, se lève et va ouvrir la radio... Le préposé arrête la radio, se frotte les mains longuement, va s'asseoir à sa table, ouvre le guichet et...

LE PRÉPOSÉ, *appelant.*

Numéro 3640! (*Le Client, plongé dans une rêverie, n'entend pas. Le Préposé, appelant plus fort.*) J'ai dit: numéro 3640!

LE CLIENT, *sortant brusquement de sa rêverie et regardant précipitamment son jeton.*

Voilà! Voilà!

Il se lève et s'approche du guichet.

LE PRÉPOSÉ

Votre jeton!

LE CLIENT

Oh! pardon! Excusez-moi! Voici.

Il rend le jeton.

LE PRÉPOSÉ

Merci!

LE CLIENT

Monsieur, je venais précisément vous demander si...

LE PRÉPOSÉ, *l'interrompant.*

Votre nom?

LE CLIENT

Mon nom? Mais je...

LE PRÉPOSÉ

Il n'y a pas de «je». Quel est votre nom?

LE CLIENT

Voici. Voici ma carte d'identité...

Il cherche dans sa poche et en retire un portefeuille... Mais le Préposé l'arrête.

LE PRÉPOSÉ

Je n'ai pas besoin de votre carte d'identité, je vous demande votre nom.

Le Client fait entendre un murmure indistinct.

LE PRÉPOSÉ

Comment écrivez-vous cela? Epelez, je vous prie!

LE CLIENT

M...U...Z...S...P...N...Z...J...A tréma...K...deux E...S...G...U...R...W...P...O...N...T...comme Dupont.

LE PRÉPOSÉ

Date et lieu de naissance?

LE CLIENT, *dans un souffle.*

Je suis né vers la fin du siècle dernier, dans l'Ouest...

LE PRÉPOSÉ

Des précisions! Vous vous payez ma tête, non?

LE CLIENT

Pas du tout, pas du tout, monsieur. Plus exactement, je suis né à Rennes en 1897.

LE PRÉPOSÉ

Bon; profession?

LE CLIENT

Civil.

LE PRÉPOSÉ

Numéro matricule?

LE CLIENT

Catégorie A-No J 9896. B4. CRTS. 740. U4. BS. AML. 3 millions 672 mille 863.

LE PRÉPOSÉ

Vous êtes marié? Vous avez des enfants?

LE CLIENT

Pardon, monsieur ... Puis-je me permettre ... de m'étonner un peu? J'étais venu ici ... pour demander des renseignements ... et voilà que c'est vous qui m'en demandez! Je ...

LE PRÉPOSÉ

Vous me poserez des questions quand *votre* tour viendra ... Je vous demande si vous êtes marié, si vous avez des enfants! Oui ou non?

LE CLIENT

Euh ... oui ... non ... c'est-à-dire ...

LE PRÉPOSÉ

Comment: c'est-à-dire?

LE CLIENT

Enfin! Ah! C'est si contrariant! Moi qui étais pressé ...

LE PRÉPOSÉ

Alors, si vous êtes si pressé que cela, vous avez intérêt à répondre vite, et sans hésiter.

LE CLIENT

Hé bien oui, là, j'ai été marié et j'ai des enfants ... deux enfants.

LE PRÉPOSÉ

Quel âge?

LE CLIENT, *agacé, presque prêt à pleurer.*

Oh! je ne sais plus, moi ... Mettez: dix ans pour la fille et huit ans pour mon garçon.

LE PRÉPOSÉ

Vous-même, quel âge avez-vous?

LE CLIENT

Mais je vous ai donné ma date de naissance tout à l'heure!

LE PRÉPOSÉ

La date de naissance et l'âge, ce n'est pas la même chose. Les deux indications ne figurent pas au même endroit sur la fiche du Client.

LE CLIENT

Ah ... parce que vous faites une fiche pour tous ceux qui viennent ici ... vous demander des renseignements?

LE PRÉPOSÉ

Bien sûr! Comment nous y reconnaître sans cela? ... Je vous ai demandé votre âge! ... Allons ...!

LE CLIENT

Alors, attendez. (*Il fait un calcul mental.*) 1952 moins 1897 ... 7 ôté de douze, reste 5, 89 ôté de 95 reste 16 ... cela fait, voyons, 5 et 16 = 21 ans, non, 16 et 5, 165 ans! ... Non. Ce n'est pas possible ... voyons, je recommence ...

LE PRÉPOSÉ, *haussant les épaules.*

Inutile! J'ai fait le calcul: vous avez cinquante-cinq ans exactement.

LE CLIENT

Oui, c'est cela, c'est cela! Merci, monsieur!

LE PRÉPOSÉ

Que ne le disiez-vous plus tôt! C'est fou le temps que l'on peut perdre avec des clients inexpérimentés! ...

LE CLIENT

Comment? Je ne peux pas encore vous demander de renseignements?

LE PRÉPOSÉ

Pas tout de suite. Attendez qu'on vous y invite.

Il referme bruyamment le guichet.

LE CLIENT, *désespéré et larmoyant.*

Mais, monsieur, je suis pressé! Monsieur! ... Ma femme et mes enfants m'attendent, monsieur ... Je venais ... vous demander des renseignements urgents, monsieur! ... (*A ce moment on entend le sifflement d'un train au départ.*) Vous voyez que nous sommes dans une gare, monsieur, ou que la gare n'est pas loin! Je venais précisément vous demander un conseil pour un train à prendre, monsieur.

LE PRÉPOSÉ *radouci, ouvre le guichet.*

C'était pour les heures des trains?

LE CLIENT

Enfin, oui, entre autres oui, d'abord pour les heures des trains, monsieur ... C'est pourquoi j'étais si pressé!

LE PRÉPOSÉ, *très calme.*

Que ne le disiez-vous plus tôt! Je vous écoute.

LE CLIENT

Eh bien, voici: je voulais, enfin je désirais prendre le train pour Aix-en-Provence afin d'y rejoindre un vieux parent qui ...

LE PRÉPOSÉ *l'interrompant.*

Les trains pour Aix-en-Provence partent à 6 h 50, 9 h 30 (première et seconde seulement), 13 heures (billet de famille nombreuse), 14 heures (célibataires), 18 heures et 21 heures (toutes classes, tout âge, tout sexe).

LE CLIENT, *suivant son idée.*

Merci, merci beaucoup! ... Oui, je voulais rejoindre à Aix-en-Provence un vieil oncle à moi, qui est notaire et dont la santé, voyez-vous, décline de jour en jour mais ...

LE PRÉPOSÉ

Au fait, je vous en prie!

LE CLIENT

Bien sûr, excusez-moi. C'était pour arriver à ceci: je voudrais, enfin je souhaiterais serrer encore une fois dans mes bras, mon vieux parent d'Aix-en-Provence, mais voilà que j'hésite vraiment entre cette direction et la direction de Brest! En effet, j'ai à Brest une cousine également malade et, ma foi, je me demande si ...

LE PRÉPOSÉ, *catégorique.*

Trains pour Brest: une Micheline à 7 heures, un Train Bleu à 9 heures, un Train Vert à 10 heures, un omnibus à 15 heures avec changement à Rennes. Trains de nuit à 20 h 45, vous arrivez à Brest à 4 h 30.

LE CLIENT

Oh, merci, merci! beaucoup, monsieur. Si j'en crois vos indications, je devrais donc aller voir ma cousine de Brest, plutôt que mon vieil oncle d'Aix-en-Provence?

LE PRÉPOSÉ, *sec.*

Je n'ai rien dit de ce genre. Je vous ai donné les heures des trains: un point, c'est tout.

LE CLIENT

Sans doute mais, ou je me trompe fort, ou il m'a semblé que vous manifestiez une certaine préférence, une sorte de préférence pour ma cousine de Brest, et je vous en remercie, oui, je vous en remercie, bien que ce soit, en somme, au détriment de mon vieil oncle d'Aix, auquel je porte une affection qui ...

LE PRÉPOSÉ

Mais enfin, monsieur, prenez toutes les décisions que vous voudrez! C'est votre affaire, que diable! Moi, je suis ici pour vous donner des renseignements! (*Le client ne répond pas. Le préposé, encore agacé mais presque condescendant*) Mais enfin, monsieur, répondez!

LE CLIENT, *infiniment triste et doux.*

Ce n'est pas à moi de répondre, monsieur ... C'est à vous ... Et moi qui aurais tant désiré un conseil, pour savoir ce que je dois faire ... ce que je dois faire ... quelle direction prendre ...!

Jean Tardieu, *Le Guichet*

Deuxième lecture

Enregistrez maintenant le rôle du Client. Ecoutez et (si nécessaire) améliorez votre enregistrement. Revenez au début et essayez de lire les deux rôles en même temps que le modèle, en imitant l'intonation et la prononciation de celui-ci. Relevez les endroits où les acteurs se sont écartés du texte!

Exercices

L'imparfait de politesse

Dans le texte, le verbe est fréquemment utilisé à l'imparfait pour exprimer une affirmation hésitante, atténuée ou polie, comme dans «C'était pour demander l'heure des trains». On vous demande de transformer stylistiquement les 5 phrases qui suivent, en les mettant à l'imparfait.

EXEMPLE:

Je viens simplement vous demander l'heure des trains.
Je venais simplement vous demander l'heure des trains.

En même temps, vous allez hésiter au début de la phrase, en employant *eh bien, heu . . ., je . . .*

1. Heu, nous venons simplement vous poser une question.
2. Je . . . je . . . je veux justement demander une petite faveur.
3. Heu, je pense que vous saurez me renseigner sur le train à prendre.
4. Eh bien, nous voulons vous proposer exactement le contraire.
5. Eh bien, voici – je viens vous voir pour discuter de la possibilité d'une augmentation.

(NB Attention à la prononciation de *heu, j . . . e . . . e*: il est très important d'*arrondir* les lèvres!)

Maintenant, imaginez la scène suivante: vous frappez à la porte d'une maison pour demander un renseignement quelconque, mais quand on vous répond brusquement, vous hésitez avant de pouvoir expliquer ce que vous voulez.

VOIX: Que voulez-vous? Vous ne voyez pas que vous m'avez réveillé? Dites-moi ce que vous voulez et vite!

Répondeur automatique

Enregistrez sur votre bande les détails suivants:

Nom (épeler s'il vous plaît)
Adresse (épeler s'il vous plaît)
Numéro de téléphone
Date de naissance
Lieu de naissance
Age
Etat civil
Profession

Unité 5
Droits des femmes, pouvoirs des hommes

Introduction

Vous allez entendre un extrait d'une communication faite par Huguette Bouchardeau, lors d'un colloque. Huguette Bouchardeau est une militante féministe et est elle fut secrétaire nationale du PSU. Elle est agrégée de philosophie et a enseigné à l'université de Lyon. Elle a publié, entre autres, *Pas d'histoire, les femmes* et *Un coin dans leur monde*. Elle fut Secrétaire d'Etat à l'environnement en 1983 et ministre de l'environnement dans le premier gouvernement Fabius en 1984.

OO Première écoute

Ecoutez la bande sans prendre de notes et sans regarder les mots de vocabulaire qui suivent.

Vocabulaire à retenir

se présenter à des élections	accéder à des responsabilités (f.)
acquérir des droits	le conseil municipal
un enjeu	un/e adhérent/e
une campagne électorale	le PSU, le PS, le PC
les suffrages (m)	prendre à témoin
avoir (un) droit de regard sur	un organe de direction
en matière de + nom	un engagement politique

OO Deuxième écoute

Après avoir cherché le sens des termes ci-dessus, réécoutez l'enregistrement sans prendre de notes.

Exercices

(a) OO Ecoutez une troisième fois l'enregistrement en suivant les notes ci-dessous (voir aussi la page 154). A l'aide de ce modèle, continuez à prendre des notes sans arrêter la bande.

Exemple de prise de notes

3 asp du pb: 1) droit des ♀, bcp ↗ ds les dern années, ds 2e moitié du 20e s, & ds ≠ domaines, surtout ds. domaine des droits pol, en Fr. en 1945 les ♀ ont eu droit de vote.
A vous de continuer . . .

D'autres abréviations parmi les plus courantes

auj	=	aujourd'hui
avt	=	avant
avc	=	avec
abst	=	abstrait
anc	=	ancien/ne
angl	=	anglais/e
bcp	=	beaucoup
bt	=	bâtiment
c	=	comme
ccl	=	conclusion
cf	=	*confer*, voir
ch	=	chose
cie	=	compagnie
ch de fer	=	chemin de fer
def	=	définition
dvpt	=	développement
ex	=	exemple
ext	=	extérieur
exp	=	expérience
fx	=	faux
fr	=	français/e
gd	=	grand
gvt	=	gouvernement
gal	=	général
h	=	heure
hist	=	histoire
hab	=	habitant
intro	=	introduction
impt	=	important
j	=	jour
jms	=	jamais
kg	=	kilo
km	=	kilomètre
km/h	=	kilomètre heure
lg	=	long
lgts	=	longtemps
lit	=	littérature
$\bar{m}$	=	million
$\bar{\bar{m}}$	=	milliard
mn	=	minute
mvt	=	mouvement
mx	=	mieux
mt	=	moment
min	=	minimum
nb	=	nombre
orig	=	origine
orth	=	orthographe
pt	=	point
pdt	=	pendant
pcq	=	parce que
pol	=	politique
pop	=	population
pub	=	publicité
prof	=	professeur
p-ê	=	peut-être
qqch	=	quelque chose
qqf	=	quelquefois
qqn	=	quelqu'un
qd	=	quand
qq	=	quelque
qté	=	quantité
rv	=	rendez-vous
rep	=	république
sol	=	solution
sec	=	seconde
s-d	=	sans doute
sup	=	supérieur
svt	=	souvent
tps	=	temps
tjs	=	toujours
voc	=	vocabulaire

♂	=	homme
♀	=	femme
=	=	égal
≠	=	différent de
⇔	=	équivalent
⇒	=	en conséquence
<	=	plus petit que
>	=	plus grand que
//	=	parallèle
±	=	plus ou moins
↗	=	augmentation
:	=	divisé par

(b) Répondez oralement aux questions suivantes en enregistrant vos réponses et écoutez votre enregistrement :

1. Que s'est-il passé en France dès 1848? et en 1945?
2. Quels sont les acquis des femmes en matière juridique?
3. Quels droits les femmes ont-elles acquis en matière économique?
4. Pourquoi les femmes sont-elles devenues un enjeu dans la vie politique?
5. Quelle sorte de régression peut-on observer en France?
6. Que dit H. Bouchardeau à propos des dernières élections européennes?
7. Qu'avance-t-on souvent pour expliquer le fait que les femmes n'accèdent pas aux responsabilités politiques?
8. Quelles remarques H. Bouchardeau fait-elle à propos de la composition des Assemblées?
9. Quel est le pourcentage d'adhérentes au sein de chaque parti cité par H. Bouchardeau?
10. La représentation des femmes est-elle plus élevée dans les organes de pouvoir des centrales syndicales?
11. H. Bouchardeau est-elle en faveur d'imposer un quota?
12. Imaginez les arguments qu' H. Bouchardeau aurait pu avancer pour justifier l'idée d'un quota.

(c) A partir des notes que vous avez prises, enregistrez un résumé des propos d'H. Bouchardeau et écoutez votre enregistrement.

Exploitation orale

(a) Le système des «quotas» est-il à votre avis discriminatoire et contraire au principe de l'égalité des chances?

(b) La promotion des actions positives en faveur des femmes : êtes-vous pour ou contre?

Unité 6
Studio à louer : télégramme, téléphone

Introduction

OO Ecoutez ce petit sketch «Le télégramme», avant d'aborder la conversation téléphonique.
Une étudiante à la recherche d'un studio à louer, téléphone à propos de l'annonce qu'elle a vue dans le journal . . .

Première écoute

OO Ecoutez toute la conversation téléphonique sans consulter le texte écrit.

Vocabulaire à retenir

une annonce
un studio
de plus amples renseignements
un recoin
une plaque chauffante
le loyer se monte à . . ./s'élève à . . .
les charges (f.)
une caution
sous réserve que
récupérer
un état des lieux
vu que + indicatif
le palier
les feux (m.)

Première lecture

Enregistrez le rôle de Madame Dupont (la propriétaire du studio) et écoutez votre enregistrement.

MME DUPONT Allô!
L'ÉTUDIANTE Allô! Madame Dupont?
MME DUPONT Oui, bonjour.
L'ÉTUDIANTE Bonjour, Madame, je vous téléphone à propos de l'annonce que j'ai vue l'autre jour dans le journal, samedi, à propos d'un studio à louer, et, je serais assez intéressée puisque je suis étudiante et, je cherche un logement, alors est-ce que vous pouvez me donner de plus amples renseignements sur l'endroit?
MME DUPONT Oui, bien sûr, alors l'appartement lui-même, c'est tout petit, je vous préviens tout de suite, il est meublé, alors, vous n'aurez pas de problèmes de ce côté-là; quand vous rentrez, vous avez un petit hall avec un placard qui est assez profond, c'est donc très pratique de ce côté-là et la pièce elle-même est petite, elle fait, je dirais, $12m^2$.
L'ÉTUDIANTE Oui, et est-ce qu'il y a une cuisine? une salle de bains?
MME DUPONT Oui, il y a une salle de bains avec douche, lavabo, bidet et

il n'y a pas vraiment de cuisine, c'est une kitchenette si vous voulez, c'est-à-dire que vous avez simplement le recoin, et la cuisine est équipée.

L'ÉTUDIANTE Mais alors j'ai quand même un frigidaire, des plaques-chauffantes, ...

MME DUPONT Oui, oui, oui, vous avez le frigidaire avec la plaque chauffante au-dessus, vous avez deux feux, c'est électrique, vous avez l'évier à côté et les placards au-dessus.

L'ÉTUDIANTE Oui, et est-ce qu'il y a un balcon parce que j'aime bien les pièces bien éclairées ...

MME DUPONT Oui, il y a un tout petit balcon, c'est pratique, vous avez une porte-fenêtre et vous êtes autorisée à y faire sécher votre linge, oui c'est vraiment très pratique.

L'ÉTUDIANTE Ah bon très bien, oui justement je voulais vous le demander et, à combien se monte le loyer je vous prie?

MME DUPONT Alors, le loyer seul est de 900 francs.

L'ÉTUDIANTE 900 francs.

MME DUPONT Oui, alors il faut compter par mois 200 francs de charges.

L'ÉTUDIANTE C'est-à-dire que le tout s'élève à 1100 francs?

MME DUPONT Oui, par mois.

L'ÉTUDIANTE Par mois.

MME DUPONT Et vous avez au départ une caution qui est de deux mois de loyer, c'est-à-dire deux fois 900 francs.

L'ÉTUDIANTE 1800 francs donc.

MME DUPONT 1800 francs et c'est une somme que je vous rends à la fin de l'année; enfin je ne sais pas pour combien de temps vous êtes intéressée, mais quand vous ne voudrez plus le studio, je vous rendrai cette somme, sous réserve que je récupère l'appartement dans l'état où il était au départ bien sûr, parce que nous faisons un état des lieux.

L'ÉTUDIANTE Et, est-ce que vous pouvez me dire si le quartier est calme?

MME DUPONT Euh, c'est, je ne sais pas si vous connaissez bien Nice, il y a la rue de France au-dessus ... au-dessous et donc, je dirais que c'est assez bruyant, mais c'est quand même un studio qui est agréable et vu qu'il est au 6ᵉ étage ... ce n'est pas ...

L'ÉTUDIANTE Ah, quand même, le bruit des voitures est très atténué alors.

MME DUPONT Oui, oui.

L'ÉTUDIANTE Bon très bien et est-ce que je pourrais venir vous voir ou reprendre contact avec vous pour faire un état des lieux, visiter le studio?

MME DUPONT Oui, oui, bien sûr, mais donc d'après ce que je vous ai dit, il vous conviendrait. Dans l'immeuble vous avez un ascenseur donc le fait que ce soit au 6ᵉ étage n'est pas un problème. Vous avez un vide-ordures qui se trouve sur le palier donc qui est commun à trois appartements. Voilà, je crois que je vous ai donné à peu près l'essentiel, maintenant il faut que vous le voyiez.

L'ÉTUDIANTE Très bien madame, alors je pense que je suis intéressée à priori et alors je ... je voudrais prendre contact avec vous pour l'état des lieux, disons mercredi dans l'après-midi vers trois heures.

MME DUPONT Euh, pourriez-vous venir un petit peu plus tard?

L'ÉTUDIANTE Oui, quatre heures?

MME DUPONT Oui, cela m'irait très bien euh, est-ce que vous voulez que je vous explique plus en détail?

L'ÉTUDIANTE Oui, un petit peu parce que je suis un peu perdue là ...

MME DUPONT Oui, donc, où est-ce que vous habitez? parce que je connais bien Nice, je pourrais vous expliquer à partir de ...

L'ÉTUDIANTE Avenue du Maréchal Joffre.

MME DUPONT Euh, bon et bien vous descendez l'avenue du Maréchal Joffre et vous arrivez au boulevard Gambetta.

L'ÉTUDIANTE Oui, où il y a le feu rouge, où il y a des feux.

MME DUPONT Oui, oui, bon, vous allez jusqu'au bout du boulevard Gambetta et vous tournez à droite, vous continuez pendant à peu près cinq cents mètres, je pense que vous avez, attendez, une, deux, trois routes sur la gauche et vous prenez la quatrième, voilà, et c'est la rue de France, c'est une rue très commerçante, vous trouverez sans problème.

L'ÉTUDIANTE Oui, et quel est le numéro alors?

MME DUPONT C'est le 126.

L'ÉTUDIANTE 126 rue de France. Bon très bien madame, je vous remercie, alors à mercredi.

MME DUPONT Excusez-moi, un petit détail, je vous attendrai là, vous avez un système d'interphone, c'est-à-dire que vous sonnez et je vous réponds, je vous ouvre la porte, voilà.

L'ÉTUDIANTE Voilà, merci Madame alors.

MME DUPONT Bon, bien c'est d'accord.

L'ÉTUDIANTE Au revoir.

MME DUPONT Au revoir.

Deuxième lecture

Enregistrez maintenant le rôle de l'étudiante et écoutez votre enregistrement.

Exercices

(a) Jouez le rôle de l'étudiante en vous servant des indications données entre parenthèses. Ecoutez et corrigez votre enregistrement.

MME DUPONT Oui, bonjour.

L'ÉTUDIANTE (Expliquez pourquoi vous lui téléphonez.)

MME DUPONT Oui, ... $12m^2$.

L'ÉTUDIANTE (Demandez s'il y a une cuisine et une salle de bains.)

MME DUPONT Oui, ... équipée.

L'ÉTUDIANTE (Renseignez-vous pour savoir s'il y a malgré tout un frigidaire, des plaques-chauffantes, etc.)

MME DUPONT Oui ... au-dessus.

L'ÉTUDIANTE (Demandez s'il y a un balcon et dites pourquoi vous y tenez.)

MME DUPONT Oui, ... pratique.

L'ÉTUDIANTE (Dites que vous aviez l'intention de poser la question et demandez le montant du loyer.)

(b) Intervertissez les rôles. Prenez, pour la suite du dialogue, le rôle de Madame Dupont. Tenez compte des indications données entre parenthèses. Ecoutez et corrigez votre enregistrement. Reprenez à partir de:

L'ÉTUDIANTE 1800 francs donc.

MME DUPONT (Expliquez que vous lui rendrez ses 1800 francs si à son départ vous retrouvez votre logement tel qu'il est maintenant.)

L'ÉTUDIANTE Et ... calme?
MME DUPONT (Précisez que ce n'est pas le cas mais que du fait qu'il est au 6e étage, il est agréable.)
L'ÉTUDIANTE Ah ... alors.
MME DUPONT (Acquiescez.)
L'ÉTUDIANTE Bon ... studio?
MME DUPONT (Acceptez et donnez des précisions supplémentaires: ascenseur, vide-ordures.)
L'ÉTUDIANTE Très ... heures ...
MME DUPONT (Faites savoir que c'est un peu trop tôt.)

(c) Voici une liste de mots et expressions ayant trait au téléphone. (Voir aussi Section I, Unité 2.) Cherchez-en le sens et employez-les dans une phrase.
EXEMPLE:
un coup de fil
Passez-moi un coup de fil ce soir vers neuf heures.

la ligne n'est pas libre
l'écouteur
être en ligne
passez-moi le poste 83
un appel en PCV
la carte Télécom (carte à mémoire)
décrocher
l'annuaire électronique
l'indicatif téléphonique
un publiphone à carte
occupé
une communication téléphonique
la télécarte
une ligne en dérangement
être pendu au téléphone (fam.)
la ligne est mauvaise
avoir le téléphone
téléphoner *à* quelqu'un
être coupé
rappelez-moi plus tard
le Minitel (terminal vidéotex avec écran et clavier)
le standard
c'est bien le 93. 30. 42. 56.?
un appel téléphonique.
être au téléphone

Locations meublées (demandes)

Etudiante cherche chambre avec cabinet de toilette ou petit studio, proximité fac de lettres. Tél. (94) 52.00.41, Nice.

Etudiante cherche chambre avec douche, 700-800 F, présentée par parents. Tél. (94) 95.04.73.

Cherche chambre ou studio à louer, proximité lycée hôtelier, Nice. Tél. 90.03.74, 18 h, Mougins.

Nice-Matin

Exploitation en groupe

Vous êtes propriétaire d'une chambre ou d'un studio à Nice et vous téléphonez aux deux étudiantes et à l'étudiant qui ont fait passer une petite annonce dans *Nice-Matin*, pour leur décrire votre logement, leur indiquer le montant du loyer, etc. Un/e étudiant/e jouera le rôle du/de la propriétaire et l'autre celui de l'étudiant/e français/e.
«Allô, le 93. 52. 00. 41 ...»

Unité 7
Nous voulons vivre au pays

Introduction

Un professeur de faculté de Toulouse, et sa femme, font visiter à une invitée leur résidence secondaire située près de Foix dans les Pyrénées. Ils parlent de la vie actuelle de cette région, et de son passé.

○○ Première écoute

En écoutant la bande une première fois, écrivez (sous forme de notes) tout ce que vous apprenez sur:

1. la maison
2. le lieu
3. le voisin
4. les activités d'autrefois
5. la façon dont vivent les gens actuellement

Vocabulaire à retenir

une commune
l'élevage (m.)
la culture (2 sens)
une résidence secondaire
l'exode rural
la première guerre mondiale (la guerre de 14–18)
un fonctionnaire
un postier

○○ Deuxième écoute et exercices

Réécoutez l'enregistrement dans son intégralité, et faites les exercices suivants.

(a) Trouvez les mots qui manquent dans la deuxième partie de cet extrait (1, 2 ou 3 mots par blanc):

> Ils avaient des vaches et des moutons euh qu'ils avaient à environ autour de leur maison entre 800 et 1200 mètres d'altitude pendant l'hiver mais qui en été montaient beaucoup plus haut dans la montagne à 1500 euh à entre 1400 et 1500 mètres d'altitude derrière la montagne que tu peux voir derrière la montagne, euh derrière au niveau du relai où nous sommes allés l'autre jour. Ils avaient donc ils faisaient de .... mais ils faisaient aussi des cultures .... ils cultivaient un peu de .... ils cultivaient euh du .... un peu de blé des pommes de terre et ils avaient

aussi .... d'arbres fruitiers, des pruniers, des pommiers, des .... qu'ils utilisaient pour leurs .... personnels et ce qui est intéressant, je crois, c'est .... que les gens vivaient dans un pays qui était très .... et pour travailler le sol ils n'avaient .... solution c'est de faire des terrasses .... de construire des murs sur lesquels étaient . . . étaient adossées des terrasses qui elles étaient plates.

(b) Maintenant transcrivez une partie de la dernière section de cet entretien, celle qui donne des réponses à la question «A quelle époque et pour quelles raisons les gens sont-ils partis?» (Transcrivez tout ce que vous entendez, y compris les hésitations, et indiquez les liaisons, par exemple, ils‿ont été tués.)

INTERVIEWER Veux-tu nous dire à quelle époque et pour quelles raisons les gens sont partis?
PIERRETTE Je pense que l'exode rural a dû commencer après la guerre de 14–18.
ROBERT Essentiellement.

A vous de continuer à noter ce que dit Pierrette d'abord, et ensuite Robert, jusqu'à «. . . et puis ils abandonnaient la ferme».

(c) Ecoutez encore une fois la bande. Essayez de lire à haute voix et en même temps que le modèle les deux extraits ci-dessus. Si vous pensez qu'il y a des différences entre votre prononciation et celle des personnes interviewées, notez-les.

Variétés du français: le français du Midi

Description

Parmi les différences régionales du français, la plus frappante est celle qui existe entre le français du nord et le français du sud. Ceci ne veut pas dire qu'on parle de la même façon à l'intérieur de ces deux régions. Mais, pour simplifier, il faut que vous appreniez à reconnaître les traits principaux qui caractérisent le français méridional. Voici quelques grandes lignes pour vous guider:

La dénasalisation
Les consonnes qui suivent les voyelles nasales sont palatalisées, et les voyelles elles-mêmes ont tendance à être dénasalisées.

	Paris		Midi
bon	/bɔ̃/	devient	/bɔŋ/
bien	/bjɛ̃/	devient	/bjɛŋ/

Le ə muet
Le ə muet est très souvent prononcé là où il ne l'est pas en français standard (l'usage parisien cultivé).

dire /dir/ devient /dirə/

Ceci a, naturellement, des conséquences pour l'élision en particulier et pour tout le rythme de la phrase. A Paris, /katr/ devient facilement /kat/, tandis que dans le Midi, vous entendrez probablement /katrə/.

Oppositions vocaliques (voir l'alphabet phonétique à la page 213)
Ces oppositions se rencontrent normalement en français standard:

1. saute /o/ sotte /ɔ/
2. les /e/ laid /ɛ/
3. patte /a/ pâte /ɑ/

La distribution et la fréquence de ces oppositions sont en train de se modifier même en français standard. Mais on peut dire en gros que ces oppositions se trouvent encore plus rarement dans le français du midi. Le français méridional a tendance à dire /sɔt/ pour *saute* et pour *sotte*. Quand cette opposition disparaît, on dit qu'elle est «neutralisée».

Le r
Certains Méridionaux ont un r roulé /r/ plutôt qu'uvulaire /ʀ/. Il va sans dire qu'on ne trouvera pas tous ces traits chez tous les Méridionaux et que ce ne sont là que des indications. Il y a d'autres traits (notamment l'intonation) qui caractérisent le français méridional.

Applications (exercices très exploratoires!)

(a) Nous vous donnons ici des groupes de mots avec deux prononciations possibles: à vous d'expliquer les différences, et ensuite de les lire à haute voix:

Paris	**Midi**
/la pov dam/	/la pɔvrə dam/
/ʒsepɑ/	/ʒənsepa/
/nuvulɔ̃vivʁ/	/nuvulɔŋvivrə/

○ **(b)** Maintenant revenez au début de l'entretien «Une vie de paysan». Dans les premières phrases, notez la prononciation des mots suivants: environ, neuf cents, c'est-à-dire, encore, uniquement.
Ensuite, réécoutez l'entretien en entier et notez un exemple de chacun des traits suivants:

1. Dénasalisation et palatalisation de la voyelle nasale /ɔ̃/
2. Maintien du /ə/
3. Neutralisation de l'opposition o/ɔ

Postscriptum sur l'occitan

L'occitan (les langues d'oc) est une langue d'origine romane qui est parlée dans 31 départements au sud de la Loire. Selon deux auteurs, «on évalue à quelque 7 millions le nombre de locuteurs qui les parlent ou les comprennent» (C. Désirat et T. Hordé, *La langue française au 20e siècle*, Bordas, 1976). Ceux qui parlent couramment l'occitan sont surtout les vieux qui habitent en milieu rural. Cependant il y a eu, parmi les classes moyennes des villes dans les lycées et dans les facultés, un renouveau d'intérêt pour la culture occitane (chanteurs, poètes, soirées, cours d'été, épreuve facultative au bac etc). Ce mouvement occitaniste est souvent lié aux revendications politiques. Pour vous donner une idée de l'occitan, voici un slogan connu («Nous voulons vivre au pays»):

Volem viure al pais!

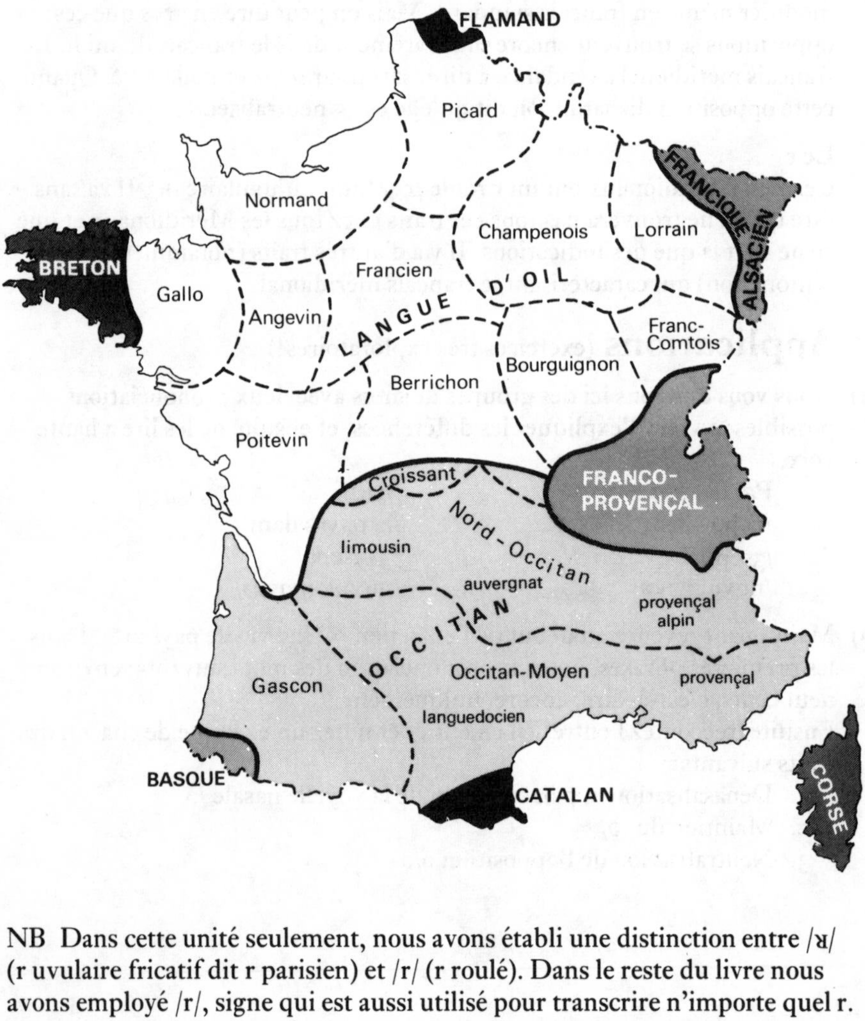
FLAMAND
Picard
Normand
Champenois
Lorrain
FRANCIQUE
ALSACIEN
BRETON
Gallo
Francien
Angevin
LANGUE D'OIL
Franc-Comtois
Bourguignon
Berrichon
Poitevin
Croissant
FRANCO-PROVENÇAL
Nord-Occitan
limousin
auvergnat
provençal alpin
OCCITAN
Occitan-Moyen
provençal
Gascon
languedocien
BASQUE
CATALAN
CORSE

NB Dans cette unité seulement, nous avons établi une distinction entre /ʁ/ (r uvulaire fricatif dit r parisien) et /r/ (r roulé). Dans le reste du livre nous avons employé /r/, signe qui est aussi utilisé pour transcrire n'importe quel r.

Unité 8
Des écrivains d'expression française vous parlent

○○ Première écoute

Ecoutez cet extrait d'une discussion radiophonique entre huit écrivains d'expression française.

Métamorphose des littératures francophones. Rencontre internationale de huit écrivains d'expression française, par Olivier Germain-Thomas. Avec Tahar Ben Jelloun (Maroc), René Depestre (Haïti), Naïm Kattan (Irak-Canada), Gaston Miron (Québec), Nguyen Tran Huan (Viêt-nam), Madeleine Quellette-Michalska (Québec), Tchicaya U Tam'si (Congo), Liliane Wouters (Belgique).

Vocabulaire à retenir

j'estime que
se sentir
prendre conscience de quelque chose
c'est mon cas
mettre au rancart (fam.)
un point de vue personnel
un dramaturge
cahin-caha (fam.)
comment se fait-il que . . .

(Voir aussi le lexique des noms propres à la page 185.)

○○ Deuxième écoute

En réécoutant l'enregistrement répondez aux questions suivantes sous forme de notes.

1. Quelle est selon Madeleine Quellette-Michalska l'attitude des habitants de la France métropolitaine envers les accents?
2. Comment définit-elle le français parisien?
3. Quels étaient les sentiments de Liliane Wouters lors de sa première visite à Paris?
4. . . . et à Montréal?
5. Quelles sont les preuves qu'elle avance pour montrer que les écrivains francophones de Belgique ont pris conscience de leur identité?
6. Quand elle dit: «C'est par rapport à la francophonie que cela s'est fait», de quoi parle-t-elle?
7. Où risque-t-il d'y avoir plus de francophones qu'en France au milieu du 21e siècle?
8. Selon vous, que veut-on dire par «l'éclatement» du français?

9. . . . et par son «enrichissement» ?
10. Madeleine Quellette-Michalska cite deux aspects de la vie quotidienne de certains francophones où le lexique du français est très pauvre: lesquels?

○○ Troisième écoute et exercices de déchiffrage

(a) Complétez les phrases: trouvez sur la bande la fin de ces phrases – ou parties de phrases – et écrivez ce que vous entendez.

1. qui se justifie (→ originel)
2. se défend mal du point de vue linguistique (→ valeur)
3. voilà pour le fait (→ chez vous)
4. je crois que le problème (→ solution)
5. alors c'est un peu la province française (→ Languedoc)
6. l'écriture de quelqu'un comme Aimé Césaire (→ français)
7. ou si au contraire (→ éclatement)
8. il n'y avait peut-être pas lieu de parler (→ enrichissement)
9. comment se fait-il que l'Académie (→ populations)

(b) Trouvez sur la bande des expressions qui ont le même sens que celles-ci, et notez-les:

un parti-pris	l'accent le plus courant
exprès	il y a très peu de maisons d'édition
les quinze prochaines années	à longue échéance
qui n'existera plus dans quelques années	

Exercices oraux

(A faire soit en groupe, soit en enregistrant à la fin de votre bande et en vous réécoutant.)

(a) Vous discutez avec un/e ami/e qui n'a pas écouté la discussion à la radio, et qui vous demande ce qu'a dit Liliane Wouters. Racontez ce qu'elle a dit à propos d'elle-même et à propos des écrivains en Belgique.

(b) «Nous avons tous un accent.»
«Tout français est un français régional et le français parisien est un dialecte qui a réussi pour des raisons politiques.»
«Tout grand écrivain est naturellement un transgresseur de langue.»
Vous avez quelques minutes pour réfléchir à *l'un* des propos ci-dessus, ensuite, à l'aide des notes que vous aurez prises, parlez-en pendant deux ou trois minutes.

Lecture

Lecture simultanée

Réécoutez l'extrait de *Magie Rouge* qui se trouve au milieu de la bande, ensuite lisez-le en même temps que le modèle.

Lecture anticipée

Lisez ligne par ligne avant le modèle.

Magie Rouge

HIÉRONYMUS Le ciel est constellé. A qui appartiennent toutes ces étoiles? Elles brûlent en pure perte, je l'affirme. Et la lune manquait. Qui l'a volée? Et quand elle reviendra, elle sera morcelée. Quelle nuit immense, peuplée d'ombres! ... Ça ne vaut pas cher, des ombres! Et quelques feux-follets, car ma maison s'élève sur un ancien cimetière, terrain maudit dont personne ne voulait ... (*Il rit.*) Je possède cette terre et tout ce qu'elle contient en profondeur.

Michel de Ghelderode

Ecoutez ce poème qui est enregistré sur la bande.

HOQUET

Pour Vashti et Mercer Cook

Et j'ai beau avaler sept gorgées d'eau
trois à quatre fois par vingt-quatre heures
me revient mon enfance
dans un hoquet secouant mon instinct tel le flic le voyou
Désastre
parlez-moi du désastre
parlez-m'en

Ma mère voulant d'un fils très bonnes manières à table
les mains sur la table
le pain ne se coupe pas
le pain se rompt
le pain ne se gaspille pas le pain de Dieu
le pain de la sueur du front de votre Père
le pain du pain.

Un os se mange avec mesure et discrétion
un estomac doit être sociable
et tout estomac sociable se passe de rots
une fourchette n'est pas un cure-dents
défense de se moucher
au su
au vu de tout le monde

et puis tenez-vous droit
un nez bien élevé ne balaye pas l'assiette
et puis et puis
et puis au nom du Père
du Fils
du Saint-Esprit
à la fin de chaque repas
et puis et puis
et puis désastre
parlez-moi du désastre
parlez-m'en

ma mère voulant d'un fils mémorandum

si votre leçon d'histoire n'est pas sue
vous n'irez pas à la messe dimanche avec
vos effets de dimanches
cet enfant sera la honte de notre nom
cet enfant sera notre nom de Dieu
Taisez-vous
Vous ai-je ou non dit qu'il vous fallait parler français
le français de France
le français du français
le français français

Désastre
parlez-moi du désastre
parlez-m'en

Ma mère voulant d'un fils fils de sa mère
vous n'avez pas salué voisine
encore vos chaussures de sales
et que je vous y reprenne dans la rue
sur l'herbe ou sur la Savane
à l'ombre du monument aux morts
à jouer
à vous ébattre avec untel
avec untel qui n'a pas reçu le baptême

Désastre
parlez-moi du désastre
parlez-m'en

Ma mère voulant d'un fils très do
très ré
très mi
très fa

très sol
très la
très si
très do
ré-mi-fa
sol-la-si
do

Il m'est revenu que vous n'étiez encore pas
à votre leçon de vi-o-lon
un banjo
vous dites un banjo
comment dites-vous
un banjo
vous dites bien
un banjo
non monsieur
vous saurez qu'on ne souffre chez nous
ni ban
ni jo
ni gui
ni tare
les *mulâtres* ne font pas ça
laissez donc ça aux *nègres*

Léon Damas

Ecrivains/nes d'expression française

Noms propres

l'Académie (française)
la Flandre (adjectif: flamand)
la Wallonie (adjectif: wallon)
Bruxelles [brysɛl] (adjectif: bruxellois)

NB *le* Québec, *le* Congo, *le* Maroc

La littérature francophone est très riche: à part les intervenants, dont nous avons donné les noms au début, il y a un très grand nombre d'écrivains qui publient en français. Ne pouvant pas les nommer tous, nous citerons simplement quelques-uns des plus connus pour vous donner un point de départ dans vos lectures.

Afrique: Léopold Sédar Senghor (Sénégal), Camara Laye (Guinée), Sembene Ousmane (Sénégal)
Antilles: Léon Damas (Guyane), Aimé Césaire (Martinique), Edouard Glissant (Martinique)
Belgique: Max Elskamp, Maurice Maeterlinck, Emile Verhaeren

Canada:	Anne Hébert, Michèle Lalonde, Gabrielle Roy, Michel Tremblay, Antonine Maillet, Jacques Godbout
Maghreb:	Mohammed Dib, Kateb Yacine, Tahar Ben Jelloun, Mohamed Loakira, Mohammed Khair-Eddine
Suisse:	Charles-Ferdinand Ramuz

NB On estime à 75 millions la population de langue maternelle française: à vous d'identifier tous les pays du monde où l'on parle français: (Si vous avez des difficultés, cherchez dans *Quid*.)

Unité 9
Publicité, météo, nouvelles

○○ Première écoute

Ecoutez d'abord l'unité intégrale pour en saisir les points essentiels (publicité, météo, publicité, journal, publicité).

○○ Deuxième écoute

En arrêtant la bande chaque fois que vous le jugez nécessaire, prenez note des mots-clés de chaque séquence. Nous vous en donnons quelques-uns: à vous d'en ajouter d'autres.

(a) Pub

1. je te veux
2. la bourse épargner
3. les placements-retraite

(b) Météo

les prévisions météorologiques, le froid s'accentue, de faibles chutes de neige, le verglas, les brumes, en fin de semaine

(c) Pub

la retraite AGF (Assurances générales de France)

(d) Journal

Commentaire à part: les aphones
Les titres:

1. La Nouvelle-Calédonie
2. La CGT (la Confédération générale du travail)
3. Le président Mitterrand
4. Procès d'Hanoï
5. Exodus 85
6. La neige
7. Un tremblement de terre

Commentaire à part: Dallas à la française

(e) Pub

1. un mot de passe, un prix réduit, passer une commande, par téléphone, par courrier
2. la moquette, super-soldes, le mètre carré

Troisième écoute

Voici des exercices plus détaillés et des questions sur la bande:

(a) Pub

Qu'essaie-t-on de vendre dans ces deux publicités?

(b) Météo

1. Quelles sont les prévisions pour le Morvan et la Normandie pour l'après-midi?
2. Quel temps fera-t-il à l'Est?
3. Et sur les bords du Lac Léman?
4. Quelle température fera-t-il à Strasbourg? à Genève? à Nice?
5. Quel temps prévoit-on pour la fin de la semaine dans le Sud et Sud-Ouest?

(c) Journal

Transcrivez les phrases suivantes:

1. Nouvelle-Calédonie .... lundi*
2. La CGT .... sociale
3. Le Président .... la France
4. Procès d'Hanoï .... libérer
5. Exodus 85 .... mouraient de faim
6. Enfin en France 8h10
7. Aroun Tazief .... en France

* Edgard Pisani: délégué du gouvernement français à Nouméa (pendant la crise de 1984–5)

(d) Journal: exercice de compréhension

1. Pourquoi Gilles Damas présente-t-il ses excuses?
2. Qu'est-ce que le service SOS voix?
3. Quelle va être la surprise de Pisani lundi?
4. Que fait la CGT?
5. Que se passera-t-il le 16 janvier?
6. Que veut faire la famille du franco-vietnamien grâcié?
7. Pourquoi la presse du monde entier est-elle sidérée?
8. Que s'est-il passé à Remiremont? Où est-ce?
9. Que verrez-vous devant votre petit écran ce soir sur A2? Pourquoi est-ce une révolution?

Pour terminer, écoutez encore une fois la publicité de La Redoute, pour compléter cet exercice à trous:

– A la foire au Blanc, ... gagne de l'argent.
– Ah ça! Mais comment?
– .... on dit .... et on gagne de l'argent ....

– ....
– .... sur tous les prix du catalogue de blanc de La Redoute même ....
– Même sur les prix déjà réduits?
– Oui!
– Et comment ....?
– C'est très simple. Pour gagner .... jusqu'au 20 janvier, on indique .... «Blanc-blanc» .... à La Redoute ....
– Oh! .... On écrit «Blanc-blanc» sur .... Alors moi pour ....
– Alors vite, n'oubliez pas le mot de passe «Blanc-blanc» jusqu'au 20 janvier.

Exploitation

(a) Travail de groupe: quels sont les procédés utilisés dans cette publicité radiophonique? Les pubs se ressemblent-elles toutes? Faites la comparaison avec la pub écrite mentionnée dans la Section 1, Unité 4.

(b) Par petits groupes, préparez: (1) trois pubs, (2) les titres d'un journal radiophonique.

Unité 10
A l'écoute du Québec

Introduction

Vous allez écouter tout d'abord un extrait d'un entretien entre Pierre Nadeau et René Lévesque, qui fut Premier Ministre du Québec et chef du parti québécois, et ensuite une chanson de Gilles Vigneault, intitulée «Mon Pays».

L'entretien

○○ Première écoute

Ecoutez attentivement ce dialogue et efforcez-vous de vous accoutumer à un accent que vous n'avez peut-être jamais eu l'occasion d'entendre auparavant.

Vocabulaire à retenir

un parti politique
un livre blanc
s'en prendre à
les revenus (m.)
la 2e guerre mondiale
c'est le moins qu'on puisse dire
une marge de manœuvre
les fonctionnaires
à mesure que
le fédéralisme
engager le débat
être dans l'obligation de
une enquête
laisser entendre que

○○ Deuxième écoute

Réécoutez l'enregistrement et prenez des notes.

QCM: Questionnaire à choix multiples

Choisissez la lettre de la bonne réponse. Faites cet exercice tout en réécoutant l'enregistrement et n'hésitez pas à arrêter la bande autant de fois que vous en aurez besoin pour pouvoir répondre.

1. Le chef du parti libéral a-t-il communiqué sa réaction au livre blanc?
   (a) non, mais il ne va pas tarder à le faire
   (b) oui, il n'y a pas tardé
   (c) oui, mais il a tardé à le faire

2. La première partie du livre blanc
   (a) conteste l'historique fait jusqu'à maintenant
   (b) s'en prend aux affirmations du chef du parti libéral
   (c) retrace l'histoire de la Confédération
3. Qui affirme que le Québec a été considéré comme une province différente des autres?
   (a) René Lévesque
   (b) le chef du parti libéral
   (c) Pierre Nadeau
4. Quel pourcentage des revenus le gouvernement fédéral touchait-il en 1945?
   (a) 78%
   (b) 71,5%
   (c) 61,5%
5. Qu'est-ce qui constitue une fraude intellectuelle ou budgétaire, selon René Lévesque?
   (a) la manipulation des chiffres cités
   (b) le pourcentage des revenus du gouvernement fédéral
   (c) la manière dont on interprète les pourcentages cités
6. Au sortir de la 2e guerre mondiale, les programmes de développement, les programmes sociaux étaient-ils
   (a) nombreux
   (b) inexistants
   (c) peu nombreux
7. Quel est le rôle de l'Etat aujourd'hui?
   (a) il est relativement insignifiant par rapport à ce qu'il était
   (b) il est d'une importance qu'on ne saurait oublier
   (c) il n'est plus ce qu'il était autrefois
8. Les ressources collectives en 1944–5
   (a) étaient accumulées par Ottawa pour financer des dépenses internes
   (b) ne servaient pas essentiellement à la guerre
   (c) servaient à financer le budget militaire
9. Aujourd'hui on constate que le rôle des provinces
   (a) n'a pas augmenté sans arrêt
   (b) s'est accru sans cesse comme celui des municipalités
   (c) a augmenté plus que celui des municipalités
10. La marge de manœuvre du Fédéral
   (a) laissait faire les chiffres absolus
   (b) n'augmentait pas en chiffres absolus
   (c) ne cessait de s'agrandir
11. René Lévesque dit que l'an dernier:
   (a) on a juste donné un exemple
   (b) il ne fallait pas croire les fonctionnaires et les ministres
   (c) de nombreux comités permanents ont sillonné le pays
   (d) les comités se sont promenés deux fois plus qu'il y a quinze ans . . .

12. A mesure que se multiplie la confusion institutionnelle
(a) les gens retrouvent les responsables
(b) les complications diminuent
(c) on observe de moins bons résultats

13. Selon René Lévesque, le fédéralisme
(a) est très partisan, c'est dans la nature des choses
(b) ne mérite pas qu'on lui consacre tout un chapitre
(c) a ses mérites

14. René Lévesque affirme que dans le livre blanc:
(a) on ne reproche à personne d'être rivé au statu quo
(b) les faits essentiels ont été tronqués et faussés
(c) les données sont présentées de façon objective

15. A propos de son livre blanc:
(a) des gens refusent d'entamer la discussion
(b) R. Lévesque rejette l'idée d'un débat
(c) R. Lévesque est d'accord pour participer à un débat là-dessus

16. Selon Pierre Nadeau, le Premier Ministre du Québec peut-il se permettre de perdre le référendum?
(a) non, car c'est une nécessité politique de gagner
(b) non, mais tout va très bien pour le parti québécois
(c) oui, vu les résultats des élections partielles

17. Que laissent entendre les sondages?
(a) que R. Lévesque va gagner les prochaines élections
(b) que R. Lévesque peut être optimiste pour les quatre prochaines élections
(c) que R. Lévesque va être battu aux quatre prochaines élections

18. Que s'est-il passé à NDG?
(a) on a fait des enquêtes auprès des anglophones
(b) la population anglophone a eu une chance inouïe
(c) on a eu des élections partielles

«Mon Pays»

Complétez les paroles de cette chanson par Gilles Vigneault que l'on a appelée l'hymne national du Québec. (Attention: chaque trait ne représente pas nécessairement un seul mot.)

Mon pays, ce n'est pas mon pays, c'est ....;
Mon chemin, ce n'est pas mon chemin, c'est ....;
Mon jardin, ce n'est pas mon jardin, c'est ....;
Mon pays, ce n'est pas mon pays, c'est ....;
Dans la blanche ....;
Où la neige au vent ....,
Dans ce pays de ....

Mon père a .... maison;
Et je m'en vais être ....
A sa manière, à son ....
La chambre d'amis ....
Qu'on viendra des autres ....
Pour se .... à côté d'elle.
Mon pays, ce n'est pas mon pays, c'est ....;
Mon chemin, ce n'est pas mon chemin, c'est ....;
Mon jardin, ce n'est pas mon jardin, c'est ....;
Mon pays, ce n'est pas mon pays, c'est ....
De .... grand pays ....
Je crie avant que ....
A tous les hommes ....
«Ma maison, ... maison.»
Entre .... de glace
Je mets mon .... et mon ....
A préparer ...., la place
Pour les .... de ....,
Et les humains sont ....
Mon pays, ce n'est pas mon pays, c'est ....;
Mon chemin, ce n'est pas mon chemin, c'est ....;
Ma maison, ce n'est pas ma maison, c'est ....;
Mon pays, ce n'est pas mon pays, c'est ....
Mon pays, ce n'est pas un pays, c'est ....
D'un pays qui n'était ni pays ni ....
Ma chanson, ce n'est pas ma chanson, c'est ....;
C'est pour toi que je veux ....

Variétés du français: le français au Québec

Le français est parlé par environ 5 millions de personnes au Québec. Il faut distinguer trois variantes: le parler rural, le parler populaire des villes (le «joual») et le québécois standard. Le français québécois standard, tout en étant compréhensible pour les Français, présente quelques traits particuliers, notamment dans la prononciation et dans le lexique.

La prononciation

(a) Un trait qui vous aura frappé est la palatalisation de /t/ /d/, et /p/ devant certaines voyelles (*i, u*, par exemple). Sur la bande, écoutez la prononciation des mots: dire, diminue, pied, relativement, partisan où vous entendez [ṭ], [ḍ], [ṗ].

(b) Certaines voyelles hautes sont plus ouvertes (*i, u*, par exemple). Sur la bande écoutez le mot *dix-huit*: /d ĭ z ɥ ĭ t/.

(c) Les voyelles nasales: au /ɑ̃/ du français standard correspond un /æ̃/. Sur la bande écoutez les mots *moment*, *ans*. Par exemple: quinze ans /κɛ̃zæ̃/ au lieu de /κɛ̃zɑ̃/ en français standard.

(d) Accents secondaires, par exemple: *mu*ltipl*ie*, *com*plicat*io*ns.

(e) Certains autres traits sont caractéristiques d'un parler populaire, par exemple: /mwɛ/ au lieu de /mwɑ/, et la diphtongaison des voyelles longues.

Le lexique

Certaines expressions et certains mots attirent l'attention des Français de France, soit parce qu'ils semblent pittoresques ou archaïques, par exemple:

Mots pittoresques

québécois	**français standard**
un carrosse	→ une voiture d'enfant
une catin	→ une poupée
attendre les sauvages	→ être enceinte
tremper ses bottes	→ s'enivrer
un char	→ une voiture

soit par ce qu'ils peuvent prêter à confusion, par exemple:
les liqueurs douces → les boissons non-alcoolisées, eaux gazeuses.

Mots archaïques

québécois	**français standard**
accoutumance (f.)	→ habitude
asteure (adverbe)	→ maintenant, à cette heure
nuisance (f.)	→ embarras, ennui

Les régionalismes

berlander → flâner
s'accouver → s'accroupir
la gadelle → la groseille
besson → jumeau
un char et pis une barge → beaucoup, énormément

berlander est un mot d'origine normande (comme bon nombre de Québécois eux-mêmes).
s' accouver appartient au patois de Brazey (Côte d'Or).
la gadelle s'emploie encore dans l'ouest de la France.
besson est courant en Normandie.
une barge est un mot de l'ouest de la France, en particulier du Maine et de l'Anjou.

L'influence de l'anglais

On entend *l'homme de lait* au lieu du *laitier*; *le fun*, *c'est toffe*, etc.
En revanche, le français québécois évite certains des anglicismes courants

en français européen, par exemple: on dit *magasiner* et non pas *faire du shopping* et *une fin de semaine* plutôt que *un week-end*.

Le vocabulaire spécifique de la réalité québécoise

EXEMPLES:

la bouette	=	la neige fondante, la gadoue
un banc de neige	=	une congère
la poudrerie	=	la neige poudreuse

Certains de ces mots sont d'origine indienne (toboggan, pirogue).

Suffixes

Certains suffixes sont plus fréquents au Canada:

québécois	**français standard**
fruitages (m. pl.)	fruits comestibles
démolissage	démolition
nageage	natation

Quelques remarques intéressantes

Le Québec est francophone à 81%.
Depuis la «Charte de la langue française» en 1977, le français est la seule langue officielle du Québec.
A part le Québec, il y a d'autres régions du Canada où l'on parle français, notamment dans les Provinces Maritimes (voir la carte p. 196) où l'on parle le français acadien.
On parle également français aux Etats-Unis, par exemple en Nouvelle-Angleterre et en Louisiane (les Cajuns).

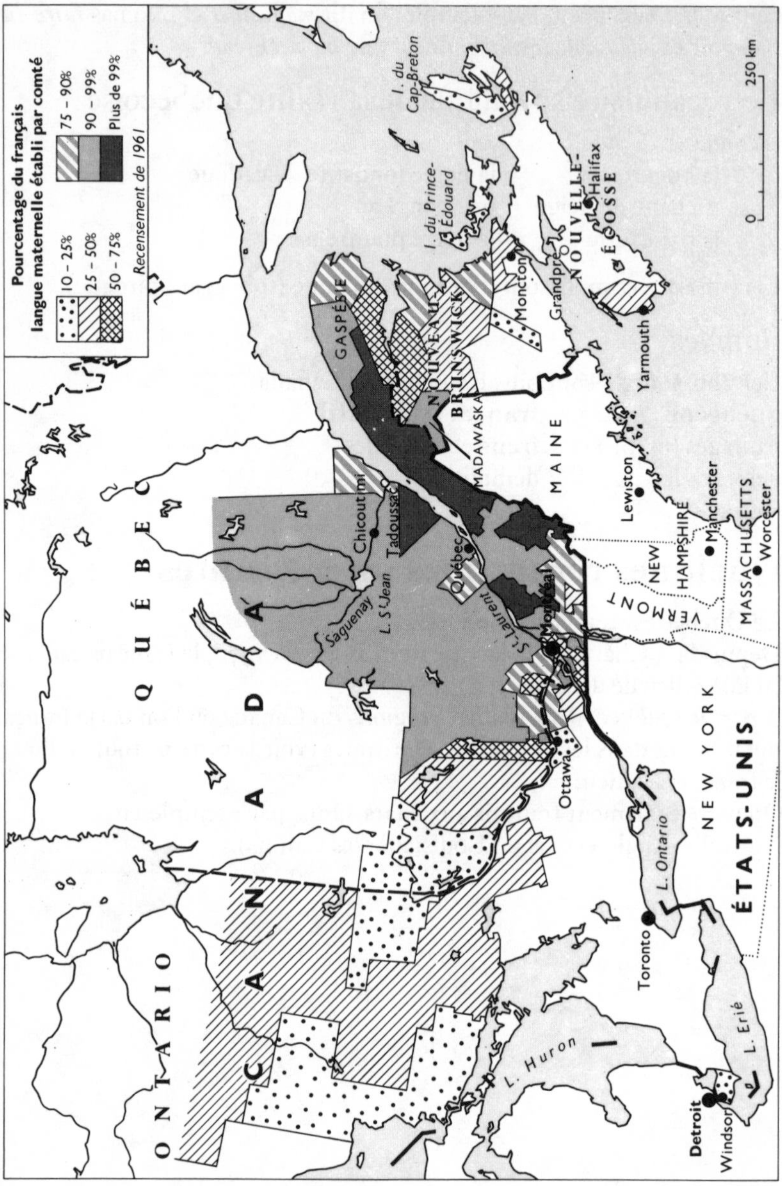
Pourcentage du français
langue maternelle établi par comté
10 - 25%
25 - 50%
50 - 75%
75 - 90%
90 - 99%
Plus de 99%
Recensement de 1961
ONTARIO
QUÉBEC
CANADA
ÉTATS-UNIS
NEW YORK
VERMONT
NEW HAMPSHIRE
MASSACHUSETTS
MAINE
NOUVEAU-BRUNSWICK
NOUVELLE-ÉCOSSE
GASPÉSIE
MADAWASKA
I. du Prince-Édouard
I. du Cap-Breton
L. Huron
L. Érié
L. Ontario
L. St Jean
Saguenay
St Laurent
Detroit
Windsor
Toronto
Ottawa
Montréal
Québec
Tadoussac
Chicoutimi
Moncton
Grandpré
Halifax
Yarmouth
Lewiston
Manchester
Worcester
0
250 km

SECTION IV *Tendances actuelles de la langue*

Introduction

Cette section rassemble un complément d'exercices lexicaux. Certains de ces exercices reprennent des points de langue précis étudiés dans le reste du manuel, pour permettre de mieux les assimiler. D'autres s'appesantissent sur des difficultés que rencontrent souvent les étudiants/tes de français langue étrangère au cours de leur 1e année dans l'enseignement supérieur.

Certains des exercices lexicaux tendent à illustrer l'évolution du français actuel et pourront faire l'objet de discussions en groupe.

Ces exercices sont à faire à l'aide d'une grammaire et d'un ou de plusieurs dictionnaires, par exemple le *Petit Robert*, le *Dictionnaire du français contemporain*, le *Dictionnaire du français langue étrangère*, le *Lexis*, etc. (voir la Bibliographie).

1 La formation du féminin

Commençons par quelques rappels:

le footballeur fait au féminin la footballeuse
le confrère fait au féminin la consœur
l'enquêteur fait au féminin l'enquêtrice
le poulain fait au féminin la pouliche
l'écrivain fait au féminin l'écrivaine

Ce dernier exemple illustre le fait que la langue est toujours en mouvance, en effet, à côté de *femme-écrivain*, *écrivaine* est maintenant attesté.

En français, la question se complique du fait que l'épouse du titulaire d'une fonction ou d'un poste (général, par exemple) est désignée par l'appellation (*Madame*) la générale. Il en est de même pour *préfet, président* qui donnent: (*Madame*) *la préfète, (Madame) la présidente.*

D'autre part, le féminin de certains mots est réservé à une occupation ou à un rôle moins prestigieux que le correspondant masculin. Ainsi une femme sera *directrice* d'un lycée ou d'une école, mais elle sera *directeur* d'une affaire commerciale. De la même façon, expliquez pourquoi, en général, une femme sera:

Présidente du comité de locataires
Présidente de l'association de parents d'élèves
Conseillère conjugale

Par contre elle sera:

Président de séance à l'Université
Président-directeur général d'une entreprise.
Conseiller pédagogique

Comparez également les phrases suivantes:

1. *Le* secrétaire d'Etat aux Universités à ce moment-là était Alice Saunier-Seïté.
2. C'est *une* secrétaire de direction hors-ligne.
3. Je suis allée consulter un grand patron à l'hôpital Necker.
4. C'est la dame patronesse qui s'occupe de toutes des œuvres de bienfaisance de la paroisse.

Dans certains cas, l'usage est instable et les deux formes, masculine et féminine, sont attestées.

EXEMPLES:

Bérengère est contrôl*eur* de gestion
Bérengère est contrôl*euse* de gestion

Yvette Roudy? C'est *la* ministre des Droits de la Femme
Nicole Questiaux? C'était *le* ministre de la Solidarité

Simone X, deput*é* du Var
Simone X, déput*ée* du Var

On emploie aussi le mot *femme* antéposé.

EXEMPLES:

C'est une femme avocat
C'est une avocate
Elle est avocat au barreau de Paris

le sculpteur
C'est une sculptrice
C'est une femme sculpteur

la doctoresse (péjoratif maintenant), a été supplantée par:
le/la docteur
une femme médecin et un médecin femme

le professeur
un professeur femme
la prof. (fam.)

Le sculpt*eur* Alicia Panalba
Le sculpt*eur* argentin Alicia Panalba a trouvé la mort le 4 novembre dans un accident de voiture, près de Dax. *Elle* était âgée de soixante-neuf ans

(N'oubliez pas la reprise par le pronom anaphorique: *elle*.)

Lorsque la forme féminine n'a pas encore été forgée, on emploie soit la forme masculine, soit *femme* + la forme masculine, faute de mieux.

EXEMPLES:

un auteur
une femme auteur
une autrice (néologisme)

(a) Mettez au féminin et précisez le sens ou la nuance s'il y a lieu

le compositeur
un partisan
le chirurgien
un tailleur
le chef
un jardinier d'enfants
le commandant
un maître-assistant
le salaud (fam.)
un gouverneur
le héros
un vieillard

un jars
le conseiller municipal
un censeur
le bélier
un intercesseur
le policier
un successeur
l'adjoint au maire
un metteur en scène
le sénateur
un serviteur
le gendre

le savant
un rigolo (fam.)
le conservateur de musée
un artisan
le bâtonnier
un empereur
le témoin
un poète
un drôle
un Grec
le précurseur

(b) Citez 5 mots de genre (grammatical) féminin, désignant des hommes.
EXEMPLE: une recrue

Citez 5 mots de genre (grammatical) masculin, désignant des femmes:
EXEMPLE: un mannequin

(d) Dans la liste de mots qui suit, indiquez après chacun, s'il est (+ animé) ou/et (− animé) et donnez-en le ou les sens.
EXEMPLES:

le médecin	(+animé)	la médecine	(−animé)
le patron	{(+animé) (−animé)	la patronne	{(+animé) (−animé)
le tuteur	{(+animé) (−animé)	la tutrice	(+animé)

perceur/perceuse
gourmet/gourmette
faucheur/faucheuse
liseur/liseuse
lecteur/lectrice

fraiseur/fraiseuse
cuisinier/cuisinière
verrier/verrière
perforateur/perforatrice
tondeur/tondeuse

(e) Complétez en indiquant les deux possibilités, s'il y a lieu.
«Tu as vu qui est aux commandes de l'airbus?»
«.................. pilote? Oui, c'est une femme. Elle est command.................. de bord à Air-France depuis 15 ans. Elle vient d'une famille nombreuse, elle a cinq sœurs qui ont toutes de belles situations. Claude est rédact.................. en chef, Germaine est inspect.................. du travail, Marie-France est ingénieu.................. en bâtiment, Laure est agrég.................. d'histoire et Aude est .... peintre de la famille.»

(f) Si cette question vous intéresse, lisez ce texte de J. Cellard:

Madame l'ingénieure?

Rien n'interdit à une femme chirurgien de se nommer et se faire nommer *chirurgienne*. On ne voit pas davantage ce qui pourrait empêcher une femme magistrat d'être (et d'écrire qu'elle est) *magistrate*. On clabaudera, on ricanera? Mais les chiens aboient, la caravane passe.

Certaines «féminisations» grammaticales seront plus difficiles; ce n'est pas que le mâlisme y soit plus virulent qu'ailleurs, mais simplement pour des raisons de morphologie. Les cas de la femme *ingénieur* ou *professeur*, souvent évoqués, sont typiques.

Le premier appelle un féminin *ingénieuse*. Il existe: malheureusement, le doublet ingénieux/ingénieur n'a que ce féminin, dont le sens est bien fixé, et qui peut se substantiver: nous pouvons dire d'une femme pleine de ressources, d'idées: «Elle se tirera toujours d'affaire: c'est une ingénieuse.»

Comme nous nous refusons à risquer de confondre deux notions bien distinctes (la qualité d'esprit et la profession), même si ces deux notions sont étymologiquement voisines, le premier occupant (ingénieuse) barre la route à l'autre. Restent deux suffixes féminisants: le premier, *-trice*, ne peut s'accrocher qu'à des masculins en *-teur*, et la discrimination sexiste n'a rien à voir ici.

Le second, *-esse*, donnerait une *ingénieuresse* possible, mais peu seyant. Reste la féminisation la plus simple: une *ingénieure*; et plus simple encore, *une ingénieur*. Le premier indiqué a l'avantage d'être féminin même sans article.

Autre embarras pour donner un féminin à *professeur*. La suffixation en *-euse* d'un masculin en *-esseur* est tout à fait possible en théorie; le fait est qu'elle ne «fonctionne» pas dans la pratique, ou très mal. Des mots comme *assesseur, agresseur, oppresseur, possesseur, successeur*, ne paraissent pas avoir jamais eu de féminins *assesseuse, agresseuse*, etc. *Le Trésor de la langue française* indique bien ce dernier, sous l'article *agresseur*; c'est sans doute par inadvertance, puisque aucune des quatorze citations qui illustrent l'article n'atteste l'existence de cette *agresseuse*, qui est tout au plus un mot «virtuel».

Aucun dictionnaire, à ma connaissance, ne donne de féminin à des mots aussi usuels que *successeur, prédécesseur* et *possesseur*. La raison de cette absence m'échappe, je l'avoue: elle n'est pas absolue, puisque *dresseur* a un féminin *dresseuse*.

En principe, en tout cas, rien ne s'oppose à *professeuse*, ni même à *professeure*. Dans la pratique, il suffirait sans doute de le vouloir avec ténacité pour faire entrer davantage de féminins «professionnels» dans l'usage.

J. Cellard, *Le Monde*

2 Formation des mots: verbe → nom

(a) Donnez les noms correspondant aux verbes suivants et employez-les dans une petite phrase.

EXEMPLES:

appeler → appellation: C'est une bouteille d'appellation contrôlée.
appeler → appel: L'institutrice fait l'appel tous les matins.

convenir →
avancer →
devoir →
mettre →
empêcher →

apporter →
fournir →
accroître →
paraître →
disparaître →

(b) Suffixes en *-ion* (voir aussi la page 127)

Remplacez le verbe par un nom (+préposition)

EXEMPLE:

démolir un bâtiment → la démolition d'un bâtiment

louer une maison
composer un menu
permettre de sortir
publier un livre
corriger un devoir
diminuer les dépenses
construire une maison
élider une voyelle

3 Formation des mots: nom → verbe

Donnez les verbes correspondant aux noms suivants et insérez-les dans une petite phrase.

EXEMPLE:

Les apprenants → apprendre → elle apprend le français depuis trois ans

la règle →
la description →
la signification →
la valeur →
la conception →
les tenants →
la correction →
la promotion →
la revendication →
l'invasion (f.) →
l'habitude (f.) →
la contravention →

4 Dérivation des noms

A l'aide d'un dictionnaire, et à partir du mot en italique, trouvez le mot juste:

EXEMPLE:

Une personne qui chante → un chanteur/une chanteuse

1. Quelqu'un qui regarde la *télévision:* ....
2. Quelqu'un qui *cultive* la terre: ....
3. Une personne qui *rédige* des articles de journaux: ....
4. Une personne qui *dirige* une école: ....
5. Quelqu'un qui *collabore* avec l'ennemi: ....
6. Une personne qui *conduit* un autobus: ....
7. Une personne qui est propriétaire d'un *restaurant*: ....
8. Une personne qui travaille dans l'*administration*: ....

5 Nominalisations

BAIGNADE INTERDITE

Laissez libre la bande d'arrêt d'urgence

Le français utilise volontiers une proposition nominale, ou une suite de noms. Quelle serait la traduction de ces deux affiches dans votre langue?

Noms ↔ verbes

(a) Réécrivez ces manchettes de journaux selon le modèle.

EXEMPLE:

légère remontée de l'inflation → l'inflation a légèrement remonté

1. Beyrouth: réouverture de l'aéroport
2. intervention française au Tchad
3. recrutement des conservateurs de musée
4. nouveaux affrontements entres jeunes catholiques et forces de l'ordre
5. entretien entre les deux chefs d'Etat
6. visite de Jean-Paul II à Lourdes
7. saisie de drogue dans la région parisienne
8. redressement du commerce extérieur
9. nouvelle dévaluation du franc
10. baisse de la production en juillet

(b) Réécrivez ces phrases selon le modèle et terminez-les.

EXEMPLE:

lorsque le soleil se couche → au coucher du soleil

1. Depuis que cet Etat a été créé . . .
2. Après que la Chine a été envahie . . .
3. Après qu'il a eu disparu . . .
4. Au moment où il a été arrêté . . .
5. Quand la France était occupée . . .
6. Lorsqu'elle est descendue de l'avion . . .
7. Lorsque je suis passée à Genève . . .
8. Quand nous sommes arrivés en Avignon . . .
9. Après avoir échoué au bac . . .
10. Après que la police est intervenue . . .

6 Troncations (abrègements de mots)

Complétez les mots suivants:

la manif	sympa	l'instit	l'imper
la télé	maso	le bac	le sous-off
l'huma	dac	le ciné	le calva
l'occase	prisu	la pub	la récré
anar	le système D	la diapo	la sécu
le caf' conc'	l'amphi	le gaspi	le foot

7 Suffixation en *-o*

Le procédé de troncation, qui consiste à supprimer une ou plusieurs syllabes, est fréquent en français familier.

EXEMPLES:

une mode rétrograde → une mode rétr*o*
vas-y-mollo (très fam.) = vas-y doucement, formé sur mou–mollement

On observe une augmentation des mots terminés en *-o* dans la langue familière et de plus en plus dans la langue parlée usuelle. La terminaison *-o* est substituée à la fin de certains mots. Comment annonce-t-on les informations à la radio? Voici les . . .

EXEMPLES:

le mécanicien → le mécano
l'apéritif → l'apéro

On n'utilise plus guère de mots comme la radiophonie, le métropolitain, le stylographe, la dactylographe, etc., mais tout simplement, la radio, le métro, le stylo, la dactylo.

(a) A vous de remplacer les mots en italique par leur équivalent en français courant:

1. Tu as besoin d'un bon *magnéto* pour faire ces enregistrements.
2. Si vous ne connaissez pas le mot *macho*, vous n'avez qu'à le chercher dans le *dico*.
3. Les étudiants/tes prennent leurs repas au *resto-u*.
4. Elle s'est fait opérer par un *gynéco* compétent.
5. Ma fille fait Sciences-*po* et mon fils Arts-*déco*.
6. Nous avons envoyé nos enfants en *colo* pendant les grandes vacances.

(b) Dans les phrases suivantes, abrégez les mots en italique pour obtenir un registre familier en *-o*:

1. Son père est ouvrier *métallurgiste* depuis des années.
2. Elle doit trois mois de loyer à son *propriétaire*.
3. C'est un type à l'air intellectuel qui enseigne la *philosophie*.
4. Son *oto-rhinolaryngologiste* lui a conseillé de faire une cure à Font-Romeu.
5. Il s'est fait traiter de *fasciste* à l'usine.
6. Elle a envie de s'acheter un sac en *crocodile*.

Voici les réponses, dans le désordre, pour vous aider: métallo, philo, proprio, facho, oto-rhino, croco.

(c) A partir des mots en *-o* retrouvez le registre courant.

EXEMPLE:

crado → crasseux: Il est plutôt crado ton imperméable!

cyclo →	maso →
chrono →	mono →
porno →	stéréo →

phallo → (ne pas confondre avec falot!)
amerlo →
météo →
véto →
provo →
promo →
frigo →
dirlo →

(d) La terminaison en *-o* se rencontre dans de nombreux préfixes.

EXEMPLES:

néo-colonialisme
néo-natal

A vous de chercher des mots composés avec les préfixes suivants, et d'en donner le sens:

pro-	macro-	franco-
aéro-	micro-	mono-
neuro-	euro-	co-
bio-	hypo-	auto-

8 Mots-composés

(a) Complétez les mots composés suivants, en formant autant de mots que possible.

EXEMPLE:

non-..............................
non-discrimination, non-dissémination, non-pesanteur, non-engagement, non-ingérence, non-prolifération

après-..............................	..............................-cadre
contre-..............................	..............................-courrier
cyclo-..............................	..............................-cuisine
garde-..............................	..............................-dortoir
laisser-..............................	..............................-éprouvette
location-..............................	..............................-plan
main-..............................	..............................-pilote
prix-..............................	..............................-vaisselle

(b) Nom + nom

Donnez le sens de ces mots composés.

un séjour-cure	un siège-couchette
un forfait-cure	des appartements-modèles
un téléviseur-vidéo	le rayon-jardinage
un check-up cheveux	le coin-cuisine
les Centres d'Examen-Conseil	une résidence-club
des vacances-loisirs	un plateau-repas
le sport-spectacle	l'épargne-logement
l'assurance-chômage	l'opération-vacances
le budget-prévention	un guide-conseil
une ski-résidence	la location-vente

9 Néologismes

Les néologismes sont très répandus en français contemporain.

(a) Cherchez les néologismes qui correspondent aux définitions suivantes:

1. Les gens qui partent en vacances en août → les ....
2. Une rue réservée aux piétons → une rue ....
3. Sert à stopper la hausse des prix → le .... des prix.
4. Une journée de travail ininterrompue → une journée ....
5. Les personnes âgées → les ....
6. Système fort apprécié pendant une canicule → la ....

(b) Cherchez le sens des néologismes suivants, et dites quelle vous paraît leur utilité.

le logiciel	le piratage vidéo
une grève tournante	une famille mono-parentale
les mal-entendants	les mal-voyants
le chômage technique	le camping sauvage
le maternage	la sponsorisation
le réseau câblé	la banalisation
la féminitude	les Beurs
un sac-isothermique	fiable
la puce	la bogue
branché/câblé	la bureautique
se prendre en charge	la télématique
la location de ventre	une mère-porteuse
un centre aéré	un cabinet de groupe
un magnétoscope	le traitement de textes

(c) Relevez les néologismes contenus dans ce texte et donnez-en le sens.

Parcmètres pour planches à voile sur les plages varoises: dès aujourd'hui

Devant l'afflux anarchique des planches à voile qui stationnent sur nos plages l'été, le syndicat des maires du littoral varois a décidé de réglementer, non seulement la navigation, mais aussi leur stationnement.

A cet effet, des parcmètres ont été installés sur la grève. Les appareils rigoureusement du même type que ceux qui sont sur les trottoirs de nos villes, fonctionnent de la même manière. Le tarif horaire de stationnement est identique.

Les maires du littoral varois qui ont été obligés de prendre une telle mesure, espèrent que leur décision sera comprise par les véliplanchistes. Les contrevenants seront verbalisés par un agent chargé de faire respecter l'ordre.

Pour cela, il disposera d'un scooter de mer pour poursuivre ceux qui tenteraient de prendre le large.

Var-Matin

LES JEUNES LOOKS SONT DANS L'OBS..
Sexy, intello, romantique, sportswear, décadent, rocker, jeune cadre dynamique, années 40, 50, 60, 70... On n'échappe pas au look.
Tout est looké, même la politique. Aujourd'hui, la panoplie est devenue une attitude. Qu'est-ce qui se cache réellement derrière les looks ? Quels sont les codes de la look ? Existe-t-il un style vraiment dans le coup ? Y-a-t-il une coupure Paris-province ?
Pour le philosophe Jean Baudrillard "nous sommes entrés dans l'ère des simulacres", Alors, quels sont les looks payants ? A qui profitent-ils ?
Cette semaine, lookez-vous dans Le Nouvel Observateur.
"LA LOOK GENERATION"
Une analyse d'un phénomène de société qui va au-delà des apparences. Un numéro à ne pas manquer.
LE NOUVEL Observateur
DEMAIN
ELVIS
METRO
NO FUTURE

10 Anglicismes

Malgré les efforts de certains organismes (l'Académie, le Haut Comité de la langue française), le français contemporain regorge d'anglicismes. Certains emprunts sont bien francisés malgré leur morphologie et ont pris une acception différente en français (par exemple: un parking, un camping, le smoking). D'autres ont pris des terminaisons françaises (un speaker, une speakerine); dans d'autres l'usage est encore flottant (faut-il dire interviewer, intervieweur?); et, surtout, comment faut-il écrire et prononcer ces néologismes? Certains mots ont pris une signification très précise, qui les distingue de leur équivalent en français (un building, un bâtiment). Dans le cadre de la chasse aux anglicismes et aux américanismes, le gouvernement préconise l'emploi de termes français (par exemple: le hit → le tube; le hit-parade → le palmarès). Le problème d'une morphologie étrangère devient plus apparent quand il s'agit de chercher une dérivation, ou une autre partie du discours (un check-up, check-upez avant de vous marier).

(a) D'abord, vérifiez le sens des exemples ci-dessus. Ensuite, analysez la «pub» du *Nouvel Observateur* (à la page 206), pour répondre aux questions suivantes:

1. Quel est le genre du mot *look*?
2. Combien de dérivés de ce mot y trouvez-vous?
3. Quel est le sens de *lookez-vous*?
4. Dans cette pub, essayez de trouver d'autres anglicismes, et d'autres expressions qui illustrent les tendances actuelles du français.

11 Sigles

Un sigle est un groupe de lettres initiales d'un mot ou d'une locution.

EXEMPLES:

MLF Mouvement de libération des femmes
HLM Habitation à loyer modéré

La siglaison est le procédé par lequel les sigles sont formés. Les sigles sont fort nombreux en français contemporain. Les sigles qui sont prononçables sont des acronymes, par exemple: OTAN, UNESCO, SMIC, etc.

(a) Expliquez le sens des sigles contenus dans les phrases suivantes:

1. Le premier ministre a reçu la plupart des partenaires sociaux: la CFTC, la CFDT et la CGT hier, le CNPF, la FEN et la CGC jeudi. Seul le président de la confédération des PME doit se rendre à l'Hôtel Matignon lundi.
2. Les militants du CDN ... venus de toute la Grande-Bretagne ...
3. Le chef de l'OLP, Yasser Arafat ...
4. Le conseil d'administration de l'AFP ...
5. Aucun déchet de Seveso ne serait entré en RFA
6. Le PDG d'Usinor ...

7. Les récents emprunts BNP . . .
8. Les 250 internes de la région de Paris, qui ne dépendent pas des CHU . . .

Le Figaro

(b) A partir de ces dérivés, retrouvez les sigles:

smicard/e → le	le zupage, zuper →
capésien/ienne →	cédétiste →
énarque →	ajiste →
cétégiste →	onusien/ienne →
襲jociste →	

(c) Déchiffrez ces sigles en vous servant des indications qui vous sont données.

OVNI	une soucoupe volante!	PMU	on y joue au tiercé
SPA	protège les animaux	CROUS	les étudiants/tes y vont
VGE	un homme politique connu	CRS	on les a beaucoup vus en mai 1968
FLB	un mouvement séparatiste	FO	un syndicat
HEC	une grande école	RATP	permet aux Parisiens de circuler
DOM/TOM	pavillon français hors de France		

12 Les mots passe-partout: *faire*

Dans ces phrases, pour chaque locution qui contient le mot *faire*, essayez de la réexprimer en d'autres termes. Vérifiez le sens des locutions dans le dictionnaire.

1. Quand vous reviendrez à Paris, vous me ferez signe.
2. Envoyez une carte à la tante Yvonne, ça lui fera plaisir!
3. «Il se fait tard», fit-il, en se dirigeant vers la porte.
4. «Cela fait combien en tout?»
5. Faites le plein de super s'il vous plaît.
6. Vite, le petit garçon a envie de faire pipi.
7. Sa sœur n'est pas contente, elle fait la tête.
8. Elle fait de la danse moderne.
9. Vous feriez mieux de prendre le boulevard périphérique.
10. Il ne fait que critiquer.
11. La vieillesse? Il faut bien s'y faire.
12. Nous ferons face à la nouvelle situation.
13. Ne mets pas ton couteau dans la bouche, ça ne se fait pas, mon chéri.
14. Il lui a fait un enfant.
15. J'ai reçu un faire-part de mariage.
16. Le tissu bleu fera l'affaire, j'en prendrai cinq mètres.
17. Qu'est-ce que ça vous fait?
18. Elle fait partie de la nouvelle équipe de basket.

19. Ne le crois pas, il fait l'innocent!
20. «Auprès de ma blonde, qu'il fait bon dormir.»

13 Les mots passe-partout: *coup*

Complétez chacune des phrases suivantes en utilisant une locution qui contient le mot *coup*. Cherchez le mot *coup* dans le dictionnaire avant de commencer l'exercice.

1. Tu peux parler devant lui, c'est un copain, il est ....
2. Ce n'était pas réussi, on avait ....
3. En quittant sa femme, il lui a fait ....
4. Des fiançailles? Il faut fêter ça, on va .... ensemble.
5. Vous avez beaucoup de travail à faire – je peux vous ....?
6. L'armée battait la retraite, mais de loin on entendait ....
7. .... de minuit son carrosse s'est transformé en citrouille.
8. Le premier jour de vacances, elle a pris .... soleil.
9. Je ne dis plus rien. Il m'interrompt ....
10. Si on ne veut pas qu'il le fasse, ... il le fait.
11. Un petit .... et le travail sera vite fini.
12. Le pays était devenu ingouvernable, après une succession de ....
13. J'aimerais savoir si ton père va mieux, on va lui .... de fil.
14. Malgré les efforts de l'arbitre, les deux joueurs en sont venus ....
15. Ils ont enfoncé la porte .... marteau.
16. Encore deux heures de marche – est-ce que nous ....?
17. Sa moto a heurté le mur, et il est mort ....
18. Il est tombé follement amoureux – c'était un ....
19. Je somnolais quand .... j'ai entendu un bruit étrange.
20. Il a réussi à le faire marcher du ....

14 *Mise* et *prise*

Dérivez un nom des verbes ci-dessus, et faites une phrase pour en illustrer le sens.

EXEMPLE:

mettre en scène → une mise en scène (*ou* metteur en scène): La pièce ne vaut pas grand' chose, mais la mise en scène est très intéressante.

prendre position	mettre en cause/question
prendre conscience	mettre en train
prendre en charge	mettre au point

Maintenant, donnez le sens des expressions suivantes:

une mise en page	une mise à jour
une mise en plis	une prise de sang
une mise en vigueur	une prise de vue

15 Mots à ne pas confondre

Faites une phrase pour montrer le sens de chacune des expressions suivantes:
formellement – strictement
actuellement – éventuellement
trajet – voyage
exposition – exhibition
ordonnance – prescription
atteindre – achever
salaire – traitement
issu – issue
part – parti – partie
gaz – pétrole – essence
sensible – susceptible – sympathique – compréhensif
une manifestation – une démonstration
mettre en œuvre – se mettre à l'œuvre
caractère personnage
atmosphère ambiance
présumer assumer

16 Mots-charnières

en effet = renforce ce qui vient d'être dit
en fait = s'oppose à ce qui vient d'être dit
au fait = introduit un sujet qui a un rapport avec ce qui vient d'être dit (= à ce sujet, à propos)

(a) Remplacez les blancs par *en fait*, *en effet* ou *au fait*.
Avez-vous entendu parler de la loi sur l'informatique?
Oui, je pensais qu'elle serait très libérale, ..., il n'en est rien. Moi aussi, je croyais que les gens auraient le droit de consulter tous leurs fichiers; ...., pour raison de sécurité publique, ils n'ont pas accès à certains renseignements.
Beaucoup de gens ne savent pas que cette loi est entrée en vigueur . . .
Oui ...., moi-même je ne l'ai appris que la semaine dernière, en regardant la télévision.
..............................., avez-vous vu l'émission *Droit de réponse* hier soir? On n'a pas du tout donné à l'invité l'occasion de s'exprimer . . .

(b) Choisissez l'expression qu'il faut pour chaque blanc: alors que, loin de là, d'après, en outre, à mon avis.

..............................., *Une Saison au Congo* est la meilleure pièce de Césaire. Ce n'est pas que *Le Roi Christophe* ne me plaise pas, ..., mais c'est celle-là que je préfère. .... ce que j'ai compris, Césaire a suivi de très près les événements qui ont eu lieu ...., c'est une pièce très poétique, ... l'œuvre de Conor Cruse O'Brien l'est beaucoup moins.

(c) Complétez les blancs par: à peu près, au moins, pourtant, en partie, actuellement.

Les étrangers qui visitent notre pays constatent qu' .... la vie est devenue plus chère. Cela serait-il .... dû à la hausse du prix du pétrole? .... la plupart des familles possèdent deux voitures, et les résidences secondaires sont assez fréquentes. .... tout le monde a un lave-vaisselle, et ceux qui n'en ont pas, ont .... une machine à laver.

17 Façons de parler

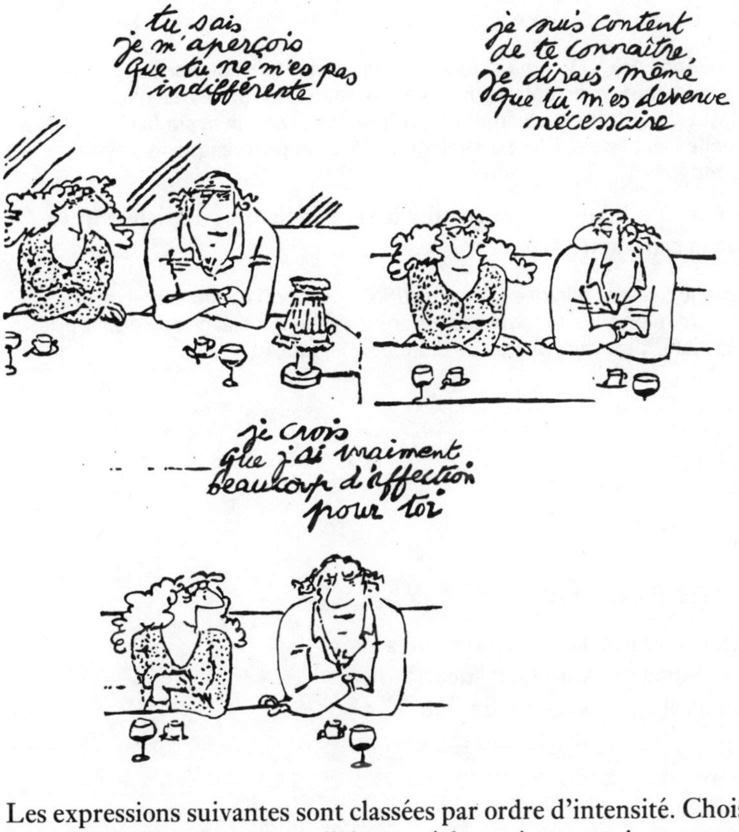
tu sais je m'aperçois que tu ne m'es pas indifférente
je suis content de te connaître, je dirais même que tu m'es devenue nécessaire
je crois que j'ai vraiment beaucoup d'affection pour toi

(a) Les expressions suivantes sont classées par ordre d'intensité. Choisissez-en une troisième, et écrivez un dialogue où les trois expressions sont utilisées.

1. tu ne m'es pas indifférente
   j'ai beaucoup d'affection pour toi
2. il est amusant
   il est vraiment marrant

3. cela m'a plu
   j'ai trouvé cela sensationnel
4. il n'est pas dans son assiette
   il est gravement malade

(b) Dites chacune des phrases suivantes de plusieurs façons différentes. (Aux autres de deviner de quelle nuance il s'agit!)

dites:	**avec:**
Je n'ai rien à ajouter!	(a) la plus grande politesse
Ce n'est pas possible!	(b) méfiance
Et encore?	(c) insistance
Mais que voulez-vous?	(d) ironie

(c) Avec votre voisin/e, imaginez deux scènes où vous employez la même phrase, la première phrase en l'approuvant, la deuxième en la rejetant/critiquant. Vous essayez de convaincre votre partenaire de votre point de vue, mais il/elle reste sceptique.
EXEMPLE: «Un village isolé»

(a) (*Au téléphone*) «Oui, ma chérie, nous sommes ravis de partir ... juste ce qu'il nous faut ... du calme, du repos, la nature, les aliments macro-biotiques ... Philippe va enfin pouvoir terminer son livre sur la vie sexuelle des blattes. C'est un village isolé, d'un pittoresque incroyable etc., etc. ...»

(La deuxième étudiante jouera ensuite le rôle de l'amie parisienne qui a horreur de la campagne.)

(b) «Non, je me suis décidée, pas question de rester. Tous mes amis sont partis. Je m'ennuie ici toute seule dans ce village isolé, coupé du monde. C'est triste, c'est morne. Pas de distractions, etc., etc. ...»

18 Orthographe

Complétez les blancs dans les mots suivants:

la r_spons_bilité	une exist_nce
la méd_cine	sans aucun dou_e
aut_rité	le perso__el
en conséquen_e	pr_server
par conséquen_	un act_
une controvers_	la Grand_ Br_tagne
l_ choix	f_rroviaire
par ex_mple	une intellectu____
un exerci_e	év_nement
_spérer	l_ manque

APPENDICES

I L'alphabet phonétique

La notation utilisée est celle de l'Association Phonétique Internationale.

Les voyelles orales

/i/	comme dans	midi	et	il
/e/		bébé		fermé
/ɛ/		mère		paix
/a/		tache		patte
/ɑ/		tâche		pâte
/ɔ/		dot		coter
/o/		dos		côte
/y/		turlututu		hurluberlu
/u/		glouglou		roucouler
/ɸ/		peu		ceux
/œ/		peur		sœur
/ə/		demande		ce

Les voyelles nasales (c'est-à-dire émises aussi par le nez)

/ɛ̃/	comme dans	brin	et	faim
/ɑ̃/		banc		pan
/ɔ̃/		bon		pont
/œ̃/		brun		défunt

Pour vous les rappeler, pensez à la phrase «Un bon vin blanc».

Les consonnes

/p/	comme dans	papa	et	préparer
/b/		balbutier		bambin
/t/		thé		Tintin
/r/		rayure		craindre
/d/		dada		dinde
/κ/		coq		kiosque
/g/		bilingue		grégaire
/m/		maman		monument
/n/		unanime		nigaud
/ɲ/		bagne		digne
/l/		législation		lilas
/f/		fifre		farfelu
/v/		vivisection		vivacité
/s/		sussurer		source

/z/	comme dans	zozoter	et	zézayer
/ʃ/		chuchoter		chercher
/ʒ/		jurer		séjour

Les semi-voyelles

/w/	comme dans	oui	et	point
/ɥ/		nuit		tuer
/j/		miel		renvoyer

II Bibliographie

Dictionnaires

Les gros (à consulter à la bibliothèque)

P. Imbs et al., *Trésor de la langue française*, CNRS, 1971– . (Excellent pour le français du 19e et 20e siècles; seulement les premiers volumes sont sortis.)

P. Robert, *Dictionnaire alphabétique et analogique de la langue française*, Société du nouveau Littré, 6 vols, 1951–64 + Supplément 1970. (Le dictionnaire contemporain le plus complet.)

Les moins gros (à acheter)

J. Dubois, *Lexis*, Larousse, nouvelle édition 1975. (Son utilité est de regrouper les mots-clés et leurs dérivations.)

J. Dubois et al., *Dictionnaire du français contemporain*, Larousse, 1966. (Français contemporain; divers registres; 25000 mots; édition bon marché «Spécial Enseignement»; recommandé.)

P. Robert, *Petit Robert*, 1967. (Un abrégé du «Grand Robert»; 50000 mots; un outil de travail indispensable. Aussi le *Micro-Robert*, 1971; 30000 mots.)

Dictionnaires encyclopédiques

D. & M. Frémy, *Quid 1986*, Laffont, Paris 1986

Petit Larousse, Paris, 1975. (Dans une bibliothèque vous pouvez consulter également le *Grand Larousse Encyclopédique*.)

Pluridictionnaire Larousse, 1975

Dictionnaire bilingue

B. Atkins et al., *Collins–Robert French–English English–French Dictionary*, Collins, 1978 (200000 mots; Français contemporain; excellent)

Autres ouvrages de référence

H. Bénac, *Dictionnaire des synonymes*, Hachette, nouvelle édition 1975

R. G. Batchelor & M. H. Offord, *A guide to contemporary French usage*, Cambridge University Press, 1982

F. Caradec, *Dictionnaire du français argotique et populaire*, Larousse, 1977

P. Caussat et al., *La linguistique*, Encyclopoche Larousse, 1977

C. Désirat & T. Hordé, *La langue française au XXe siècle*, Bordas, 1976

P. Gilbert, *Dictionnaire des mots nouveaux*, Hachette/Tchou, 1971

J. Rey-Debove, *Le Robert méthodique*, Paris, 1983

A. V. Thomas, *Difficultés de la langue française*, Larousse, 1971

Grammaires

Très complètes

M. Grévisse, *Le bon usage*, Duculot/Hatier, 1969
A. Judge & F. Healey, *A reference grammar of modern French*, London, E. Arnold, 1983

Plus faciles à consulter

C. Baylon & P. Fabre, *Grammaire systématique de la langue française*, Nathan, 1978
M. Coffman, *French grammar*, 2nd edition, New York, McGraw-Hill, 1981
G. Mauger, *Grammaire pratique du français d'aujourd'hui*, Hachette, 1968
J. Ollivier, *Grammaire française*, Montréal, Editions Etudes Vivantes, 1979

Phonétique

M. Bras, *Your guide to French pronunciation*, Larousse, 1975
F. Carton, *Introduction à la phonétique du français*, Bordas, 1974

III Sources

Malgré nos recherches il se peut que nous n'ayons pu identifier tous les ayants droit des textes cités. Dans ce cas nous vous prions de vous adresser à nous afin de nous permettre de combler des lacunes dont nous nous excusons.

pages 2, 5, 60 *La Philo en bandes dessinées* de Denis Huisman; Hachette Littérature.

pages 6, 7 *L'âge de raison* de Jean-Paul Sartre; pages 14–15 'Déjeuner du matin' extrait de *Paroles* de Jacques Prévert; page 27 fragment de 'La Cravate et la montre', Guillaume Apollinaire; pages 34–6 *Zazie dans le métro* de R. Queneau; pages 56–7 *Vendredi ou les limbes du Pacifique* de Michel Tournier; pages 120–1 *Loin de Rueil* de R. Queneau; pages 164–8 *Le guichet* de Jean Tardieu; page 183 *Magie Rouge* de Michel de Ghelderode; Editions Gallimard.

pages 8, 9, 211 Claire Brétecher; pages 53–4 *Ni pire ni gouloua* de Guy Sitbon; page 71 (lettre); pages 133–5 *Les malades du temps*; Le Nouvel Observateur.

page 18 *La Vélorution*; Les Amis de la terre.

page 20 *Le vélo à toutes les sauces* de Michel Dolore (18.7.82); Le Monde Dimanche.

page 71 *Dehors les étrangers* (21.9.73); pages 73–4 *Vivre sa mort* de Henri Caillavet (21.4.78); page 81 *Three Mile Island* (26.1.80); page 81 *Le risque social de l'atome* de Michel Mousel (5.4.79); page 86 (carte); page 88 dessin de Plantu; pages 80–1 (lettre – 17.4.80); pages 105–6 *Les défis sociaux de l'informatique*; page 200 'Madame l'ingénieure' extrait de l'article *Le genre n'est pas toujours le sexe* de J. Cellard (21.1.79); Le Monde.

pages 91–2, 96–7 *La ruée vers l'anglais* de Jean Guenot (mai 1976); Le Monde de l'Education.

pages 24–5 *Dites-moi tu* de Liliane Sichler; pages 122–5 *Quels sont les métiers du futur?* de P. Arnoux; page 29 dessin de Jean Bosc; L'Express.

pages 28–9 *Confession d'une lycéenne*; pages 32–3 (dessin); extrait de la revue l'Étudiant No. 21 du juin 1981.

pages 39–40 *Le Corbillard dę Jules* d'Alfonse Boudard; Les Editions de la Table Ronde

page 41 *Si ma tante en avait* de San Antonio; Éditions Fleuve Noir.

page 43 (lettre) Ambassade de France, Londres.

page 44 (lettre) Ministère de l'Education Nationale.

page 52 *Pour le plaisir des bonnes femmes* de Benoîte Groult; Elle.

page 58–9 *Vendredi ou la vie sauvage* de Michel Tournier; Flammarion et Cie.

pages 65–6 *Heureusement qu'ils sont là*; Marie-Claire.

page 72 *Euthanasie: j'ai voulu lui donner une fin digne* de Brigitte Kantor; Le Matin.

page 80 (dessin) Le Torchon Brûle.

page 80 (lettre); pages 129–30 *L'explosion démographique du troisième âge* (24.7.82); page 208 (phrases – 3.4.83); Le Figaro.

page 98 d'après *Guide Vert du Pneu Michelin Bourgogne-Morvan* 1972.

pages 99–100 'Au cœur de la France', extrait de l'ouvrage *Le bonheur d'être français* de Christine Clerc; Éditions Bernard Grasset.

page 103 extrait du roman *La Disparition* de G. Perec; Editions Denoel.

page 107 article de F. Mitterand; Le Point.

page 112–13 interview avec F. Truffaut; Lire.

page 129 (dessin); Hara-Kiri No. 25.

pages 141–5 *L'année du Crabe* d'Olivier Todd; Éditions Robert Laffont.

page 158 cassette *Les copains d'abord* de Georges Brassens; Polygram.

page 159 *Le radeau de la méduse*; Mansell Collection.

page 160–1 (lettre); Story (nr 19/1978).

cassette, conférence: *Droits des femmes, pouvoir des hommes*; Huguette Bourchardeau.

cassette, discussion radiophonique; France Culture.

page 183–5 'Hoquet' tiré de *Pigments* de Léon Gontran Damas; Présence Africaine (Paris, 1962).

pages 192–3, cassette, *Mon Pays* de Gilles Vigneault; Editions du vent qui vire; Intermède Musique.

page 193 carte de *La Francophonie* d'Auguste Viatte; Larousse.

page 205 (article); Var Matin République.

Index